Sommaire

Avec ce guide,
voici les
cartes Michelin
qu'il vous faut :

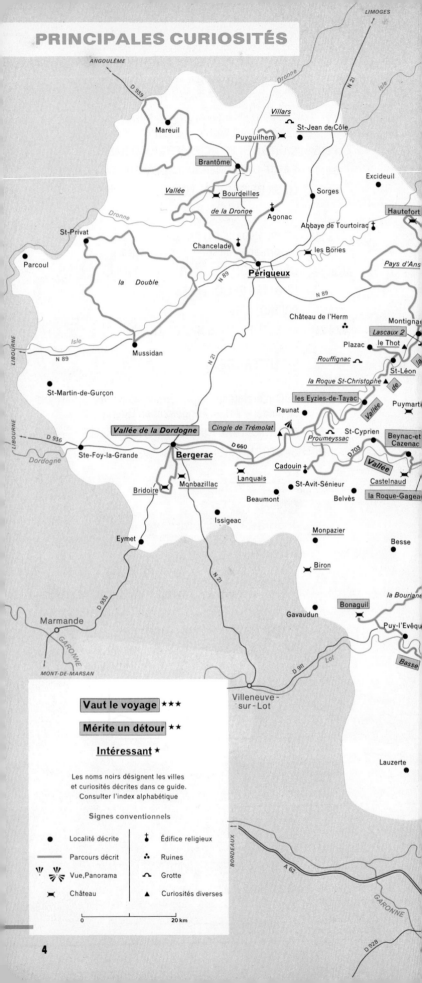

PRINCIPALES CURIOSITÉS

ANGOULÊME

LIMOGES

D 939

Dronne

N 21

Isle

Villars

Mareuil

Puyguilhem

St-Jean de Côle

Brantôme

Excideuil

Vallée

Bourdeilles

Sorges

de la Dronne

Agonac

Hautefort

Dronne

Chancelade

Abbaye de Tourtoirac

St-Privat

les Bories

Pays d'Ans

Parcoul

Périgueux

la   Double

N 89

N 89

Château de l'Herm

Montignac

Isle

Lascaux 2

LIBOURNE

Plazac

le Thot

N 89

Mussidan

Rouffignac

St-Léon

la Roque St-Christophe

St-Martin-de-Gurçon

les Eyzies-de-Tayac

Puymarti

Vallée

LIBOURNE

Paunat

D 936

Vallée de la Dordogne

Cingle de Trémolat

St-Cyprien

Beynac-et-Cazenac

Ste-Foy-la-Grande

Bergerac

D 660

Proumeyssac

Dordogne

D 703

Vallée

Cadouin

Bridoire

Monbazillac

Lanquais

St-Avit-Sénieur

Castelnaud

la Roque-Gagea

Beaumont

Belvès

Issigeac

Eymet

Monpazier

Besse

D 933

N 21

Biron

la Bourian

Bonaguil

Marmande

Gavaudun

Puy-l'Évêqu

GARONNE

Lot

MONT-DE-MARSAN

D 911

Basse

MONT-DE-MARSAN

Villeneuve-
sur-Lot

Vaut le voyage ★★★

Mérite un détour ★★

Intéressant ★

Lauzerte

Les noms noirs désignent les villes
et curiosités décrites dans ce guide.
Consulter l'index alphabétique

Signes conventionnels

● Localité décrite   ✝ Édifice religieux

— Parcours décrit   ∴ Ruines

Vue, Panorama   ⌒ Grotte

✕ Château   ▲ Curiosités diverses

BORDEAUX

A 62

GARONNE

0   20 km

D 928

4

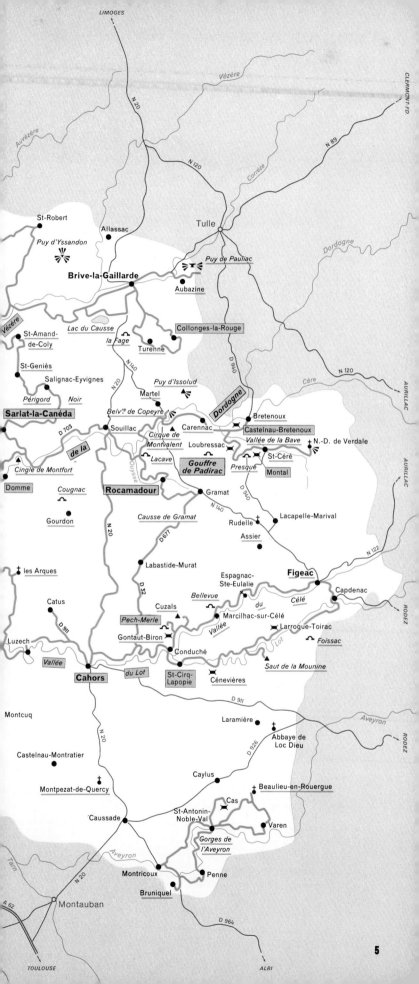

ITINÉRAIRES DE VISITE RÉGIONAUX

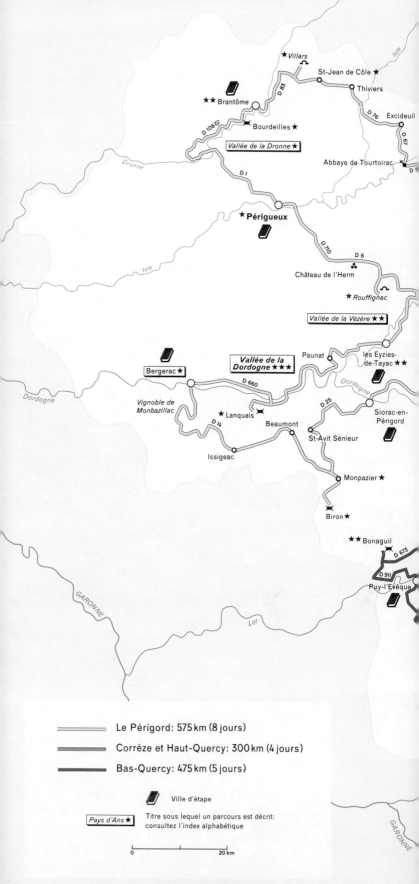

★ *Villars*
St-Jean de Côle ★
Thiviers ●
★★ Brantôme
D 83
D 76 Excideuil
D 106E2
✠ Bourdeilles ★
D 67
Vallée de la Dronne ★
Abbaye de Tourtoirac ●
Dronne
D 1
★ **Périgueux**
Isle
D 710
D 6
Château de l'Herm ⚬
★ *Rouffignac* ⌂
Vallée de la Vézère ★★
les Eyzies-
Paunat ★ de-Tayac ★★
*Vallée de la
Dordogne* ★★★
Bergerac ★
D 660
Dordogne
Dordogne
*Vignoble de
Monbazillac*
★ *Lanquais*
D 25
Siorac-en-
Périgord
D 14
Beaumont
St-Avit Sénieur
Issigeac
Monpazier ★
Biron ★
★★ Bonaguil
D 673
GARONNE
D 911
Puy-l'Évêque
Lot

Le Périgord: 575 km (8 jours)

Corrèze et Haut-Quercy: 300 km (4 jours)

Bas-Quercy: 475 km (5 jours)

Ville d'étape

Pays d'Ans ★   Titre sous lequel un parcours est décrit:
consultez l'index alphabétique

0   20 km

GARONNE

6

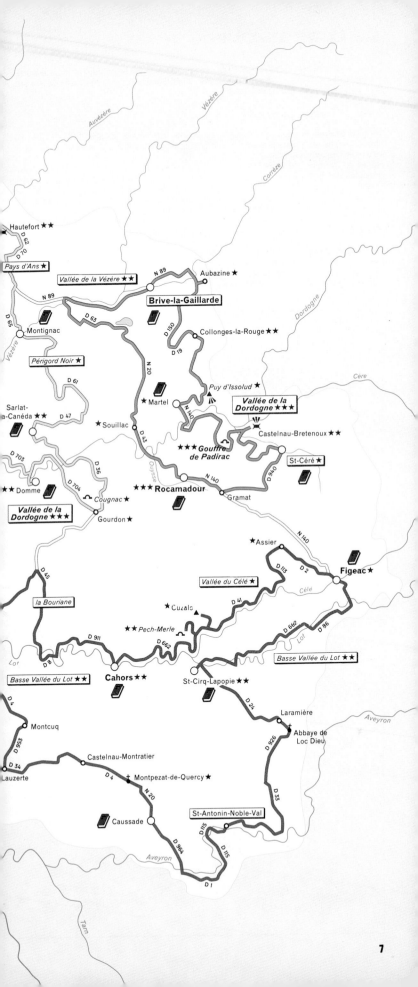

Hautefort ★★
D 62
D 70
Pays d'Ans ★
Vallée de la Vézère ★★
N 89
Aubazine ★
N 89
Brive-la-Gaillarde
D 63
D 65
Montignac
D 150
Collonges-la-Rouge ★★
D 19
Périgord Noir ★
D 61
N 20
Martel
Puy d'Issolud ★
Vallée de la Dordogne ★★★
Sarlat-
a-Canéda ★★
D 47
★ Souillac
D 43
Castelnau-Bretenoux ★★
D 703
D 36
Gouffre de Padirac
St-Céré ★
D 704
D 940
★★ Domme
Cougnac ★
Rocamadour
N 140
Vallée de la Dordogne ★★★
Gourdon ★
Gramat
N 140
★ Assier
D 45
D 113
D 2
Figeac ★
la Bouriane
Vallée du Célé ★
★ Cuzals
D 41
★★ Pech-Merle
D 662
D 642
D 86
D 911
Lot
D 8
Basse Vallée du Lot ★★
Basse Vallée du Lot ★★
Cahors ★★
St-Cirq-Lapopie ★★
D 4
D 24
Laramière
Montcuq
Abbaye de Loc Dieu
D 953
D 926
D 34
Castelnau-Montratier
Lauzerte
D 4
† Montpezat-de-Quercy ★
N 20
D 33
St-Antonin-Noble-Val
Caussade
D 115
D 964
D 115
Aveyron
D 1

7

LIEUX DE SÉJOUR

Sur la carte ci-dessous ont été sélectionnées quelques localités particulièrement adaptées à la villégiature en raison de leurs possibilités d'hébergement et de l'agrément de leur site. Pour plus de détails, vous consulterez :

Pour l'hébergement

Le **guide Michelin France** des hôtels et restaurants et le **guide Camping Caravaning France ;** chaque année, ils présentent un choix d'hôtels, de restaurants, de terrains, établi après visites et enquêtes sur place.
Hôtels et terrains de camping sont classés suivant la nature et le confort de leurs aménagements. Ceux d'entre eux qui sortent de l'ordinaire par l'agrément de leur situation et de leur cadre, par leur tranquillité, leur accueil, sont mis en évidence. Dans le guide Michelin France, vous trouverez également l'adresse et le numéro de téléphone du bureau de tourisme ou syndicat d'initiative.

Pour le site, les sports et distractions

Les **cartes Michelin** à 1/200 000 *(assemblage p. 3)*. Un simple coup d'œil permet d'apprécier le site de la localité. Elles donnent, outre les caractéristiques des routes, les emplacements des baignades en rivière ou en étang, des piscines, des golfs, des hippodromes, des terrains de vols à voile, des aérodromes...

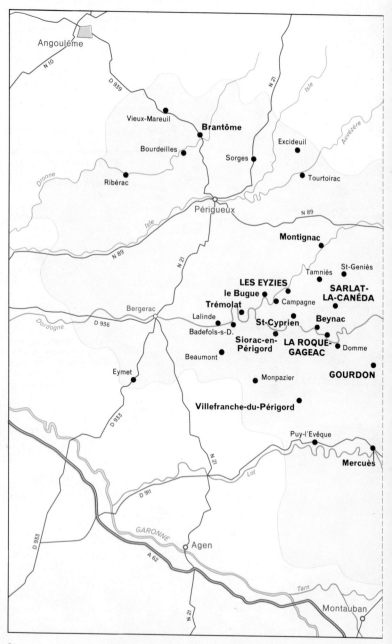

LOISIRS

Pour les adresses et autres précisions, voir le chapitre des Renseignements pratiques en fin de volume.

Randonnées pédestres. — De nombreux sentiers de Grande Randonnée, jalonnés par des traits horizontaux rouges et blancs, sillonnent le Périgord et le Quercy.

Le **GR 6** (Alpes-Océan) passe par Figeac, Rudelle, Rocamadour, Souillac, Sarlat, les Eyzies, Lalinde, Lanquais et Monbazillac.

Le **GR 5** (Le Puy-St-Jacques-de-Compostelle, l'un des itinéraires du fameux pélerinage) suit la vallée du Lot jusqu'à Cahors puis bifurque vers le Sud en direction de Moissac. L'une de ses variantes, le **GR 651,** emprunte la vallée du Célé.

Le **GR 36** (Manche-Pyrénées) pénètre dans le Périgord au Nord-Ouest par Mareuil, suit la vallée de la Dronne (Brantôme, Bourdeilles), traverse Chancelade et Périgueux, puis s'enfonce dans le Périgord Noir (Rouffignac, les Eyzies, Beynac). De là il rejoint Cahors par St-Avit-Sénieur, Monpazier, les châteaux de Biron et Bonaguil et la vallée du Lot.

Le **GR 646** relie le GR 36 et le GR 6 en suivant la vallée de l'Isle.

Les **GR 652** et **64** permettent de découvrir la Bouriane et le causse de Gramat.

Le **GR 46** (Limousin-Quercy) suit un tracé Nord-Sud traversant la Corrèze (Brive-la-Gaillarde, Turenne, Collonges-la-Rouge), puis le Quercy (Martel, Carennac, Rocamadour, Labastide-Murat, St-Cirq-Lapopie, St-Antonin-Noble-Val).

Des topo-guides donnent le tracé détaillé de tous ces sentiers ainsi que la liste des gîtes d'étape.

Des circuits locaux de petites randonnées ont aussi été aménagés dans de nombreux endroits du Périgord et du Quercy.

Sports nautiques. — Les rivières de la Dordogne, de la Vézère, du Lot et du Célé, jouent un rôle important dans le Périgord et le Quercy sur le plan géographique, historique, culturel, économique... et sportif.

Baignade. — Des plages sont aménagées le long des rivières... mais attention au courant qui peut être très fort.

Canoë-kayak. — Les eaux vives des rivières descendant du Massif Central se prêtent à merveille à ce sport. C'est aussi une façon agréable de découvrir les nombreux châteaux et autres sites qui jalonnent les vallées périgourdines et quercynoises...

Voile et planche à voile. — Quelques plans d'eau permettent la pratique de la voile et surtout de la planche à voile. Les plus importants sont l'étang de la Jemaye dans la Double, le lac du Causse près de Brive, les retenues de Tauriac, Trémolat et de Mauzac sur la Dordogne, de Cajarc et de Luzech sur le Lot.

Tourisme équestre. — Plusieurs possibilités s'offrent aux amoureux de la pratique du sport équestre.

Des randonnées sur les causses sont organisées par les centres équestres, mais il est aussi possible de louer des chevaux et de partir selon son propre gré en suivant les pistes aménagées et balisées.

En roulotte. — Cette formule originale permet de découvrir la région au rythme lent des pas du cheval à raison de 15 à 20 km par jour. Les roulottes sont aménagées pour y vivre complètement (couchettes et cuisine).

Promenades en calèches. — Pour les nostalgiques de bon vieux temps, des randonnées de château en château sont proposées à travers le Périgord et le Quercy.

Cyclotourisme. — Les comités départementaux de cyclo-tourisme ont sélectionné des milliers de kilomètres de routes goudronnées et de chemins pour proposer des circuits à travers les départements du Lot et de la Dordogne. La vallée de la Dordogne, si riche en curiosités touristiques, est un itinéraire particulièrement fréquenté par les cyclistes.

Spéléologie. — Le Périgord et le Quercy aux reliefs calcaires truffés de grottes et de cavités se prêtent à merveille à la spéléologie.

Pêche. — De très beaux parcours en rivières de première et deuxième catégorie s'offrent aux pêcheurs de tous niveaux. Le musée-aquarium de Sarlat *(p. 138)*, qui présente la pêche en eau douce, plus particulièrement en Dordogne, passionnera les pêcheurs.

Les week-ends foies gras. — Au cours de l'hiver, de nombreuses fermes périgourdines et quercynoises reçoivent les personnes qui veulent apprendre à cuisiner eux-mêmes leurs foies gras et leurs confits.

PRINCIPALES MANIFESTATIONS

Pour le tableau des principales manifestations (date et lieu) voir chapitre des Renseignements pratiques en fin de volume.

Une fête traditionnelle : la Félibrée. — Chaque année au mois de juillet, une ville différente du Périgord accueille la Félibrée. L'élue est décorée de milliers de fleurs multicolores en papier encadrant les fenêtres, les portes, fleurissant les arbres et les haies, formant des arcs de triomphe. Les Périgourdins convergeant de tous les coins du département arborent les costumes traditionnels à coiffes de dentelle, fichus brodés, longues jupes pour les femmes, grands feutres noirs, amples blouses blanches et gilets de velours noir pour les hommes.
La reine entourée par le majoral et les gardiens des traditions locales, reçoit les clefs de la ville et fait un discours en patois. Puis la foule se rend en procession à la messe au son des vielles, avant de s'installer pour un grand banquet. Traditionnellement le repas commence par le chabrol, ce mélange de vin et de bouillon typique du Sud-Ouest, que l'on déguste dans des assiettes fabriquées pour l'occasion et portant le nom de la félibrée et son année. Ces assiettes que chacun garde en souvenir décorent de nombreuses maisons et l'on peut en voir dans des musées d'art traditionnel comme celui de Mussidan *(p. 108)*.

Pour organiser vous-même vos itinéraires :

— *Tout d'abord consultez la carte des p. 4 et 5.*
   Elle indique les parcours décrits,
   les régions touristiques, les principales villes et curiosités.

— *Reportez-vous ensuite aux descriptions, à partir de la p. 37.*
   Au départ des principaux centres,
   des buts de promenades sont proposés sous le titre Excursion.

— *En outre les* **cartes Michelin** *n⁰ˢ* 🔲🔲 *,* 🔲🔲 *,* 🔲🔲
   signalent les routes pittoresques, les sites et les monuments intéressants,
   les points de vue, les rivières, les forêts...

LEXIQUE

Barri ou barry : faubourg hors des murs d'une ville.

Bastide : ville nouvelle du 13ᵉ s. *(voir p. 32).*

Bolet : escalier-perron des maisons du Quercy.

Cabecou : petit fromage de chèvre.

Caselle : cabane de pierres sèches.

Caveur : chercheur de truffes.

Chabrol : soupe additionnée de vin.

Chartreuse : maison noble du 18ᵉ s.

Cingle : méandre très dessiné.

Cloup : dépression du causse.

Cluzeau : abri creusé dans la falaise.

Cornière ou **couvert :** galerie à arcades.

Gariotte : abri de pierres sèches.

Igue : gouffre en pays calcaire.

Lauzes : petites dalles de calcaire qui servent à la couverture des toits.

Segala : terre aride et légère où poussait le seigle.

Introduction au voyage

Périgord et Quercy, ces deux régions voisines dont les noms évoquent châteaux, truffes et foies gras, se différencient par leurs paysages. Alors qu'à l'Ouest s'étalent les plateaux boisés du Périgord séparés par de pittoresques vallées, à l'Est les causses du Quercy étendent leur âpre solitude sous un ciel méridional.

Leurs vallées ne présentent pas moins de diversité : vallons ombragés de la Dronne et de l'Isle, vallées majestueuses de la Dordogne et de la Vézère, canyons encaissés du Célé et du Lot.

(Photo Apa/Pix)

Vallée de la Dordogne à Belcastel.

*Afin de donner à nos lecteurs l'information la plus récente possible, les **Conditions de Visite** des curiosités décrites dans ce guide ont été groupées en fin de volume.*

Les curiosités soumises à des conditions de visite y sont énumérées soit sous le nom de la localité soit sous leur nom propre si elles sont isolées.

Dans la partie descriptive du guide, p. 37 à 144, le signe ⓥ placé en regard de la curiosité les signale au visiteur.

PHYSIONOMIE DU PAYS

LA FORMATION DU SOL

Ère primaire. — Début, il y a environ 600 millions d'années, A la fin de cette ère se produit un bouleversement formidable de l'écorce terrestre, le plissement hercynien, dont la forme en V apparaît en tireté sur la carte ci-dessous. Il fait surgir un certain nombre de hautes montagnes parmi lesquelles le Massif Central constitué de roches cristallines que l'érosion nivellera peu à peu.

Ère secondaire. — Début, il y a environ 200 millions d'années. Au milieu de l'ère secondaire, le socle ancien s'effondre et la mer envahit la région : les sédiments (dépôts) calcaires s'accumulent à la lisière du Massif Central, formant notamment les causses du Quercy pendant la période jurassique, puis les assises de calcaire crétacé du Périgord.

Ère tertiaire. — Début, il y a environ 60 millions d'années. A l'époque tertiaire, des dépôts sidérolithiques (contenant du fer) venant du Massif Central recouvrent certaines parties du Quercy (sur le causse de Gramat en Bouriane) et des sables argileux se déposent à l'Ouest du Périgord donnant naissance à des régions de landes et d'étangs (la Double, le Landais).

Zones plissées à l'ère tertiaire.

Régions immergées à l'ère secondaire.

Massifs primaires (plissement hercynien).

Ère quaternaire. — Début, il y a environ 2 millions d'années. C'est l'ère actuelle au cours de laquelle s'est développée l'humanité.
Les effets de l'érosion achèvent de donner à la région sa physionomie d'aujourd'hui. Les rivières, issues du château d'eau que constitue le Massif Central, creusent les vallées de la Vézère, de la Dordogne et du Lot.

PAYSAGES

Périgord

Le Périgord est constitué de plateaux calcaires crétacés perméables et secs et de vallées les entaillant profondément qui drainent l'essentiel de l'activité économique.

Périgord Blanc. — Se rattachant à l'Ouest à la Saintonge, cette « champagne », sorte d'immense clairière de calcaire crayeux aux sols blancs et gris, correspond à peu près au Ribéracois. C'est le grenier à blé du Périgord. Aux cultures céréalières s'ajoutent l'élevage des vaches laitières et celui des veaux blancs.
Ribérac, la capitale de la région, est un important marché agricole.

Périgord central. — Autour de Périgueux, les paysages de collines et de coteaux présentent des prairies artificielles coupées de taillis de chênes et de châtaigniers. Cette région est traversée par les rivières de Beauronne, de Vern, de la Dronne dont les fonds des vallées sont occupés par des prés et des labours. La vallée de l'Isle, plus importante, est jalonnée de petites villes à vocation industrielle comme St-Astier et ses cimenteries, Neuvic-sur-Isle et ses fabriques de chaussures, Mussidan et ses usines de textile et d'articles de sport.
Périgueux, le chef-lieu, est un centre administratif et commmercial, l'industrie y est peu représentée (ateliers de réparation de matériel ferroviaire, imprimerie des timbres-poste, bâtiment...).
Au Sud de Périgueux, autour de Vergt et Rouffignac, les sables sidérolithiques qui recouvrent le calcaire se sont avérés un terrain de choix pour la culture de la fraise *(voir p. 16)*.
Au Nord-Est le Périgord central vient buter sur le **causse périgourdin** autour d'Excideuil et de Thiviers. Ce bloc de calcaire jurassique, taillé par les vallées de l'Isle, de l'Auvézère et de la Loue, présente la maigre végétation caractéristique des causses. C'est au pied des chênes rabougris qui le parsèment que pousse la truffe la plus parfumée.

La Double et le Landais. — Au Sud de Ribérac les dépôts tertiaires provenant du Massif Central portent de vastes forêts constituées de chênes pédonculés de haute taille, de châtaigniers et de plus en plus de pins maritimes. Le sol argileux imperméable de la Double retient de nombreux étangs. Cette région, autrefois très insalubre, est aujourd'hui exploitée pour le bois et comme terrain de chasse.
Le Landais, moins sauvage, est recouvert d'une forêt de pins maritimes et sur ses limites de vignobles et de prairies.

Le Bergeracois. — La région autour de Bergerac se divise en plusieurs parties qui ont pour point commun un climat très doux propice aux cultures méridionales.
La vallée de la Dordogne, très large à cet endroit, est découpée en parcelles où sont cultivés le tabac, le maïs, le tournesol, des céréales profitant de la fertilité des alluvions. À l'Ouest de Bergerac l'arboriculture domine. Enfin, les coteaux sont le domaine des vignobles de Bergerac et de Monbazillac *(voir p. 45)*.
Bergerac, du fait de son environnement, joue un rôle important pour la négociation des vins et l'« industrie » du tabac.

Le Périgord Noir. — Découpé par les vallées de la Vézère et de la Dordogne, il doit son nom au taux de boisement très élevé et à la présence largement répandue du chêne vert ou yeuse, au feuillage dense, sombre et persistant, très abondant dans le Sarladais. Sur le limon des vallées soulignées de rideaux de peupliers ou de saules, les cultures sont variées : blé, maïs, tabac, noyers. Les marchés prospères proposent des noix excellentes, des champignons, des truffes et des foies gras. Tant de richesse gastronomique attire les touristes qui apprécient aussi l'intérêt des grottes et des cavernes aux parois sculptées ou peintes, témoins du passage de l'homme de la préhistoire, l'harmonie des paysages le long de la Dordogne et de la Vézère, et la beauté des solides demeures en calcaire doré coiffées de lauzes dont Sarlat, la capitale du Périgord Noir, possède de superbes exemples.

Le Bassin de Brive. — Zone de rupture entre les escarpements cristallins du plateau d'Uzerche et les corniches calcaires des causses du Quercy, la dépression du bassin de Brive, formée de grès et de schistes, est drainée par les eaux de la Corrèze et de la Vézère. Les frais vallons coupés de peupliers, les pentes douces des collines bien exposées portent de riches cultures fruitières. Brive est aujourd'hui un grand centre pour la conserverie des fruits et légumes.

Au Sud de Brive, le causse corrézien possède sur son plateau des parcs destinés à la production d'agneaux de bergerie, des truffières et des élevages d'oies à gaver.

Quercy

Formé d'une épaisse carapace de calcaire jurassique d'une altitude moyenne de 300 m, le Quercy est entaillé par les vallées de la Dordogne, du Célé, du Lot et de l'Aveyron qui délimitent les causses. L'ensemble des causses s'appuie au flanc Sud-Ouest du Massif Central et s'abaisse vers la vallée de la Garonne.

Les causses. — Ces pays secs sans écoulement sont entaillés de vallées sèches (les combes) où apparaissent les prairies temporaires et quelques vignes domestiques. Les grandes étendues des causses sont le domaine du genévrier, du chêne, du caroubier et... des moutons qui paissent dans les champs délimités par des murets de pierre.

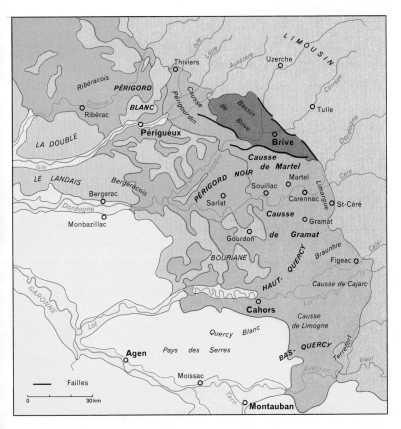

Ère quaternaire		Alluvions
Ère tertiaire	{	Molasse
		Dépôts sidérolithiques
Ère secondaire	{	Calcaires crétacés
		Calcaires jurassiques
Ère primaire	{	Schistes et grès (Bassin de Brive)
		Roches cristallines et métamorphiques (granit-gneiss) du Massif Central

— Failles

0   30 km

13

Les causses du Quercy sont en effet le centre d'un important élevage ovin (près de 300 000 reproducteurs). Le mouton caussenard ou race de Gramat, dit « à lunettes » à cause des taches noires qui lui entourent les yeux, est apprécié pour sa laine d'une qualité exceptionnelle et surtout pour la délicatesse de sa chair très peu enrobée de graisse. C'est une race rustique et prolifique : les agnelles et les jeunes béliers font l'objet d'une sélection très sérieuse.

Le **causse de Martel**, entre le Limousin et la vallée de la Dordogne, est plus riche que ses voisins en vallées sèches et en cultures. Il porte le nom de sa principale localité, gros marché agricole où se traite la vente des peaux de mouton.

Le **causse de Gramat** atteint 350 m d'altitude, il offre de nombreuses curiosités naturelles dont le gouffre de Padirac et des paysages inhabituels. De magnifiques gorges entaillent les horizons monotones mais non sans grandeur de cet énorme bloc de calcaire fissuré, large de 50 km ; ce sont les canyons de l'Ouysse et de l'Alzou (aux falaises duquel s'accroche Rocamadour) et le canyon du Célé beaucoup plus long.

Entre les étroites coupures de l'Alzou et du Célé s'étend la Braunhie (prononcer Brogne), région aride criblée de gouffres et de grottes.

Les bourgades de Gramat, de Labastide-Murat ont souffert de l'exode rural.

Le **causse de Cajarc**, de faible étendue, est enserré par les rives du Célé et du Lot dont les méandres sont entourés de riches cultures.

Le **causse de Limogne**, au climat plus sec, présente un aspect différent. Bordé par le Lot, son plateau est parsemé de dolmens parmi les bouquets de chênes blancs truffiers, les touffes de genévriers et les champs de lavande. Çà et là des gariottes *(voir p. 34)* construites en bordure d'anciennes vignes servent d'abri aux bergers. Limogne-en-Quercy et Lalbenque sont de modestes localités mais des centres agricoles très actifs.

Les vallées. — S'encaissant dans les calcaires durs, les rivières ont creusé leur vallée, dessinant des méandres s'élargissant au fur et à mesure que la vallée s'évase jusqu'à devenir des cingles de plus en plus amples.

Ces vallées de la Dordogne, du Célé, du Lot sont peuplées depuis la préhistoire. Elles sont jalonnées d'oppidums et de châteaux témoignant de leur rôle dans l'histoire de cette région. Aujourd'hui elles sont le domaine de riches cultures : le maïs, la vigne avec le vignoble de Cahors dans la vallée du Lot *(voir p. 96)* et les arbres fruitiers.

Les villes s'y sont installées : Souillac dans la vallée de la Dordogne, Figeac dans celle du Célé et Cahors dans un méandre du Lot. Cette dernière, préfecture du Lot, a surtout un rôle administratif et commercial.

Les marges du Haut-Quercy. — A l'Est une zone fertile sépare les causses des terrains cristallins du Massif Central. Il s'agit du **Limargue** et du **Terrefort**. Les terrains qui s'étalent en bassins et vastes plaines favorisent les cultures les plus variées : reines-claudes et fraisiers entre Carennac et St-Céré, vignes, noyers, tabac, voisinant avec de grandes prairies.

D'autre part, à l'Ouest de la N 20, jusqu'au Périgord, une couverture de sable et d'argiles donne naissance à une végétation composée de landes de bruyère, de taillis et de bois. Cette région, la **Bouriane**, s'apparente plus au Périgord voisin qu'au Quercy. Le gemmage des pins maritimes pour l'exploitation de la résine, le commerce du bois, les marchés de châtaignes, de noix, de bestiaux forment l'essentiel de l'économie de cette région dont la capitale est Gourdon.

Le Quercy Blanc. — Au Sud-Ouest de la vallée du Lot et de Cahors, les calcaires jurassiques disparaissent sous des calcaires tertiaires donnant des paysages particuliers, les planhès, grandes surfaces mamelonnées blanchâtres qui ont valu à cette région le nom de Quercy Blanc. Ces plateaux sont découpés en lanières, les Serres, par les rivières. Les crêtes des Serres sont en fait nivelées en « plaines » qui portent des pâturages à moutons, des bois de chênes et, lorsque le sol devient argileux, de belles cultures. Entre les Serres, les vallées, plus ou moins ouvertes dans la molasse quand on se rapproche de la Garonne, sont des couloirs fertiles où les prairies bordées de peupliers produisent plusieurs regains ; fruits, vignes, céréales, tabac y poussent en abondance.

Les bourgs, Montcuq, Lauzerte, Castelnau-Montratier, Montpezat-du-Quercy, tous installés sur des puechs, sortes de pitons, s'animent les jours de marché.

Paysage du Quercy Blanc autour de Lauzerte.

UNE RÉGION À VOCATION AGRICOLE

Périgord et Quercy sont par excellence des pays où l'on mène de front les cultures les plus variées. Quatre productions symbolisent tout particulièrement cette région : les truffes, les noix, le tabac et les foies gras, auxquelles s'ajoutent les fraises et le vignoble.

(Photo M. Guillard/Scope)

La recherche des truffes.

Les truffes. — Étrange production du règne végétal, la truffe est un champignon souterrain qui se développe à partir du mycellium, réseau de filaments invisibles à l'œil nu, autour du noisetier, du chêne vert, du tilleul... et surtout du chêne. Elle aime les terrains calcaires secs, une bonne exposition et des saisons marquées. Là où elle pousse, en surface la végétation disparaît. Entre décembre et février, le « caveur » s'accompagnant d'une truie ou plus souvent d'un chien dressé au cavage, creuse le sol pour récolter les truffes lorsqu'elles sont mûres et bien parfumées. Il existe une trentaine d'espèces de truffes, mais la plus intéressante est la variété connue sous le nom de truffe du Périgord. Les principaux centres de production et de vente en Dordogne sont Brantôme, Thiviers, Excideuil, Périgueux, Thenon, Terrasson, Sarlat, Domme, Sorges, et, dans le Lot, Cahors, Limogne, Sauzet et surtout Lalbenque.
La production qui se chiffrait en centaines de tonnes, il y a un siècle, a très fortement diminué puisque actuellement le département de la Dordogne produit environ 4 tonnes.
Aujourd'hui, des plantations de chênes truffiers entretiennent l'espoir d'améliorer le rendement en ce domaine *(pour tous détails sur la culture de la truffe, s'adresser à la Maison de la truffe à Sorges, p. 138)*.

Les noix. — Elles sont encore récoltées en abondance bien que leur production tende à décliner (5 à 7 000 t par an en Dordogne).
La noix Marbot, variété la plus courante dans le Lot, très précoce, est souvent vendue comme noix fraîche. La noix Grandjean, produite dans les régions de Sarlat et Gourdon, fournit une grande partie des cerneaux (noix vertes tirées de leurs coques) du Périgord et du Quercy. La noix Corne est répandue dans la région de Hautefort et sur les meilleurs sols du causse : c'est une noix de qualité mais aussi souvent de petites dimensions et elle rencontre des difficultés de commercialisation. La noix Franquette se trouve dans les nouvelles plantations. La Dordogne est le deuxième département producteur de noix en France, après l'Isère. Le noyer est largement cultivé au Nord de la Dordogne, dans le Sud de la Corrèze et dans une grande partie du département du Lot.

Le tabac. — Il trouve en Périgord et en Quercy, comme dans tout le Sud-Ouest de la France, les conditions les plus favorables pour sa culture. Cette plante vigoureuse, importée d'Amérique au 16e s., fut d'abord utilisée pour ses propriétés médicinales avant d'être appréciée des fumeurs *(voir l'historique dans la description du musée du Tabac p. 43)*.

La culture. — Les variétés traditionnelles de tabac brun ont dans cette région pour débouché principal la Régie Nationale, la S.E.I.T.A., tandis que les tabacs clairs sont traités dans l'usine de la Profession. Cette culture exige des soins minutieux et une main-d'œuvre nombreuse, mais elle assure des revenus substantiels à l'hectare. Elle se pratique surtout sur les sols alluviaux des vallées de la Dordogne et du Lot et sur les terres limoneuses des replats des collines du Périgord et du Quercy. Les semis de graines sélectionnées sont faits à la fin mars ; durant la fin du printemps et l'été ont lieu les travaux de repiquage, de binage, d'étêtage, et d'ébourgeonnement. La récolte traditionnelle s'effectue tige par tige. Chaque tige étant couverte de 10 à 12 feuilles atteignant 60 à 90 cm de longueur ; le séchage a lieu dans les hangars aérés, constructions typiques des régions tabacoles ; il dure environ un mois et demi. Triées minutieusement, les feuilles séchées sont acheminées vers les dépôts de la coopérative. La S.E.I.T.A., principal acheteur, procède à la préparation du tabac à fumer. Le Lot a la quasi-exclusivité de la production de tabac à priser.

Le marché du tabac. — La demande de produits « goût américain », fabriqués à partir du tabac blond, ne cesse de croître. Cette situation a rendu nécessaire la mise en œuvre d'un programme de recherche et de développement des variétés de tabac blond (Virginie) ou clair (Burley). La culture du Virginie nécessite des équipements spéciaux (fours de séchage) mais ces variétés sont cependant en pleine expansion. Ainsi, en Dordogne, on recense une production de tabac blond de près de 800 tonnes en 1984.

Les départements de la Dordogne, du Lot et du Lot-et-Garonne, comptent environ 10 000 planteurs. Il s'agit là d'une exploitation essentiellement familiale ; actuellement elle tend à se mécaniser.

Le département de la Dordogne occupe le premier rang en France (devant le Lot-et-Garonne). Près de 3 500 planteurs produisent environ 20 % de la production française.

Les foies gras. — Cette spécialité régionale *(voir p. 35)* a entraîné un plein essor de l'élevage des oies (près de 200 000) et des canards (250 000) dans les basses-cours du Périgord et du Quercy. Cet élevage, orienté vers la préparation de foies gras et de confits, est cependant loin de suffire à la production locale et la région doit importer nombre de foies d'Israël et de Hongrie.

Les fraises. — Le département de la Dordogne, grâce à un effort récent, se classe pour les fraises premier producteur français (à égalité avec le Lot-et-Garonne) avec une production de près de 20 000 tonnes.

Cultivées d'abord dans les vallées du Lot et de la Dordogne, les fraises ont peu à peu gagné les plateaux et sont devenues omniprésentes dans la région de Vergt et de Rouffignac dans le Périgord central.

Pour mettre les fraisiers à l'abri des intempéries et leur permettre de fleurir et de grossir dans un milieu constant, on les cultive sous des bandes de plastique qui strient le paysage de longs rubans argentés au printemps. On laisse ensuite les fruits mûrir sur ces mêmes bandes de plastique avant de les ramasser pour les expédier sur les grands marchés de la région parisienne et du Nord de la France où la fraise du Périgord est particulièrement appréciée.

Le vignoble. — *(Voir aussi le texte sur les vins dans la « gastronomie » p. 35).*

Les vignobles de Cahors et de Bergerac, déjà renommés à l'époque gallo-romaine, ont connu de nombreuses vicissitudes dont la catastrophe du phylloxéra qui a totalement anéanti le vignoble lotois au 19ᵉ s. Aujourd'hui ils retrouvent un nouvel essor et donnent des vins de qualité qui ont droit à l'Appellation d'Origine Contrôlée.

Le vignoble de Cahors. — Fort célèbres au Moyen Âge, les vins de Cahors, transportés par gabares jusqu'à Bordeaux, puis par navires vers les différentes capitales d'Europe, étaient très recherchés. En 1868, le vignoble, alors en pleine prospérité, fut complètement détruit par le phylloxéra. Le sol fut laissé à l'abandon et les viticulteurs émigrèrent. Après la Seconde Guerre mondiale il fut décidé de reconstituer le vignoble de Cahors avec le plant de l'Auxerrois sur les versants ensoleillés de la vallée du Lot et les terrasses caillouteuses des plateaux. La véritable renaissance de ce vignoble eut lieu dans la décennie 1960-1970 et s'est poursuivie depuis. Entre 1976 et 1983 la superficie du vignoble est passée de 950 ha à 2 400 ha et la production de vins a plus que doublé (environ 130 000 hl).

Le vignoble de Cahors ne donne qu'une seule sorte de vin caractérisé par sa couleur rouge et son goût corsé.

Le vignoble de Bergerac. — Il recouvre 11 000 ha répartis sur 93 communes et produit en moyenne 200 000 hl de vins blancs et 150 000 hl de vins rouges. S'étalant sur les terrasses au-dessus de la vallée de la Dordogne, il se répartit en plusieurs zones donnant des crus différents : les Bergerac et Côtes de Bergerac, le Monbazillac, le Montravel et les Côtes de Montravel, le Pécharmant — dont le nom vient de Pech Armand — et les Côtes de Saussignac.

Le Conseil Interprofessionnel des vins de la région de Bergerac qui se trouve à Bergerac *(voir p. 43)* contrôle la qualité des vins et leur attribue l'Appellation d'Origine Contrôlée.

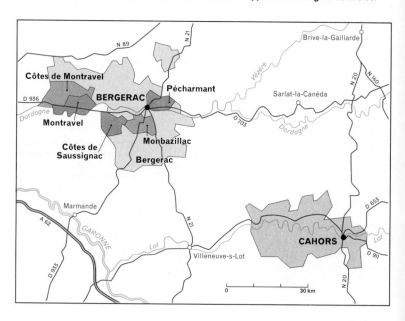

Vous trouverez p. 6 et 7 un choix d'itinéraires de visite régionaux.

Pour organiser vous-même votre voyage, consultez la carte des principales curiosités p. 4 et 5.

GROTTES ET GOUFFRES

La surface des causses quercynois déroule à perte de vue ses solitudes pierreuses. Cette sécheresse est due à la nature calcaire du sol qui absorbe comme une éponge les eaux de pluie. A cette aridité correspond une intense activité souterraine.

L'infiltration des eaux. — Chargées d'acide carbonique, les eaux de pluie dissolvent le carbonate de chaux contenu dans le calcaire. Alors se forment des dépressions généralement circulaires et de dimensions modestes appelées **cloups**. La dissolution des roches calcaires contenant particulièrement du sel ou du gypse produit une sorte de terre arable qui se prête aux cultures : lorsque les cloups s'agrandissent, ils forment de plus vastes dépressions fermées appelées **sotchs**. Si les eaux de pluie s'infiltrent plus profondément par les fissures, le creusement et la dissolution de la couche calcaire amènent la formation de puits ou abîmes naturels appelés **igues**.

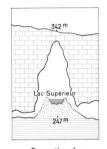

Formation du
Grand Dôme de Padirac.

Les rivières souterraines. — Les eaux d'infiltration finissent par former des galeries souterraines et se réunissent en une rivière à circulation plus ou moins rapide. Elles élargissent alors leur lit et se précipitent souvent en cascades. Lorsqu'elles s'écoulent lentement elles forment, en amont, des barrages naturels tels que les **gours** (édifiés peu à peu par dépôt de carbonate de chaux), un lac sur lequel le touriste peut, comme à Padirac, circuler en barque. Il arrive qu'au-dessus des nappes souterraines se poursuive la dissolution de la croûte calcaire : des blocs se détachent de la voûte, une coupole se forme, dont la partie supérieure se rapproche de la surface du sol. C'est le cas du Grand Dôme de Padirac que quelques mètres seulement séparent de la surface du causse. Lorsque la voûte de la coupole devient très mince, un éboulement découvre la cavité et ouvre un **gouffre**.

Formation des grottes. — Au cours de sa circulation souterraine, l'eau abandonne le calcaire dont elle s'est chargée en pénétrant dans le sol. Elle édifie ainsi un certain

Grotte à concrétions :
① Stalactites — ② Stalagmites —
③ Colonne en formation —
④ Colonne formée.

nombre de concrétions aux formes fantastiques défiant quelquefois les lois de l'équilibre. Dans certaines cavernes, le suintement des eaux donne lieu à des dépôts de calcite (carbonate de chaux) qui constituent des pendeloques, des pyramides, des draperies, dont les représentations les plus connues sont les stalactites, les stalagmites *(schéma ci-contre)* et les excentriques.

Les **stalactites** se forment à la voûte de la grotte. Chaque gouttelette d'eau qui suinte au plafond y dépose, avant de tomber, une partie de la calcite dont elle s'est chargée. Peu à peu, s'édifie ainsi la concrétion le long de laquelle d'autres gouttes d'eau viendront couler et déposer leur calcite.

Les **stalagmites** sont des formations de même nature qui s'élèvent du sol vers le plafond. Les gouttes d'eau tombant toujours au même endroit déposent leur calcite qui forme peu à peu un cierge. Celui-ci s'élance à la rencontre d'une stalactite avec laquelle il finira par se réunir pour constituer un pilier reliant le sol au plafond.

La formation de ces concrétions est extrêmement lente : elle est, actuellement, de l'ordre de 1 cm par siècle sous nos climats.

Les **excentriques** sont de fines protubérances, dépassant rarement 20 cm. Elles se développent dans tous les sens sous forme de minces rayons ou d'éventails translucides. Formées par cristallisation, elles n'obéissent pas aux lois de la pesanteur. La grotte du Grand-Roc en possède de remarquables.

Les résurgences. — Les rivières souterraines se forment soit par disparition d'un cours d'eau dans une igue du causse, soit par accumulation des eaux d'infiltration atteignant le niveau des couches imperméables (marnes ou argiles). Elles s'écoulent suivant l'inclinaison des couches. Dès que les couches imperméables affleurent au flanc d'un versant, le cours d'eau réapparaît à l'air libre : c'est une résurgence *(schéma ci-contre)*.

C'est ainsi que la rivière souterraine de Padirac resurgit à 11 km environ de l'endroit où se termine la visite de la salle des Grands Gours, au cirque de Montvalent, dans la vallée de la Dordogne *(voir 74)*.

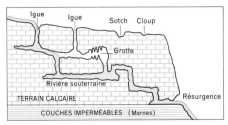

Formation d'une résurgence.

De la préhistoire à l'exploration moderne. — Les cavernes et les grottes, abris naturels, ont d'abord été habitées par des animaux puis par l'homme qui lutta contre les bêtes et les chassa ; il n'a abandonné ces gîtes naturels qu'il y a environ 10 000 ans.

A la fin du siècle dernier, l'exploration scientifique du monde souterrain, à laquelle est attaché le nom d'E.-A. Martel a permis la découverte et l'aménagement d'un certain nombre de cavités. Cette connaissance du monde souterrain est encore incomplète.

PRÉHISTOIRE

NOTIONS GÉNÉRALES

Les premiers âges de l'humanité. — L'ère quaternaire est relativement jeune puisqu'elle n'a que deux millions d'années environ. C'est cependant au cours de cette période que s'est développée l'humanité *(voir tableaux ci-dessous)*.

On ne peut établir avec certitude l'existence d'êtres vivants à l'époque précambrienne. Les reptiles, les poissons, les batraciens apparaissent au cours de l'ère primaire, les mammifères et les oiseaux au cours de l'ère secondaire. Aux primates, qui se manifestent dès la fin de l'ère tertiaire, succèdent à l'ère quaternaire des espèces de plus en plus évoluées : le pithécanthrope, l'homme de Néandertal, enfin l'« homo sapiens ».

Les progrès réalisés par l'homme à l'époque paléolithique sont lents : près de deux millions d'années lui ont été nécessaires pour apprendre à polir la pierre ; par contre, les quelques millénaires qui ont suivi ont vu se développer dans le Moyen et le Proche Orient,

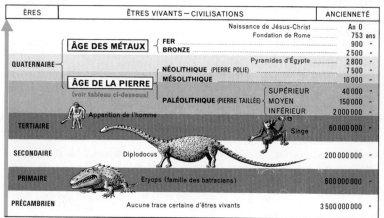

ÈRES	ÊTRES VIVANTS — CIVILISATIONS		ANCIENNETÉ
		Naissance de Jésus-Christ	An 0
		Fondation de Rome	753 ans
	ÂGE DES MÉTAUX { **FER**		900 "
	BRONZE		2 500 "
QUATERNAIRE		Pyramides d'Égypte	2 800 "
	NÉOLITHIQUE (PIERRE POLIE)		7 500 "
	ÂGE DE LA PIERRE **MÉSOLITHIQUE**		10 000 "
	(voir tableau ci-dessous)	SUPÉRIEUR	40 000 "
	PALÉOLITHIQUE (PIERRE TAILLÉE) { MOYEN		150 000 "
		INFÉRIEUR	2 000 000 "
TERTIAIRE	Apparition de l'homme	Singe	60 000 000 "
SECONDAIRE	Diplodocus		200 000 000 "
PRIMAIRE	Eryops (famille des batraciens)		600 000 000 "
PRÉCAMBRIEN	Aucune trace certaine d'êtres vivants		3 500 000 000 "

Lire ce tableau de bas en haut

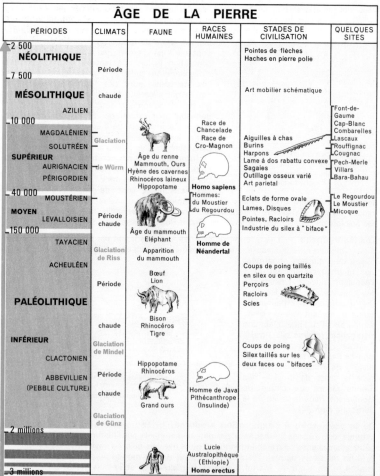

ÂGE DE LA PIERRE

PÉRIODES	CLIMATS	FAUNE	RACES HUMAINES	STADES DE CIVILISATION	QUELQUES SITES
NÉOLITHIQUE — 2 500	Période			Pointes de flèches Haches en pierre polie	
— 7 500	chaude				
MÉSOLITHIQUE				Art mobilier schématique	
AZILIEN					Font-de-Gaume Cap-Blanc Combarelles
— 10 000			Race de Chancelade		Lascaux
MAGDALÉNIEN	Glaciation		Race de Cro-Magnon	Aiguilles à chas Burins	Rouffignac Cougnac
SOLUTRÉEN		Âge du renne		Harpons	Pech-Merle
SUPÉRIEUR	de Würm	Mammouth, Ours Hyène des cavernes		Lame à dos rabattu convexe Sagaies	Villars
AURIGNACIEN		Rhinocéros laineux		Outillage osseux varié	Bara-Bahau
PÉRIGORDIEN		Hippopotame	**Homo sapiens**	Art pariétal	
— 40 000 MOUSTÉRIEN			Hommes: du Moustier du Regourdou	Éclats de forme ovale Lames, Disques	Le Regourdou Le Moustier Micoque
MOYEN LEVALLOISIEN	Période chaude			Pointes, Racloirs Industrie du silex à " biface "	
— 150 000 TAYACIEN		Âge du mammouth Éléphant	**Homme de Néandertal**		
ACHEULÉEN	Glaciation de Riss	Apparition du mammouth			
	Période	Bœuf Lion		Coups de poing taillés en silex ou en quartzite Perçoirs	
PALÉOLITHIQUE				Racloirs Scies	
	chaude	Bison Rhinocéros Tigre			
INFÉRIEUR	Glaciation de Mindel			Coups de poing Silex taillés sur les deux faces ou "bifaces"	
CLACTONIEN		Hippopotame Rhinocéros			
ABBEVILLIEN (PEBBLE CULTURE)	Période chaude		Homme de Java Pithécanthrope (Insulinde)		
	Glaciation de Günz	Grand ours			
— 2 millions					
— 3 millions			Lucie Australopithèque (Éthiopie) **Homo erectus**		

Lire ce tableau de bas en haut

18

de brillantes civilisations dont la construction des pyramides marque l'apogée. Quelques siècles plus tard un nouveau pas est franchi avec la découverte du bronze, puis celle du fer en 900 environ avant Jésus-Christ.

Les chercheurs. — Science d'origine essentiellement française, la préhistoire a fait ses premiers pas à l'aube du 19e s. Jusque-là, seules quelques allusions, chez certains auteurs grecs et romains, une étude de Mercati au 16e s., un mémoire de Jussieu, publié en 1723, laissent pressentir l'existence de civilisations très anciennes. Malgré l'incrédulité des plus grands savants — Cuvier en tête —, les chercheurs poursuivent leurs investigations en Périgord, en Lozère, dans la vallée de la Somme. C'est à **Boucher de Perthes** (1788-1868) que revient l'honneur d'avoir fait admettre l'existence de la préhistoire, science de la vie de l'humanité avant l'invention de l'écriture. Ses découvertes à St-Acheul et Abbeville sont le point de départ d'une importante série de recherches. En France, **Édouard Lartet** (1801-1871) effectue de nombreuses fouilles dans la vallée de la Vézère et établit une première classification des diverses époques de la préhistoire. **Gabriel de Mortillet** (1821-1898) reprend et complète cette classification en faisant apparaître les noms de chelléen, moustérien, aurignacien, solutréen, magdalénien, qui correspondent aux localités où furent mis au jour les gisements les plus abondants ou les plus caractéristiques : Chelles en Seine-et-Marne, le Moustier en Dordogne, Aurignac en Haute-Garonne, Solutré en Saône-et-Loire, la Madeleine, près de Tursac en Dordogne.

Depuis la fin du 19e s., les découvertes de sépultures paléolithiques, d'outillage, de peintures et de gravures pariétales ont permis de reconstituer la vie et les activités des hommes préhistoriques : les abbés **A. et J. Bouyssonie**, le docteur **L. Capitan**, **D. Peyrony**, **Rivière**, l'abbé **Lemozi**, **Cartailhac**, **R. Lantier** ont attaché leurs noms à l'étude de la préhistoire. L'abbé **Breuil** (1877-1961), homme de science, a contribué à faire connaître les merveilles de l'art pariétal de France et d'Espagne par ses relevés graphiques. Plus récemment **André Leroi-Gourhan** fait figure de digne successeur de l'abbé Breuil en tant que spécialiste de l'art paléolithique. Son ouvrage La Préhistoire de l'art occidental paru en 1965 réunit la somme des connaissances de ce domaine.

Les fouilles, sous le contrôle de l'État, ne peuvent être effectuées que par des spécialistes connaissant les techniques de la géologie stratigraphique, l'étude physique et chimique des roches, la nature et la forme des galets et des graviers. En explorant scientifiquement les abris sous roche et les entrées des grottes, les préhistoriens parviennent à mettre au jour des foyers — faits de l'accumulation de cendres et de déchets de cuisine —, des instruments divers — outils en silex pour la plupart — et, parfois, des ossements humains. Les gisements se trouvent surtout dans les régions calcaires où existent des surplombs ou des grottes. L'exposition au Sud ou à l'Est, la proximité d'une source, correspondent aux ateliers les plus riches.

La préhistoire en Périgord. — Le Périgord a été occupé par l'homme d'une façon continue au paléolithique. Les noms de tayacien (les Eyzies-de-Tayac), de micoquien (la Micoque), de moustérien (le Moustier), de périgordien, de magdalénien (la Madeleine), témoignent de l'importance de ses sites préhistoriques. Près de 200 stations y ont été dénombrées, dont plus de la moitié dans la vallée de la Vézère, près des Eyzies (p. 82).

L'évolution de l'espèce humaine au Paléolithique. — La découverte de squelettes d'hommes préhistoriques a permis aux savants de définir un certain nombre de races.

Les préhominiens. — Les plus lointains ancêtres connus de l'homme, collecteurs de nourriture, utilisateurs de galets éclatés et plus tard auteurs des bifaces abbevilliens, sont les Australopithèques d'Afrique Orientale et d'Afrique du Sud, les Pithécanthropes de Java (du grec pithecos = singe, anthropos = homme) découverts par un Hollandais, le docteur Dubois, qui ont des crânes d'une capacité intermédiaire entre celle des singes les plus évolués et celle des hommes les plus inférieurs, les Sinanthropes trouvés près de Pékin et les Atlanthropes étudiés en Afrique du Nord. Ils sont du type Homo erectus qui se distingue déjà par la station verticale.

L'homme de Néandertal. — Il apparaît sur la terre il y a environ 150 000 ans. C'est dans la vallée de la Düssel, dite vallée de Néander, près de Düsseldorf en Allemagne, que sont découverts en 1856 les restes d'un homme présentant les caractéristiques suivantes : capacité crânienne d'environ 1 500 cm^3, crâne allongé (dolichocéphale), front très fuyant, mâchoires extrêmement développées, taille petite (1,60 m).

Des squelettes offrant de nombreuses similitudes avec celui-là ont été trouvés, en France, à la Chapelle-aux-Saints (Corrèze) en 1908, au Moustier (Dordogne) en 1909, à la Ferrassie (Dordogne) en 1909 et 1911, au Régourdou (Dordogne) en 1957.

L'homme de Néandertal, après s'être maintenu longtemps en Afrique — un crâne présentant ces caractères a été découvert en Rhodésie, mêlé à des ossements d'animaux actuels — a disparu de la surface du globe au début du paléolithique supérieur.

L'homo sapiens. — Son épanouissement en France remonte à 40 000 ans environ. Ses caractéristiques essentielles — station verticale parfaite, capacité crânienne de 1 500 à 1 700 cm^3, front élevé, arcades sourcilières peu saillantes — en font un type très évolué, semblable à l'homme actuel (sapiens = sage, intelligent). Plusieurs races appartenant à cette même famille ont pu être définies au fur et à mesure des découvertes.

La race de Cro-Magnon (squelette provenant des abris sous roche de Cro-Magnon en Dordogne et de Solutré en Saône-et-Loire) correspond à des individus de taille élevée — 1,80 m environ —, aux membres longs et robustes dénotant une musculature puissante ; le crâne est de forme dolichocéphale. Cette race a vécu du paléolithique supérieur au néolithique.

La race de Chancelade (squelette découvert en 1888 à Chancelade, près de Périgueux) est apparue au magdalénien. Venus d'Europe orientale ou d'Asie, ces individus présentent des caractères rappelant étonnamment les Esquimaux vivant actuellement au Groënland et dans le Nord de l'Amérique ; crâne volumineux de forme dolichocéphale très prononcée, face haute et large, pommettes saillantes, taille ne dépassant pas 1,55 m. Certains de ces chasseurs de rennes auraient peut-être suivi la migration de leur gibier vers le Nord.

LA VIE ET L'ART À L'ÉPOQUE PALÉOLITHIQUE

L'installation des premiers hommes en Périgord remonte au début du quaternaire mais les squelettes les plus anciens du type de Néandertal qui ont été retrouvés ne datent que du moustérien, époque à laquelle apparaissent les premières sépultures.

Plus tard, des peuplades venues, croit-on, d'Europe orientale, s'installent dans les divers abris de la vallée de la Vézère et de la Beune. Les conditions nécessaires à l'établissement des hommes se trouvaient réunies dans ces vallées. Alors qu'en pays plat il aurait été difficile à l'homme de subsister en période glaciaire, les falaises bordant les vallées, criblées de grottes et d'abris, présentaient de nombreux avantages : protection contre le froid, existence, à proximité, de sources et rivières poissonneuses, possibilité d'attirer le gibier dans les vallées étroites afin de le capturer plus facilement.

Le paléolithique (paleos = ancien, lithos = pierre) couvre la période au cours de laquelle les hommes n'ont su que tailler les silex. Une époque intermédiaire, le mésolithique (mesos = moyen) le sépare du néolithique (neos = nouveau), période qui vit les hommes apprendre à polir la pierre. La taille du silex a évolué lentement et cette évolution a permis de distinguer trois étapes paléolithiques : inférieur, moyen, supérieur.

Paléolithique inférieur

Début il y a environ 2 000 000 d'années. Les préhominiens qui vivent en Périgord connaissent le feu et chassent le gros gibier. La terre subit trois glaciations successives, appelées Günz, Mindel, Riss, du nom de vallées d'affluents du Haut-Danube où elles ont été étudiées. Entre ces périodes glaciaires règne dans nos pays un climat tropical.

La taille des silex a commencé par être une taille « bloc contre bloc », obtenue en frappant violemment deux pierres l'une contre l'autre ou en frappant une pierre contre un rocher servant d'enclume. Ces deux méthodes ont donné naissance à deux sortes d'industries définies ci-dessous.

Biface abbevillien

Débarrassé de ses éclats sur les deux faces, le noyau de silex est dégrossi et prend la forme d'une amande. A l'époque acheuléenne, on obtient des arêtes plus finies.

Silex clactoniens (éclats)

Si l'on utilise les éclats, on obtient une face relativement unie et une face travaillée.
Cette industrie clactonienne (localisée à Clacton-on-Sea, Angleterre) s'est poursuivie à l'époque tayacienne, produisant des pièces de format réduit.

Paléolithique moyen

Début il y a environ 150 000 ans. Avec l'homme de Néandertal, apparaissent des outils plus perfectionnés et spécialisés. L'industrie moustérienne utilise des éclats et des bifaces. Des procédés nouveaux — façonnage des silex au moyen de percuteurs en os ou en bois — permettent d'obtenir des pointes triangulaires, des racloirs utilisés pour travailler les peaux, des silex assujettis à un manche de bois et servant de massues pour la chasse : on a trouvé des crânes d'ours perforés par des pointes moustériennes.

Il est vraisemblable qu'à l'époque moustérienne certaines entrées de grottes étaient utilisées comme habitat. L'homme disposait alors d'armes plus perfectionnées pour chasser le gros gibier et se protégeait du froid à l'aide de peaux de bêtes.

Pointe-racloir

Pointes

Paléolithique supérieur

Début en Périgord il y a environ 40 000 ans. L'homo sapiens remplace l'homme de Néandertal. Désormais, les outils sont sans cesse perfectionnés, les conditions de vie sont rendues plus faciles par la mise au point de nouveaux procédés de chasse, les hommes peuvent se consacrer à la réalisation d'œuvres artistiques.

Périgordien et Aurignacien. — Ces deux noms désignent deux industries contemporaines dans la même région. Dans le domaine de l'outillage, les lames de silex sont taillées avec une telle finesse qu'elles sont tranchantes comme un couteau. Des pointes d'os sont fendues à leur base pour être fixées sur une hampe et servir de javelot.

Les sépultures abritent des squelettes colorés à l'ocre rouge et la plupart du temps ornés de pendeloques en os. Divers ornements — coquillages, baguettes d'ivoire, silex taillés — témoignent d'un désir décoratif et dénotent un sens artistique déjà développé : les bracelets et les colliers d'ivoire sont faits de boules alternant avec des dents ou des coquillages.

Grattoir sur bout de lame

Pointe — Harpon

Collier

| Vénus de Laussel | Le Pech-Merle : mains négatives et ponctuations noires | Bara-Bahau : cheval gravé |

Dans le domaine artistique, les plus anciens témoignages découverts sont des gravures au trait (Bara-Bahau). Les plus anciennes sculptures, généralement exécutées en ronde bosse, remontent aux époques aurignacienne et périgordienne. Figurations féminines pour la plupart, qui ont souvent pour thème la fécondité (formes plantureuses, exagération des caractères sexuels) ; ainsi nous apparaît la « Vénus de Laussel », dite « Vénus à la corne ». Les premières manifestations de l'art pariétal sont des mains posées à plat sur le rocher et cernées de noir ou de rouge, ainsi à Font-de-Gaume et au Pech-Merle. Les figurations animales, simplement esquissées, sont rudimentaires. A la fin de cette période, l'homme est devenu un véritable artiste comme le révèlent les sculptures de l'Abri du Poisson, les gravures et les peintures de Font-de-Gaume et de Lascaux.

Solutréen. — Très bien représentée en Dordogne, cette époque semble marquer dans cette région un arrêt des manifestations artistiques. Par contre, c'est la période la plus brillante pour l'industrie de la pierre taillée. Les lames de silex atteignent, par suite de la taille à la pression, une finesse jusque-là inégalée. Les pointes à cran servent d'armes, après avoir été emmanchées dans une hampe de bois. C'est alors qu'apparaissent les premières aiguilles à chas.

Magdalénien. — Cette période voit l'apogée du travail de l'os et de l'ivoire. La présence de troupeaux de rennes, qu'explique le climat très froid de la fin de la glaciation de Würm, oriente les activités des hommes vers le travail de l'os et de la corne. Ainsi en témoignent divers harpons, utilisés pour la chasse et la pêche, et des bâtons perforés en bois de renne, ornés de gravures et dont la destination n'a pu être établie avec certitude.
C'est aussi l'époque où l'art des cavernes, essentiellement animalier, atteint sa suprême élévation. Installés, pour se protéger du froid, à l'abri des surplombs de rochers ou à l'entrée des cavernes, les hommes du magdalénien ont utilisé les parois des cavernes pour exprimer par la peinture ou la gravure leurs émotions artistiques.

| Rouffignac : mammouth gravé | Les Combarelles : renne gravé | Font de Gaume : cheval en noir modelé |

Les artistes ont été amenés à recouvrir les gravures démodées d'une couche d'ocre sur laquelle la nouvelle gravure apparaissait distinctement. La disparition de ces fonds colorés rend aujourd'hui difficile l'examen de ces gravures, à cause de la juxtaposition ou de la superposition de leurs traits.
En gravure et en peinture, le style s'affermit, la technique évolue vers une précision dans le dessin. On a peine à imaginer les conditions particulièrement délicates dans lesquelles travaillaient ces artistes : s'éclairant à la lueur vacillante de torches ou de lampes en pierre alimentées de graisse animale, ils parvenaient à restituer de mémoire les attitudes les plus caractéristiques des divers sujets de la faune qu'ils connaissaient.
Cette technique atteint son apogée avec les peintures polychromes, obtenues par l'emploi de teintes plates, parfois combinées avec la gravure. Le fait que l'on trouve ces dessins dans les grottes à des endroits très reculés où les hommes ne vivaient sûrement pas, a fait donner un sens magique à leur existence. Les premiers dessins ne commencent qu'à 65 m de l'entrée à Font-de-Gaume, à 95 m à la Mouthe, à 120 m aux Combarelles. Ils se trouvent parfois à des endroits d'un accès difficile.
Le caractère magique est mis en évidence par la représentation d'animaux percés de sagaies ou de flèches : bison éventré perdant ses entrailles, comme à Lascaux, chevaux ou cerfs marqués de traces noires ou rouges ou surchargés d'empreintes de mains, autant de signes où l'on a cru voir des scènes d'envoûtement. Il semble que les chasseurs du paléolithique aient voulu, par des cérémonies d'envoûtement pratiquées dans le secret des grottes, assurer le succès de leurs expéditions contre les animaux qu'ils recherchaient le plus. Les artistes, connaissant l'anatomie des bêtes, ont su exprimer avec réalisme et exactitude les scènes de chasse auxquelles ils participaient.
Après le magdalénien, l'art subit une éclipse. L'adoucissement de la température fait remonter vers le Nord une partie des peuples chasseurs de rennes établis dans le Sud-Ouest de la France. Plus tard, s'installent à leur place des peuplades venues d'Italie et du Sud de l'Espagne. L'art ne réapparaîtra qu'au néolithique, sous des formes nouvelles.

| Font de Gaume : bison polychrome | Lascaux : cheval percé de flèches | Lascaux : bison chargeant |

QUELQUES FAITS HISTORIQUES

Préhistoire   Dès le paléolithique moyen, le Périgord et le Quercy sont habités par l'homme *(voir p. 20)*.

Gaulois et Romains

Avant J.-C.   Le territoire actuel du Périgord est occupé par les Pétrocores *(voir p. 113)*, et celui du Quercy par les Cadourques.

59-51   Conquête romaine. La dernière résistance du peuple gaulois a lieu à Uxellodunum que les historiens situent dans le Quercy.

16   L'empereur Auguste crée la province d'Aquitaine. Le pays des Pétrocores a pour capitale Vesunna (Périgueux) et celui des Cadourques Divona (Cahors).

Après J.-C.
1er au 3e s.   La **Paix romaine.** Pendant trois siècles les villes se développent, de nombreux monuments publics sont édifiés. Dans les campagnes, autour des villes, de nouvelles cultures sont introduites par les Romains : noyer, chataîgnier, cerisier et surtout la vigne.

235-284   Les invasions des Alamans et des Francs ravagent la région. En 276 plusieurs villes sont rasées. Vesunna se protège derrière un épais rempart élevé à la hâte avec les pierres de bâtiments publics romains démantelés.

313   Par l'édit de Milan, l'empereur Constantin accorde aux chrétiens la liberté de culte.

476   Chute de l'empire romain en Occident.

Mérovingiens et Carolingiens

486-507   Clovis, roi des Francs, conquiert la Gaule. Cette campagne se termine par la bataille de Vouillé (près de Poitiers) en 507, où Clovis tue le roi des Wisigoths Alaric II. L'Aquitaine tombe alors aux mains des Francs.

8e s.   Le Quercy et le Périgord deviennent des comtés rattachés au royaume d'Aquitaine.
Fondation de l'abbaye de Brantôme *(voir p. 52)*.

9e s.   Les vallées de l'Isle et de la Dordogne et Périgueux sont dévastées par les Normands qui brûlent les églises et saccagent les monastères.

10e s.   Les quatre baronnies du Périgord se mettent en place : Mareuil, Bourdeilles, Beynac et Biron ainsi que les châtellenies d'Ans, Auberoche, Gurson...
Le comté du Périgord passe à la maison des Talleyrand.
De puissantes familles se partagent le Quercy : les Gourdon, les Cardaillac, les Castelnau, les Turenne et les St-Sulpice.

vers 950   Début du pèlerinage de St-Jacques-de-Compostelle.

12e s.   Fondation d'abbayes en Périgord : Cadouin, Dalon, Sarlat, Boschaud, Chancelade... et dans le Quercy : Rocamadour, Figeac, Souillac et Carennac.

Guerres entre l'Angleterre et la France

1152   Par son remariage avec Henri Plantagenêt, Éléonore d'Aquitaine apporte en dot au roi d'Angleterre tout le Sud-Ouest de la France *(p. 24)*.
Plus tard leurs fils Henri Court-Mantel *(voir p. 102)* et Richard Cœur de Lion occupent et pillent la région.

1190   Une convention entre Philippe Auguste et Richard Cœur de Lion cède aux Anglais le Quercy à l'exception des abbayes de Figeac et de Souillac.

1191   Mort de Richard Cœur de Lion à Châlus.

Début 13e s.   Croisade des Albigeois. Simon de Montfort fait des incursions dans le Quercy et le Périgord.

1229   Le traité de Meaux (appelé aussi traité de Paris), entre le roi de France et le comte de Toulouse, reconnaît que le Quercy appartient à Raymond VII comte de Toulouse.

1259   Par le **traité de Paris,** Saint Louis abandonne le Périgord et le Quercy aux Anglais. Ce traité met fin aux luttes incessantes et va permettre aux populations de la région de vivre en paix jusqu'à la guerre de Cent Ans.

1340   Édouard III d'Angleterre se proclame roi de France.

1345   Début de la guerre de Cent Ans en Aquitaine, Jean le Bon cherche à reprendre les terres d'Aquitaine.
En 1356, il est vaincu à Poitiers par le Prince Noir, fils de Édouard III.

1360   Le **Traité de Brétigny** donne toute l'Aquitaine aux Anglais.

1369   Le Quercy et le Périgord sont repris par les troupes du roi de France. Du Guesclin participe à la libération du Périgord.
Pendant toute la période qui suit, les seigneurs du Nord du Périgord sont fidèles au roi de France tandis que ceux du Sud prennent le parti des Anglais. Certains seigneurs passent sans vergogne des uns aux autres en fonction de leurs intérêts propres.

1429-1439   Des bandes de routiers travaillant indifféremment pour les deux partis dévastent la région.

1453   La **bataille de Castillon** met fin à la guerre de Cent Ans.

2e moitié 15e s.-
début 16e s.   Pendant cette période de paix et de prospérité, les villes se reconstruisent, de nouveaux châteaux s'élèvent, d'autres sont complètement remaniés.
La vie littéraire *(voir p. 25)* est brillante avec Clément Marot, La Boétie, Brantôme et Montaigne.

Guerres de Religion

1562	Massacre de protestants à Cahors.
1572	Massacre de la Saint-Barthélemy.
1570-1590	La guerre est permanente. Bergerac et Ste-Foy-la-Grande sont des bastions de la Réforme tandis que Périgueux et Cahors soutiennent la Ligue. Le chef huguenot Vivans écume le Périgord, il surprend Périgueux en 1575 puis Domme en 1588 *(voir p. 71)*.
1577	Paix de Bergerac *(voir p. 42)* qui annonce l'édit de Nantes.
1580	Prise de Cahors par Henri de Navarre.
1589	Avènement de Henri IV qui se convertit au catholicisme en 1593 et est sacré en 1594. Sous Henri IV le comté du Périgord est rattaché au domaine royal.
1594-1595	Révolte des croquants *(voir p. 24)*.
1598	**Édit de Nantes.** Les protestants obtiennent la liberté de culte ainsi que des places de sûreté.
1637	Nouvelle révolte des croquants contre le gouvernement de Louis XIII et de Richelieu qui les taxe de plus en plus.
1685	**Révocation de l'édit de Nantes.** De nombreux protestants s'expatrient.

Du 18ᵉ s. à nos jours

1743-1757	Tourny, intendant à la généralité de Bordeaux, est le promoteur de nombreux aménagements dans les villes du Sud-Ouest, dont les allées qui portent son nom à Périgueux.
1790	Formation du département de la Dordogne.
1812-1814	Le Périgord est un fief bonapartiste. Plusieurs généraux et maréchaux de Napoléon sont originaires de cette région : Murat, Fournier-Sarlovèze, Daumesnil.
1838	Naissance de Léon Gambetta à Cahors.
1868	La crise du phylloxéra détruit le vignoble de Cahors et de Bergerac et entraîne un véritable exode rural.
20ᵉ s.	L'émigration rurale s'est poursuivie et ces régions peu peuplées vivent essentiellement de l'agriculture et de tourisme.

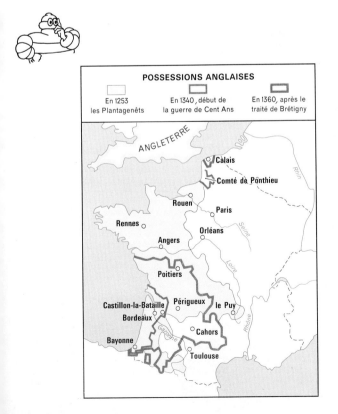

POSSESSIONS ANGLAISES

En 1253 les Plantagenêts — En 1340, début de la guerre de Cent Ans — En 1360, après le traité de Brétigny

UNE HISTOIRE MOUVEMENTÉE

La dot d'Éléonore. — En 1137, le prince Louis, fils du roi de France, épouse Éléonore (Aliénor) fille unique du duc Guillaume d'Aquitaine, qui lui apporte en dot le duché de Guyenne, le Périgord, le Limousin, le Poitou, l'Angoumois, la Saintonge, la Gascogne et la suzeraineté sur l'Auvergne et le comté de Toulouse.
Mariage mal assorti : Louis devenu le roi Louis VII, est une sorte de moine couronné, tandis que la reine est de caractère frivole. Après quinze années de mésentente conjugale, le roi, à son retour de croisade, fait prononcer son divorce, par le concile de Beaugency en 1152. Outre sa liberté, Éléonore recouvre sa dot. Son remariage, deux mois plus tard, avec **Henri Plantagenêt**, comte d'Anjou et suzerain du Maine, de la Touraine et de la Normandie, est pour les Capétiens une catastrophe politique : les domaines réunis de Henri et d'Éléonore sont déjà aussi vastes que ceux du roi de France. Peu de temps après, Plantagenêt devient, par héritage, roi d'Angleterre sous le nom de Henri II.
Cette fois l'équilibre est rompu et la lutte franco-anglaise qui s'engage durera trois siècles. Elle se double des conflits entre Éléonore et son second mari, entre le roi et ses fils ; elle se complique par les pressions exercées sur les populations et par la versatilité des grands féodaux. Côté français, elle se traduit par l'attitude ambiguë des souverains chez qui le désir de reprendre les territoires perdus ne l'emporte pas toujours sur la nécessité de composer.
Par la création, au 13e s., de « bastides » *(voir p. 32)*, les rois de France et d'Angleterre espéraient consolider leur position et justifier leurs prétentions à la possession du pays.
La Dordogne, ligne de défense naturelle, était alors considérée comme délimitant approximativement les possessions des deux partis. Capétiens et Plantagenêts essaient à tour de rôle de s'installer sur les territoires de l'adversaire *(voir carte p. 23)*.
Le traité de Paris, conclu en 1259 entre Saint Louis et Henri III d'Angleterre, n'est en réalité qu'une trêve. La Guyenne restera anglaise jusqu'à la fin de la guerre de Cent Ans, en 1453.

Les guerres de Religion. — Dès 1540 un premier foyer protestant se développe à Ste-Foy-la-Grande ; quatre ans plus tard la Réforme atteint Bergerac. Le protestantisme devient alors l'affaire des grands, il est soutenu dans le Périgord par les princes de Bourbon-Albret (dont Jeanne d'Albret, mère de Henri de Navarre) et les Caumont-Laforce et dans le Quercy par Jeanne de Genouillac, les Gourdon et les Cardaillac.
De 1570 à 1590 massacres et combats se succèdent. Les Huguenots menés par **Armand de Clermont,** seigneur de Piles se battent contre l'armée du **maréchal de Montluc.** Après la mort de Clermont de Piles, victime du massacre de la St-Barthélemy, **Geoffroi de Vivans** prend la tête des Huguenots et met la région à feu et à sang cherchant à tout prix à s'emparer des villes fidèles à la Ligue. Son arme préférée est la ruse : il s'introduit un soir de carnaval à Sarlat et s'en empare ; à Domme son exploit est resté dans les annales *(voir p. 71)*. Aux noyaux protestants de l'Ouest du Périgord s'opposent les bastions catholiques dont font partie Périgueux et surtout Cahors. Henri de Navarre s'empare de cette dernière en 1580. Du côté catholique Pierre de Bourdeille, connu sous le nom de Brantôme, a choisi son camp mais dénonce dans ses écrits cette guerre civile et ces luttes fratricides. Il est particulièrement bouleversé par le massacre de La Chapelle-Faucher : l'Amiral de Coligny, chef huguenot, avait enfermé 300 paysans dans le château et y avait mis le feu, cela en représailles d'attaques subies par l'armée protestante.
Après l'avènement de Henri IV et la promulgation de l'édit de Nantes, le protestantisme se renforce puis est combattu par Louis XIII et Richelieu.
Sous Louis XIV, qui décida la révocation de l'édit de Nantes, de nombreux périgourdins s'expatrièrent.

Les luttes paysannes. — Elles ont secoué les campagnes par intermittence pendant deux siècles. La misère et la famine sévissaient et redoublaient pendant les périodes de troubles et les paysans ne pouvaient plus payer les taxes de plus en plus lourdes.
En 1594 les **croquants** se révoltent alors que les guerres de Religion ont laissé la région exsangue. Ils se réunissent pour rédiger des doléances à transmettre au roi, se donnent une structure militaire, refusent de travailler pour les seigneurs et organisent des expéditions punitives contre leurs « exploiteurs ». La noblesse réagit rapidement, une armée est organisée sous les ordres du sénéchal de Bourdeille. Un combat à St-Crépin-d'Auberoche en août 1595, puis un autre à St-Condat-sur-Vézère permettent de défaire l'armée des paysans. Ceux-ci, plus misérables que jamais, retournent alors à leurs terres.
Quarante ans plus tard, en 1637, les paysans se soulèvent de nouveau. Leur condition n'a pas changé, les taxes n'ont fait que s'alourdir et une levée extraordinaire de blé pour le ravitaillement des troupes déclenche l'insurrection. Des « gabeleurs » chargés de percevoir les impôts sont assassinés. Un gentilhomme du nom de **La Mothe La Forêt** prend alors la tête d'une armée paysanne de plusieurs milliers d'hommes, tente d'investir Périgueux le 1er mai et s'empare de Bergerac le onze. La résistance de Ste-Foy-la-Grande arrête cette armée dans sa progression sur Bordeaux. Le gouverneur de Guyenne lève alors une armée qui écrase les croquants à la Sauvetat. La Mothe La Forêt obtient une reddition honorable et dissout ses troupes. Les mois qui suivent la guérilla se propage dans les campagnes. Des bandes, constituées d'anciens « soldats » de l'armée des Croquants, parviennent à repousser les troupes royales. En 1642 le pouvoir royal vient enfin à bout des rebelles.
En 1707 un nouvel impôt provoque une nouvelle révolte, celle des Tard-Avisés (nom déjà donné aux révoltés de 1594). Elle éclate dans le Périgord et le Quercy et est très vite étouffée par l'armée du gouverneur de Guyenne.
Dernier sursaut des révoltes paysannes, quelques jacqueries accompagnèrent la Révolution de 1789 dans les campagnes.

VIE LITTÉRAIRE

Les cours d'amour. — Au 12ᵉ s. apparaît en Périgord une poésie lyrique originale, celle des **troubadours**. Cette forme poétique qui s'étend bientôt au Quercy s'épanouit dans les cours féodales où une noblesse oisive et raffinée prend goût au chant, à la musique et à la poésie. Les troubadours (trobar en occitan signifie trouver) étaient des inventeurs d'airs musicaux, musique et paroles, et s'exprimaient en langue d'Oc. Protégés et encouragés par les seigneurs, ils ont créé des formes poétiques neuves : poèmes d'amour où se manifestaient, sous la forme d'hommages lyriques rendus à la châtelaine, les thèmes de l'amour courtois, poésies guerrières et poésies satiriques.

Les cours d'amour réunissaient plusieurs troubadours qui faisaient assaut d'esprit sur un sujet déterminé.

Bertrand de Born (v. 1140 - v. 1215), auteur de Sirventès, pièce d'inspiration politique et morale, Bertrand de Gourdon, Aimeric de Sarlat, Giraut de Borneil, originaire d'Excideuil, ont été les plus célèbres de ces troubadours. Cette poésie conventionnelle disparaît dès la fin du 12ᵉ s, les guerres et les croisades ayant modifié les conditions qui lui avaient permis de s'épanouir.

Les humanistes. — Après la fin de la guerre de Cent Ans, au 15ᵉ s. la vie intellectuelle s'était surtout manifestée dans les nouvelles universités dont celle de Cahors, fondée en 1331 par le cadurcien Jean Duèze, devenu le pape Jean XXII. Au début du 16ᵉ s. les ateliers d'imprimerie s'étaient multipliés à Périgueux, Cahors et Bergerac.

Mais c'est à la Renaissance que se produit un important mouvement intellectuel qui remet à l'honneur les langues et les genres poétiques de l'Antiquité.

Le Cahorsin **Clément Marot** (1495-1544), aimable poète qui excella dans les épigrammes et les sonnets, séduisit par cet art le roi et la cour. Il fut valet de chambre de Marguerite d'Alençon, future reine de Navarre puis du roi François Iᵉʳ avant d'être nommé poète officiel. Sa brillante vie de cour fut entrecoupée de passages en prison dus à ses sympathies pour la Réforme. Lors de l'un de ces séjours il écrivit ces quelques vers évoquant sa ville natale :

> « A brief parler c'est à Cahors en Quercy
> que je laissoy pour venir querre icy
> mille malheurs... »

Olivier de Magny (1529-1565), lui aussi cahorsin, fut influencé par les poètes de la Pléiade après s'être lié d'amitié à Du Bellay à qui il inspira l'un des sonnets des Regrets « Cependant que Magny suit son grand Avanson... »

A la même époque Sarlat vit naître **Étienne de La Boétie** (1530-1563), humaniste, ami de Montaigne, qui s'éleva contre la tyrannie dans son « Discours sur la servitude volontaire » et « Contr'un ».

Pierre de Bourdeille (1535-1614), plus connu sous son pseudonyme de **Brantôme** (nom de l'abbaye dont il fut l'abbé), fut un chroniqueur de talent. Il décrivit sa société contemporaine dans « Vie des hommes illustres et des grands capitaines » et « Vie des dames illustres et des dames galantes ».

Jean Tarde (1561-1636), né à la Roque-Gageac, s'illustra comme l'un des hommes les plus savants de son temps. Ce chanoine de Sarlat était historien, cartographe, astronome et mathématicien.

Le 17ᵉ s. — Né à Toulouse, **François Maynard** (1582-1646) passe en Quercy à St-Céré la majeure partie de sa vie *(voir p. 128)*. Disciple de Malherbe, il a laissé des odes, des épîtres, des sonnets et des épigrammes non dépourvus de grâce. Ses vers dédiés à Cloris « La belle vieille » qu'il écrivit à 62 ans frappent par leur beauté exprimant une mélancolie sereine et l'espoir.

(Photo Bibliothèque Nationale)
Portrait de Pierre de Bourdeille dit «Brantôme»

Périgourdin, **Fénelon** (1631-1715), né au château du même nom près de Ste-Mondane est célèbre pour son « Télémaque » ouvrage pédagogique rédigé à l'intention de son élève le duc de Bourgogne, dauphin de France. Il trouve son inspiration à Carennac sur les bords de la Dordogne dont il fut titulaire du prieuré pendant quinze ans.

Le siècle des lumières. — Périgourdins, l'un et l'autre, **Joseph Joubert** (1754-1824), originaire de Montignac, et **Maine de Biran** (1766-1824), Bergeracois, furent des philosophes et des moralistes d'une grande sensibilité. Les Pensées de Joubert atteignent la perfection avec la précision et la délicatesse du style. Maine de Biran, métaphysicien et psychologue, pousse très loin l'introspection.

Les écrivains régionaux. — **Eugène Le Roy** (1836-1907) est vraiment le romancier du Périgord. Dans « Jacquou le Croquant » qui a pour cadre le château de l'Herm, il évoque de façon très vivante les révoltes paysannes qui bouleversèrent le Périgord *(voir p. 24)*.

Parmi les écrivains contemporains, citons **Claude Michelet** qui fait revivre les paysans de Corrèze à travers ses romans dont « Des grives aux loups. »

Pour tout ce qui fait l'objet d'un texte dans ce guide (villes, sites, curiosités isolées, rubriques d'histoire ou de géographie, etc.), reportez-vous aux pages de l'index.

L'ART

ABC D'ARCHITECTURE

A l'intention des lecteurs peu familiarisés avec la terminologie employée en architecture, nous donnons ci-après quelques indications générales sur l'architecture religieuse et militaire, suivies d'une liste alphabétique des termes d'art employés pour la description des monuments dans ce guide.

Architecture religieuse

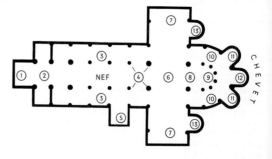

illustration I ▶

Plan-type d'une église : il est en forme de croix latine, les deux bras de la croix formant le transept.
① Porche – ② Narthex ③ Collatéraux ou bas-côtés (parfois doubles) – ④ Travée (division transversale de la nef comprise entre deux piliers) ⑤ Chapelle latérale (souvent postérieure à l'ensemble de l'édifice) – ⑥ Croisée du transept – ⑦ Croisillons ou bras du transept, saillants ou non, comportant souvent un portail latéral – ⑧ Chœur, presque toujours « orienté » c'est-à-dire tourné vers l'Est ; très vaste et réservé aux moines dans les églises abbatiales – ⑨ Rond-point du chœur ⑩ Déambulatoire : prolongement des bas-côtés autour du chœur permettant de défiler devant les reliques dans les églises de pèlerinage – ⑪ Chapelles rayonnantes ou absidioles – ⑫ Chapelle absidale ou axiale. Dans les églises non dédiées à la Vierge, cette chapelle, dans l'axe du monument, lui est souvent consacrée ⑬ Chapelle orientée.

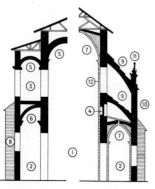

romane   gothique

◀ illustration II

Coupe d'une église : ① Nef – ② Bas-côté – ③ Tribune – ④ Triforium – ⑤ Voûte en berceau – ⑥ Voûte en demi-berceau – ⑦ Voûte d'ogive – ⑧ Contrefort étayant la base du mur – ⑨ Arc-boutant – ⑩ Culée d'arc-boutant – ⑪ Pinacle équilibrant la culée – ⑫ Fenêtre haute.

illustration III ▶

Cathédrale gothique : ① Portail – ② Galerie – ③ Grande rose – ④ Tour-clocher quelquefois terminée par une flèche – ⑤ Gargouille servant à l'écoulement des eaux de pluie – ⑥ Contrefort – ⑦ Culée d'arc-boutant ⑧ Volée d'arc-boutant – ⑨ Arc-boutant à double volée – ⑩ Pinacle – ⑪ Chapelle latérale – ⑫ Chapelle rayonnante – ⑬ Fenêtre haute – ⑭ Portail latéral – ⑮ Gâble – ⑯ Clocheton – ⑰ Flèche (ici, placée sur la croisée du transept).

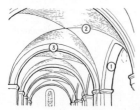

◀ illustration IV

Voûte d'arêtes :
① Grande arcade
② Arête – ③ Doubleau.

illustration V ▶

Voûte en cul de four : elle termine les absides des nefs voûtées en berceau.

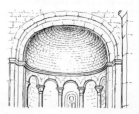

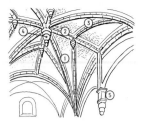

Voûte à clef pendante :
① Ogive – ② Lierne
③ Tierceron – ④ Clef pendante
⑤ Cul de lampe.

illustration VI

illustration VII

Voûte sur croisée d'ogives
① Arc diagonal – ② Doubleau
③ Formeret – ④ Arc-boutant
⑤ Clef de voûte.

▼ illustration VIII

Portail : ① Archivolte ; elle peut être en plein cintre, en arc brisé, en anse de panier, en accolade, quelquefois ornée d'un gâble – ② Voussures (en cordons, moulurées, sculptées ou ornées de statues) formant l'archivolte ③ Tympan – ④ Linteau – ⑤ Piédroit ou jambage – ⑥ Ébrasements, quelquefois ornés de statues – ⑦ Trumeau (auquel est généralement adossé une statue) – ⑧ Pentures.

illustration IX ▶

Arcs et piliers : ① Nervures ② Tailloir ou abaque – ③ Chapiteau – ④ Fût ou colonne – ⑤ Base – ⑥ Colonne engagée – ⑦ Dosseret – ⑧ Linteau – ⑨ Arc de décharge – ⑩ Frise.

Architecture militaire

illustration X

Enceinte fortifiée : ① Hourd (galerie en bois) – ② Mâchicoulis (créneaux en encorbellement) – ③ Bretèche ④ Donjon – ⑤ Chemin de ronde couvert – ⑥ Courtine – ⑦ Enceinte extérieure – ⑧ Poterne.

illustration XI

Tours et courtines : ① Hourd ② Créneau – ③ Merlon ④ Meurtrière ou archère ⑤ Courtine – ⑥ Pont dit « dormant » (fixe) par opposition au pont-levis (mobile).

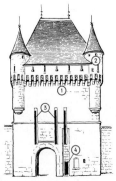

◀ illustration XII

Porte fortifiée : ① Mâchicoulis ② Échauguette (pour le guet) – ③ Logement des bras du pont-levis – ④ Poterne : petite porte dérobée, facile à défendre en cas de siège.

illustration XIII ▶

Fortifications classiques :
1 Entrée – 2 Pont-levis
3 Glacis – 4 Demi-lune
5 Fossé – 6 Bastion – 7 Tourelle de guet – 8 Ville – 9 Place d'Armes.

Absidiole : illustration I.

Anse de panier : arc aplati, très utilisé à la fin du Moyen Âge et à la Renaissance.

Arcature : suite de petites arcades couvertes d'un arc.

Archère : illustration XI.

Archivolte : illustration VIII.

Arc outrepassé : arc en fer à cheval.

Atlante : statue masculine servant de support.

Bas-côté : illustration I.

Bas-relief : sculpture en faible saillie sur un fond.

Basse-cour : avant-cour d'un château fort.

Bastion : illustration XIII.

Berceau (voûte en) : illustration XVIII.

Billettes : série de petites portions de tore formant ornement autour du centre de l'archivolte.

Buffet d'orgues : illustration XIV.

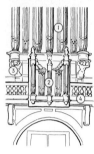

◀ illustration XIV

Orgues :
① Grand buffet — ② Petit buffet — ③ Cariatide — ④ Tribune.

illustration XV ▶

Autel avec retable :
① Retable — ② Prédelle — ③ Couronne — ④ Table d'autel — ⑤ Devant d'autel.

Caisson : compartiment creux aménagé comme motif de décoration (plafond ou voûte).

Cariatide : statue féminine servant de support.

Cénotaphe : tombeau élevé à la mémoire d'un mort mais qui ne contient pas son corps.

Chapelle absidale ou axiale : dans l'axe de l'église, illustration I.

Chapiteau : illustration IX.

Chemin de ronde : illustration X.

Chevet : illustration I.

Chicane : passage en zigzag ménagé à travers un obstacle.

Claveau : l'une des pierres formant un arc ou une voûte.

Clef de voûte : illustration VII.

Clôture : dans une église, enceinte fermant le chœur.

Collatéral : illustration I.

Colombage : charpente de mur apparente.

Contrefort : illustration II.

Corbeau : pièce de bois partiellement engagée dans le mur et portant sur sa partie saillante une poutre ou une corniche.

Coupole : illustrations XVI et XVII.

◀ illustration XVI

Coupole sur trompes :
① Coupole octogonale — ② Trompe — ③ Arcade du carré du transept.

illustration XVII ▶

Coupole sur pendentifs :
① Coupole circulaire — ② Pendentif — ③ Arcade du carré du transept.

Courtine : illustration X.

Crédence : dans une église, niche aménagée dans le mur.

Croisée d'ogive : illustration VII.

Crypte : église souterraine.

Cul-de-four : illustration V.

Cul-de-Lampe : illustration VI.

Déambulatoire : illustration I.

Demi-lune : illustration XIII.

Donjon : illustration X.

Doubleau : illustration XVIII.

Douve : fossé, généralement rempli d'eau, protégeant un château fort.

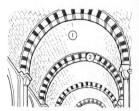

illustration XVIII

Voûte en berceau :
① Voûte couvrant la nef — ② Doubleau reposant sur les piliers.

Échauguette : illustration XII.

Encorbellement : construction en porte-à-faux.

Enfeu : niche funéraire à fond plat.

Flamboyant : style décoratif de la fin de l'époque gothique (15e s.), ainsi nommé pour ses découpures en forme de flammèches aux remplages des baies.

Flèche : illustration III.

Fresque : peinture murale appliquée sur l'enduit frais.

Frise : décoration de forme allongée en relief ou peinte.

Gâble : illustration III.

Gargouille : illustration III.

Géminé : groupé par deux (arcs géminés, colonnes géminées).

Glacis : illustration XIII.

Gouttereau (mur) **:** mur latéral (qui porte les gouttières).

Haut-relief : sculpture au relief très saillant, sans toutefois se détacher du fond (intermédiaire entre le bas-relief et la ronde-bosse).

Imposte : pierre en saillie moulurée posée sur le piédroit d'une porte.

Labyrinthe : dallage en méandres du pavement que les fidèles suivaient à genoux et où les maîtres d'œuvres inscrivaient leur nom.

Larmier : moulure en saillie au sommet d'un ensemble décoratif pour le préserver de la pluie.

Linteau : illustration VIII.

Mâchicoulis : illustration X.

Mascaron : masque sculpté de caractère fantastique ou grotesque.

Meneau : croisillon de pierre divisant une baie.

Merlon : illustration XI.

Meurtrière : illustration XI.

Miséricorde : illustration XX.

Modillon : petite console soutenant une corniche.

Oculus : baie de forme circulaire (du latin œil)

Ogive : arc diagonal soutenant une voûte : illustrations VI et VII.

Péristyle : colonnes disposées autour ou en façade d'un édifice.

Pignon : partie supérieure, en forme de triangle, du mur qui soutient les deux pentes du toit.

Pilastre : pilier plat engagé dans un mur.

Pinacle : illustrations II et III.

Piscine : dans une église, cuve baptismale ou fontaine d'ablutions à l'usage du prêtre qui célèbre la messe.

Plein cintre : en demi-circonférence, en demi-cercle.

Porche : lieu couvert en avant de la porte d'entrée d'un édifice.

Polyptique : ouvrage de peinture ou de sculpture composé de plusieurs panneaux articulés.

Poterne : illustrations X et XII.

Putti : petits amours ou angelots nus représentés en peinture ou en sculpture.

Remplage : réseau léger de pierre découpée garnissant tout ou partie d'une baie, une rose ou la partie haute d'une fenêtre.

Retable : illustration XV.

Rose : illustration III.

Stalle : illustration XIX.

Tiers-point (arc en) : arc brisé dans lequel s'inscrit un triangle équilatéral.

Tore : grosse moulure ronde demi-cylindrique, à la base d'une colonne ou sur un piédestal.

illustration XIX

Stalles : ① Dosssier haut — ② Pare-close — ③ Jouée — ④ Miséricorde.

Transept : illustration I.

Travée : illustration I.

Tribune : illustration II.

Triforium : illustration II.

Triptyque : ouvrage de peinture ou de sculpture composé de trois panneaux articulés pouvant se refermer.

Trumeau : illustration VIII.

Vantail : partie mobile d'une porte.

Voussures : illustration VIII.

Voûte d'arêtes : illustration IV.

Voûte en carène : voûte ayant la forme d'une carène de bateau renversée.

La vallée de la Vézère, les sites des Eyzies, les grottes du Quercy recèlent les plus beaux témoignages de l'activité artistique des hommes de la préhistoire, premières manifestations de l'art en France *(voir p. 20)*. Depuis, l'évolution de l'art et de l'architecture fut liée à l'histoire mouvementée du Périgord et du Quercy. Les grandes phases de construction correspondent aux périodes de calme : la Paix romaine, le 12ᵉ s. qui a vu la fondation de nombreux monastères et la période qui s'étend de la fin du 14ᵉ au 16ᵉ s. Dans les époques troublées : guerre de Cent Ans, guerres de Religion... la principale préoccupation des habitants fut de se protéger et de fortifier leurs villes, leurs châteaux, leurs églises.

(Photo Serge Bois Prévost/Rapho'

Château de Bonaguil.

Art gallo-romain

Des édifices qu'élevèrent Gaulois et Romains, bien peu ont résisté à l'épreuve du temps.
Le souvenir de l'époque gauloise survit dans plusieurs sites du Quercy qui se disputent l'honneur d'avoir été le théâtre de la bataille d'**Uxellodunum,** dernier sursaut de la résistance des gaules devant la conquête de César. Il s'agit de Capdenac-le-Vieux, de Murcens dans la vallée du Vers, de l'Impernal au Nord de Luzech et enfin du Puy d'Issolud.
Pendant l'occupation romaine la capitale des Pétrocores, Vesunna (Périgueux), et celle des Cadourques, Divona (Cahors), étaient des villes importantes où s'élevaient de nombreux édifices publics. A Périgueux quelques vestiges tels l'imposante « tour de Vésone », les fouilles d'une vaste villa des 1ᵉʳ et 2ᵉ s., les restes des Arènes et les mosaïques, stèles, autels présentés au musée de Périgueux, témoignent de la richesse de Vesunna. A Cahors, on reconnaît dans le plan quadrillé du quartier ancien l'influence gallo-romaine. L'arc de Diane, dernier vestige des thermes, est le seul élément architectural encore visible. Le musée de Cahors conserve aussi un sarcophage du 3ᵉ s. et un linteau sculpté.

Art roman

Après les périodes troublées du haut Moyen Âge, marquées par les invasions normandes, la décadence de la dynastie carolingienne et les conflits entre grands féodaux, l'an mil marque le début d'un renouveau dans l'art de construire.
En même temps que s'affermit le pouvoir royal, un vaste élan de foi se développe partout en France : on remplace les édifices carolingiens, trop exigus et ne répondant pas aux besoins nouveaux, par des églises de plus vastes dimensions construites selon des techniques plus hardies. Cet art religieux, connu sous le nom d'art roman, s'est manifesté différemment suivant les régions, engendrant des écoles d'architecture dont l'école péri-gourdine.

Architecture religieuse

En Périgord. — Le Périgord est riche en églises romanes dont l'aspect simple, presque sévère, est atténué par l'emploi d'un beau calcaire doré aux chaudes tonalités.
L'extérieur frappe par l'extrême sobriété de la décoration : les portails sans tympan s'ornent de voussures sculptées de tores, de festons en dents de scie...
Sur le chœur s'ouvrent parfois des chapelles rayonnantes (St-Jean-de-Côle, Tourtoirac, Montagrier).
L'originalité de l'architecture périgourdine vient de son mode de voûtement : la **coupole.**
Importée d'Orient, elle offre plusieurs avantages sur la voûte en berceau qui nécessite de puissants contreforts. La coupole sur pendentifs permet de répartir le poids de la voûte sur les murs latéraux mais aussi sur les arcs doubleaux de la nef. Souvent utilisées pour les croisées des transepts, les coupoles voûtent aussi les nefs dans les églises où elles se présentent en file suivant le premier modèle que fut St-Étienne-de-la-Cité à Périgueux (Trémolat, Agonac, Grand-Brassac, Cherval...). La nef est alors divisée en plusieurs travées carrées surmontées d'une coupole sur pendentifs, le rôle des pendentifs étant d'exécuter le passage du carré au cercle. L'église St-Front de Périgueux avec son plan en croix grecque couverte de cinq coupoles reste un exemple unique.

Si les caractères propres à l'école périgourdine se retrouvent dans la plupart des édifices de la région, certaines églises répondent à une autre forme de construction : nef bordée de collatéraux (St-Privat, Cadouin), voûte en plein cintre et en berceau brisé.

En Quercy. — L'art roman quercynois présente de nombreuses similitudes avec celui du Périgord : même plan simple des églises, même utilisation de la coupole (St-Étienne de Cahors, Souillac), même matériau : le calcaire. Cependant les églises du Quercy sont plus riches en décoration sculptée montrant l'influence de Moissac et de l'école languedocienne qui avait Toulouse pour centre. Des ateliers de cette école, puisant leur inspiration dans l'art byzantin, les enluminures et l'antiquité, sortirent de remarquables portails sculptés qui comp-

(Photo Berthoule/Explorer)

Tympan de Carennac.

tent parmi les plus beaux que l'on ait exécutés en France à cette époque : restes du portail de Souillac avec l'admirable prophète Isaïe, tympans de Cahors, Carennac, Martel et de Collonges-la-Rouge à la limite du Quercy et du Limousin.

Architecture civile et militaire. — Il reste peu de témoignages de l'architecture civile à l'époque romane. Aussi l'ancien hôtel de ville de St-Antonin-Noble-Val, en Quercy, bien que très remanié, est-il un intéressant exemple d'architecture municipale du 12e s. avec son élégante galerie sculptée, son portique à arcades et son haut beffroi carré.
Les forteresses médiévales édifiées aux 10e et 11e s. ont subi d'importantes transformations au cours des siècles suivants et n'ont guère résisté aux guerres et aux destructions. Les seuls vestiges de cette époque sont les donjons, généralement carrés. En Quercy, le château de Castelnau-Bretenoux, au donjon puissamment fortifié, est un bon exemple de construction féodale bâtie sur une colline. En Périgord, les châteaux de Biron, Beynac, Bourdeilles, Mareuil, Commarque, Castelnaud... ont conservé des parties romanes.

Art gothique

Né dans la première moitié du 12e s. en Ile-de-France, l'art gothique a peu à peu remplacé l'art roman. Il n'est parvenu qu'assez tard en Périgord et en Quercy.

Architecture religieuse. — La voûte sur croisée d'ogive et l'emploi systématique de l'arc brisé sont les caractéristiques essentielles de l'art gothique qui va connaître des évolutions différentes selon les régions.
Le Midi de la France n'a pas adopté les principes de l'architecture gothique septentrionale et l'art nouveau y reste étroitement lié aux traditions romanes. Ainsi l'art gothique proprement méridional, dit « languedocien », se caractérise par une nef unique très large, sans collatéraux, se terminant par une abside polygonale et la subsistance de contreforts massifs, entre lesquels se logent les chapelles, pour assurer la butée des voûtes (dans le Nord, les arcs-boutants jouent ce rôle).
Le Périgord et le Quercy, du fait de leur position géographique, ont subi les influences du Nord et du Sud, représentées parfois dans le même édifice. La cathédrale de Sarlat, par exemple, présente une nef à bas-côtés et des arcs-boutants aériens typiques du gothique septentrional alors que les chapelles latérales montrent l'influence méridionale.
Dans le Quercy, l'école languedocienne a inspiré le plan des églises de Gourdon, Martel, Montpezat-du-Quercy et St-Cirq-Lapopie, qui présentent une nef unique presque aussi large que haute, sans bas-côtés, mais avec des chapelles latérales.

Monastères. — L'architecture monastique est représentée par des ensembles qui n'ont pas toujours résisté aux épreuves du temps. L'ancienne abbaye de Beaulieu-en-Rouergue compte une abbatiale, élevée au 13e s., remarquable par ses voûtes d'ogives et son élégante abside à sept pans. Cadouin et Cahors ont conservé leur cloître de style flamboyant et Périgueux un cloître dont la construction s'est échelonnée du 12e au 16e s.

Églises fortifiées. — Pendant les 13e et 14e s., tandis que les églises gothiques s'élevaient dans d'autres régions, les Périgourdins vivant dans l'insécurité permanente, fortifiaient leurs églises romanes ou élevaient de véritables forteresses avec chemin de ronde, tours crénelées... utilisées comme sanctuaires (églises de Rudelle, de St-Pierre-Toirac). Ces églises constituaient pour les villageois le refuge le plus sûr pour échapper aux violences des troupes armées qui parcouraient le pays.

Sculpture et peinture. — De la deuxième moitié du 13e s. au 15e s., furent exécutées quelques œuvres remarquables comme le tombeau de saint Etienne à Aubazine, la mise au tombeau de Carennac (15e s.), le tombeau des Cardaillac à Espagnac-Ste-Eulalie, et les gisants du cardinal Pierre Des Prés et de son neveu Jean Des Prés, dans la collégiale de Montpezat-du-Quercy.
Les fresques, peintures murales exécutées à l'eau sur une couche de mortier frais, à laquelle elles s'incorporent, décorent de nombreuses chapelles et églises. La coupole occidentale de la cathédrale de Cahors est entièrement couverte de fresques du 14e s.
A Rocamadour, les chapelles ont reçu une décoration à l'intérieur et à l'extérieur sur les façades. Dans les chapelles de St-André-des-Arques, de Martignac, de Soulomès, en Quercy, dans celles du Cheylard, à St-Geniès, et du cimetière à Montferrand-du-Périgord, les fresques naïves des 14e et 16e s. évoquant l'Histoire sainte sont un merveilleux témoignage de la façon de se vêtir des seigneurs et paysans à cette époque.

31

Architecture civile et militaire. — De nombreux **châteaux** du Périgord et du Quercy ont été élevés pendant l'époque gothique et en comportent des éléments d'architecture : citons Bourdeilles, Château-l'Évêque, Beynac et Cazenac, Castelnaud, Castelnau-Bretenoux et Cabrerets.

Le château de Bonaguil présente un cas particulier : bien que construit à la fin du 15ᵉ s. et au début du 16ᵉ s. il montre toutes les caractéristiques des forteresses médiévales.

Dans les **villes**, un élan de construction important suivit la fin de la guerre de Cent Ans. À Sarlat, Périgueux, Bergerac, Cahors, Figeac, Gourdon, Martel... les façades des maisons s'ornent de grands arcs d'ogive au rez-de-chaussée où s'ouvre l'échoppe, de fenêtres en tiers-point ou à rosaces, de tourelles, d'échauguettes. Parmi les édifices les plus remarquables de cette époque, citons l'hôtel de la Raymondie à Martel, l'hôtel de la Monnaie à Figeac, l'hôtel Plamon à Sarlat... et le célèbre pont Valentré de Cahors.

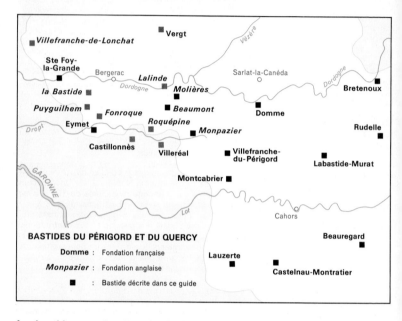

BASTIDES DU PÉRIGORD ET DU QUERCY

Domme : Fondation française
Monpazier : Fondation anglaise
■ : Bastide décrite dans ce guide

Les bastides. — Ces villes neuves, « bastidas » en langue d'Oc, plus ou moins fortifiées, se sont multipliées au 13ᵉ s. ; le début du 14ᵉ s. a vu se développer leur appareil défensif.

Création. — Les principaux fondateurs furent Alphonse de Poitiers (1249-1271), comte de Toulouse et frère de Saint Louis, et, à partir de 1272, les sénéchaux agissant pour le compte de Philippe le Hardi et de Philippe le Bel ou sur ordre du roi d'Angleterre Édouard Iᵉʳ Plantagenêt, duc d'Aquitaine.

Développement. — La création des bastides répondait à des besoins financiers et économiques ou à des préoccupations politiques et militaires.

Les fondateurs fixaient sur les terres choisies des colons intéressés par les avantages d'un contrat : charte de franchise, garantie du droit d'asile, exemption de service militaire, droit à l'héritage... pour le prix d'une parcelle de terrain à bâtir et d'une autre à cultiver — l'ensemble ayant été préalablement découpé en lots de valeur égale. Gérée par le bayle (bailli) qui représentait le roi, rendait la justice et percevait les impôts, tandis que les consuls choisis par les habitants assuraient l'administration, la ville enregistrait des bénéfices. Les objectifs politiques et militaires apparurent au lendemain de la guerre des Albigeois, lors de la fondation d'une quarantaine de bastides dues au comte de Toulouse Raimond VII, et du jour où la rivalité franco-anglaise *(voir p. 24)* fit peser des menaces sur les terres frontalières du Périgord, du Quercy et de l'Agenais. Ainsi s'échelonnèrent les bastides d'Eymet, Castillonnès et Villeréal le long du Dropt et celles de Villefranche-du-Périgord et Ste-Foy-la-Grande, à l'initiative d'Alphonse de Poitiers. Y répondirent les bastides de Beaumont (1272), Molières, Lalinde et Monpazier (1285), créées par le roi d'Angleterre. Intervint entre-temps la fondation de Domme (1281), due à Philippe le Hardi.

Urbanisme. — Le plan des bastides, s'il se rapprochait d'un modèle-type original, celui du plan en échiquier carré ou rectangulaire (Ste-Foy-la-Grande, Monpazier), s'en éloignait souvent en raison du relief et de la nature du site, choisi pour ses possibilités de peuplement ou de défense. En outre, la bastide se développait parfois autour d'un élément pré-existant : église fortifiée comme à Beaumont ou château. Le plan de Monpazier est le plus caractéristique : son dessin est celui d'un quadrilatère, aux rues rectilignes ③ se coupant à angle droit et ruelles appelées **carreyrous** ④ ; les façades latérales des maisons sont souvent séparées par des **androns**, interstices de 0,25 m environ qui formaient pare-feu et servaient d'égouts, voire de latrines ; au centre de la ville, une place carrée ou rectangulaire ①, entourée de galeries couvertes nommées **cornières** ou **couverts** renfermait une halle en bois utilisée pour le marché. L'église ② est située près de la place centrale, ou à la périphérie, solidaire du cimetière. L'enceinte, formée au départ d'un mur ou de palissades et plus tard de tours et de portes, enserrait la bastide.

La plupart des bastides, dont le nom évoque parfois le fondateur (Villeréal = ville du roi), les privilèges (Villefranche) le rattachement à un château (Castelnau), ont perdu leur aspect primitif : les mieux conservées dans le Périgord et le Quercy sont Monpazier, Domme et Eymet.

Renaissance

Au début du 16e s., le mouvement artistique subit en France un renouveau sous l'influence de l'Italie. La découverte des trésors artistiques de la péninsule éveille chez le roi François Ier et les nobles de sa suite le désir de copier l'architecture ainsi que la sculpture et d'introduire chez eux, en utilisant les services d'artistes italiens, ces procédés nouveaux.

Architecture. — En Périgord et en Quercy, ce style fleurit à Assier où le château et l'église furent élevés au début du 16e s. par Galiot de Genouillac, grand maître de l'Artillerie de François Ier qui avait participé aux batailles d'Italie. Ce château, remarquable réalisation comparable aux plus beaux châteaux du Val de Loire fut malheureusement aux trois quarts démoli. Les châteaux de Montal et de Puyguilhem, par leur grâce et leur architecture, s'apparentent aussi aux châteaux de la Loire.
La plupart des autres châteaux élevés au 16e s. montrent un aspect défensif important malgré des fenêtres, des lucarnes, des cheminées et autres éléments de pur style Renaissance. C'est le cas des châteaux de Monbazillac, de Losse, de Bannes. Ceux de Cénevières, Bourdeilles, Lanquais et les Bories, ainsi que l'église de Rouffignac furent partiellement transformés dans ce style. Le château de Biron se dota pour sa part d'une ravissante chapelle Renaissance.
L'architecture civile porte aussi la marque de cette grâce italianisante : maison de Roaldès à Cahors, maison des Consuls à Périgueux, hôtel de Malleville à Sarlat, hôtel de Labenche à Brive.

Sculpture. — En Quercy, les remarquables frises ornées d'attributs guerriers qui décorent le pourtour de l'église d'Assier et la façade intérieure du château comptent parmi les réalisations les plus originales de la Renaissance. A l'intérieur de l'église le tombeau de Galiot de Genouillac complète cet ensemble.
La cour intérieure du château de Montal offre un bel exemple du style italianisant avec ses bustes en haut-relief, chefs-d'œuvre d'un réalisme et d'un goût parfaits ; à l'intérieur le remarquable escalier peut rivaliser avec ceux des châteaux de la Loire.
Dans la chapelle de Biron, les tombeaux à gisants des Gontaut-Biron sont décorés de sculptures influencées par le Quattrocento (15e s.) italien.

Art classique

La période classique (17e-18e s.) n'a pas été très prolifique dans cette région. Aux confins du Limousin et du Périgord le château de Hautefort (p. 91) est un très bel exemple de l'architecture classique. Quant au château de Rastignac, élevé à la fin du 18e s., il est la copie presque conforme de la Maison Blanche à Washington.
Les éléments tels escaliers, encadrements de porte sont plus nombreux.
La sculpture sur bois a laissé d'intéressants témoignages tel le retable monumental de style baroque conservé dans l'église de St-Front à Périgueux.

(Photo S. Marmounier/Cedri)
Une fenêtre de la maison de La Boétie à Sarlat.

ARCHITECTURE RURALE TRADITIONNELLE

Solides et élégantes, les architectures rurales du Périgord et du Quercy comptent parmi les plus belles de France. Préservées du modernisme, de nombreuses maisons ont été sauvées de la ruine, à laquelle les vouait l'émigration rurale, par les citadins, épris de vieilles pierres, qui s'attachèrent à les restaurer pour en faire leur résidence secondaire (plus de la moitié des maisons du Lot sont des résidences secondaires).

Maisons du Périgord. — La maison la plus typique est celle du **Périgord Noir**, robuste demeure-bloc en calcaire doré coiffée d'un haut toit pentu couvert de tuiles plates brunes ou de lauzes. Les lauzes pé-

rigourdines ne sont pas des ardoises ou des schistes feuilletés mais des petites dalles de calcaire maçonnées et très lourdes. Posées horizontalement, leur poids est tel (500 kg/m²) qu'elles exigent de puissantes charpentes de forme très pentue pour répartir la charge.

Dans les demeures les plus riches, des tourelles-pigeonniers encadrent la maison.

Dans le Périgord Blanc ou **Ribéracois**, les maisons basses en calcaire blanc ou gris sont percées de fenêtres surmontées d'œils-de-bœuf. Le toit plat couvert de tuiles romaines a déjà un aspect très méridional.

Dans la **Double**, pays de bois, traditionnellement les maisons étaient construites en torchis maintenu par des colombages.

Une maison du Périgord.

Maisons du Quercy. — Construites en moellons de calcaire blanc noyés dans du mortier de chaux, les solides demeures du Quercy présentent un ensemble de volumes et de décrochements, de tours, d'ouvertures qui en font un des plus beaux types de maisons rurales en France.

Traditionnellement le rez-de-chaussée, légèrement en sous-sol, appelé la « cave », abrite l'écurie, les remises,

(D'après dessin R. Bayard/Maisons paysannes de France)
Une maison du Quercy.

les magasins. Le premier étage sert d'habitation. On y accède par un escalier extérieur qui donne sur une terrasse sous auvent, « le bolet », supporté par des colonnes de pierre ou de bois.

Deux sortes de toits sont courants : le toit à forte pente couvert de tuiles plates, parfois de lauzes, et le toit à faible pente, couvert de tuiles romaines.

Les pigeonniers. — Ils sont très nombreux : tantôt tourelles flanquant la maison, tantôt isolés, parfois surmontant un porche. Ces élégants pigeonniers, à l'architecture variant à l'infini, ont été construits entre 1750 et 1850 moins pour l'élevage même des pigeons que pour leur fiente « la colombine » excellent engrais dont l'importance était telle que lors des successions elle était répartie entre les héritiers au même titre que les terres et les volailles.

Dans le Quercy les pigeonniers appartenaient aux paysans et non aux seigneurs comme dans d'autres régions dont le Périgord où il fallait payer un droit, celui-ci étant proportionnel au nombre de colonnes qui supportaient le pigeonnier.

Les cabanes en pierres sèches. — On rencontre encore isolées dans les champs, ces petites cabanes surmontées d'un toit conique, appelées des **gariottes** ou **caselles** qui évoquent les bories de Haute-Provence. Les paysans les utilisent comme abris, comme granges ou comme remises à outils.

(Photo Pierre Tetrel/Explorer)
Un pigeonnier.

Pour choisir un lieu de séjour à votre convenance, consultez la carte p. 8 et 9.

GASTRONOMIE

Périgord et Quercy sont un « royaume de gueule ». Leurs noms évoquent truffes, foies gras et confits, des spécialités qui comptent parmi les gloires culinaires de la France.

Dès le 15e s., les traiteurs de Périgueux et leurs pâtés sont déjà célèbres. Louis XV annoblit le cuisinier périgourdin Villereynier qui devient par faveur royale « Villereynier de la Gâtine, pâtissier du Roy ». Pendant la tourmente révolutionnaire, les maîtres-queux Lafon et Courtois continuent à fournir la France et l'Angleterre de leurs pâtés de perdrix. Jusque-là, le pâté périgourdin se composait de perdrix bourrées de foies de volailles et de truffes hâchées. Par la suite, le « pavé » se fit avec des foies gras d'oies truffés selon les préceptes trouvés en 1726 par Close, cuisinier du marquis de Contades, gouverneur de Strasbourg.

Talleyrand, fort de ses attaches périgourdines, a gagné ses plus rudes batailles diplomatiques autour d'une table somptueusement servie : le pâté truffé et le Monbazillac étaient ses plus sûrs alliés.

Cette cuisine riche utilise les produits du terroir *(voir p. 15 et 16)* : truffes, cèpes, noix, et surtout oies, canards et porcs qui font la fierté des fermes du Périgord et du Quercy.

(Photo J. M. Charles/Rapho)
Les oies du Périgord.

Le menu. — Tout repas commence par le tourain blanchi, soupe à l'ail, à la graisse d'oie et aux œufs. Puis vient le foie gras ou le pâté de foie et l'omelette aux cèpes ou aux truffes.

Il est alors temps d'attaquer le plat de résistance : un confit d'oie aux pommes sarladaises s'impose. Une salade à l'huile de noix est ensuite servie suivie d'un cabecou, petit fromage de chèvre du Quercy et si l'on a encore faim d'un gâteau aux noix, spécialité de la région.

La truffe. — *Voir la culture de la truffe p. 15.* Ce champignon souterrain qui atteint un poids d'environ 100 g est considéré par le gastronome Curnonsky comme l'âme parfumée du Périgord. Diamant noir de la gourmandise, la truffe ponctue tous les mets de ses larges taches sombres et règne sur les foies gras, les pâtés, les volailles, les ballotines et les galantines. Elle embellit tout ce qu'elle touche grâce à son arôme qui imprègne les aliments. Elle peut se manger aussi entière préparée à la cendre, mais étant donné sa rareté et son prix, c'est un luxe suprême.

Les foies gras. — Ils sont obtenus par le gavage des oies et des canards. Après trois mois dans les champs à paître de l'herbe, les oies ont droit à un régime transitoire de farine, de viande et de maïs puis commencent les trois semaines de gavage intensif : on leur fait alors ingurgiter à l'aide d'un entonnoir, à raison de trois repas par jour pris à heures fixes, 30 à 40 kg de bouillie à base de maïs. A la suite de ce traitement leur foie atteint un poids considérable : de 600 à 1 500 g.

Ces foies se consomment de plusieurs façons. Le foie d'oie convient fort bien à la conserve et on le trouve en bloc, en pâté ou en terrine. Il est aussi présenté sous forme de « mousse de foie gras » (75 % minimum de foie), en « mousse de foie d'oie » (50 % minimum) ou entrant dans la composition de la ballotine (mélange de blanc de dinde et de foie gras enrobés de gelée).

Le foie de canard de saveur fine et plus soutenue est plutôt consommé au naturel.

Les confits. — Fond rituel des cuisines périgourdine et quercynoise, le confit était avant tout un procédé qui permettait aux paysans, avant l'ère du congélateur, de conserver les différentes parties de l'oie après avoir récupéré les foies gras. Aujourd'hui, spécialité gastronomique, les confits sont toujours préparés de manière traditionnelle. Les morceaux découpés sont mis à cuire dans leur graisse pendant 3 heures puis conservés dans des pots de grès. Ce procédé est utilisé pour l'oie, le canard, la dinde et aussi la viande de porc (les confits de porc sont appelés « enchauds »). La graisse d'oie pure remplace le beurre dans la cuisine périgourdine et sert entre autres à faire revenir les pommes de terre sarladaises.

Farces et sauces. — La farce est aussi très utilisée : onctueuse et relevée, parsemée de foie et de truffes, elle garnit les volailles, le gibier, les cochons de lait et le fameux cou d'oie farci.

Les sauces les plus fréquemment employées dans la préparation des mets sont la « rouilleuse », qui accompagne et colore la fricassée de volaille, et la sauce Périgueux, sauce Madère à laquelle on incorpore des truffes fraîches.

Les vins. — *Voir la carte des vignobles p. 16.* Le **Cahors** est un vin rouge, coloré et corsé qui gagne à n'être consommé qu'après avoir vieilli deux ou trois ans en fût et une dizaine d'années en bouteille. Il acquiert alors du corps et du bouquet et accompagne volailles, gibier, rôtis et fromages.

La région de **Bergerac** où une large part est faite au cépage Sauvignon, produit à la fois des vins blancs et des vins rouges. Parmi les vins blancs, le **Monbazillac** a une place à part. Doré, onctueux, parfumé, ce vin liquoreux se sert en apéritif ou avec le foie gras et les desserts. Il doit son bouquet particulier à la pourriture noble qui réduit l'acidité du raisin ; ce procédé date de la Renaissance. Le Monbazillac acquiert toute sa saveur après deux ou trois années et peut se conserver trente ans.

Les vins blancs secs (Montravel et Bergerac), nerveux et fruités accompagnent parfaitement fruits de mer et poissons, les vins blancs moelleux (Côtes de Bergerac, Côtes de Montravel, Haut Montravel, Saussignac) sont très agréables en apéritif et sur les viandes blanches.

Les vins rouges (Bergerac, Côtes de Bergerac) fruités, bien charpentés, peuvent se consommer jeunes alors que le **Pécharmant,** excellent vin rouge corsé et généreux, n'acquiert toutes ses qualités qu'après un long vieillissement.

Légende

Curiosités

★★★ Vaut le voyage
★★ Mérite un détour
★ Intéressant

Itinéraire décrit, point de départ de la visite

sur la route   en ville

✕ ⁂ Château - Ruines	🏛⁑ 🏛⁑ Édifice religieux : catholique - protestant
⊥ ◎ Calvaire - Fontaine	▭ Bâtiment (avec entrée principale)
☀ � Panorama - Vue	⬤⟋ Remparts - Tour
⌇ ✲ Phare - Moulin	═╪═ Porte de ville
◡ ✿ Barrage - Usine	▪ Statue - Petit bâtiment
☆ ∪ Fort - Carrière	Jardin, parc, bois
▲ Curiosités diverses	B Lettre identifiant une curiosité

Autres symboles

Autoroute (ou assimilée)	▭ Bâtiment public
Échangeur complet, partiel, numéro ❶ ❷	⊞ ✉ Hôpital - Marché couvert
Grand axe de circulation	🛡 Gendarmerie - Caserne
Voie à chaussées séparées	⸬ Cimetière
Voie en escalier - Sentier	✡ Synagogue
Voie piétonne - impraticable	🏇 ⑨ Hippodrome - Golf
Col - Altitude 1429 →‹←	≋ Piscine de plein air, couverte
Gare - Gare routière	Patinoire - Table d'orientation
Transport maritime : Voitures et passagers Passagers seulement	⚓ Port de plaisance
	Tour, pylône de télécommunications
✈ Aéroport	Stade - Château d'eau
Numéro de sortie de ville, identique sur les plans et les cartes MICHELIN ③	B △ Bac - Pont mobile
	✉ Bureau principal de poste restante
	🛈 Information touristique
	P Parc de stationnement

Dans les guides MICHELIN, sur les plans de villes et les cartes, le Nord est toujours en haut. Les voies commerçantes sont imprimées en couleur dans les listes de rues.

Abréviations

A Chambre d'Agriculture	J Palais de Justice	POL. Police
C Chambre de Commerce	M Musée	T Théâtre
H Hôtel de ville	P Préfecture, Sous-préfecture	U Université

⊘ Signe concernant les conditions de visite : voir nos explications en fin de volume.

Signe particulier à ce guide

∩ Grotte

Les cartes et les plans de ville dans les guides Michelin sont orientés le Nord en haut.

CURIOSITÉS

description
par ordre alphabétique

(Photo Apa/Pix)

Rocamadour.

AGONAC

1 059 h. (les Agonacois)

Carte Michelin n° 75 pli 5 — Schéma p. 80.

Ce bourg du Périgord Blanc est agréablement situé au milieu d'une région de collines où abondent les noyers et les chênes truffiers.

Église St-Martin. — Elle dresse sa silhouette trapue dans la vallée de Beauronne, en bordure du D 3E au Sud de la localité. Le gros clocher carré et les contreforts (16e s.) qui l'épaulent sont postérieurs aux dévastations causées par les protestants lors des guerres de Religion.

L'intérieur présente tous les caractères du style roman périgourdin : nef en plein cintre, coupoles sur l'avant-chœur et le sanctuaire, chevet plat. La nef comprend trois travées de la fin du 11e s. La grande coupole sur pendentifs, supportant le clocher, est du 12e s. ; le système de chambres de défense, à deux étages, qui fait le tour de cette coupole, rappelle les époques troublées où les églises étaient transformées en bastions. Le chœur est orné de chapiteaux sculptés de monstres vomissant du feuillage, de facture archaïque.

ALLASSAC

3 560 h. (les Allassacois)

Carte Michelin n° 75 pli 8 — Lieu de séjour.

Dans une campagne vallonnée, Allassac, proche de la Vézère, offre le charme de ses vieilles demeures aux toits d'ardoises.

L'**église** gothique, en schiste noir rehaussé de grès rouge, est précédée d'un clocher-porche fortifié de mâchicoulis. Près de l'église, la tour César en pierres sèches, des 9e et 12e s., est le seul vestige de l'enceinte fortifiée.

EXCURSIONS

Donzenac. — 1 947 h. (les Donzenacois). *Au Sud-Est, 6 km par le D 25.* Cette petite ville est bâtie près du riche bassin de Brive *(p. 13).* Elle occupait une position stratégique au temps des guerres féodales, d'où son aspect de ville forte. L'église, entourée de quelques maisons anciennes, conserve un clocher-tour du 13e s.

St-Bonnet-la-Rivière. — *17 km. Quitter Allassac par le D 134 au Nord-Ouest.*

Le Saillant. — Ce hameau occupe un site agréable au débouché des gorges de la Vézère *(p. 142).* Du joli pont ancien doté d'avant-becs aigus qui enjambe la Vézère, on aperçoit, sur la rive droite, entouré de douves, un manoir du 12e s., très restauré, où séjourna Mirabeau.

Sortir du Saillant à l'Ouest par le D 134, puis à gauche, direction Objat, où l'on emprunte le D 901 vers Juillac.

St-Bonnet-la-Rivière. — 334 h. Église romane en forme de rotonde, flanquée d'un clocher-porche. La légende veut qu'un chevalier ait rapporté de Terre Sainte l'idée d'élever une église inspirée de celle du Saint-Sépulcre.

★ ANS (Pays d')

Carte Michelin n° 75 pli 7.

Aux confins du Limousin et du Périgord, le pays d'Ans tient son nom d'une châtellenie qui était la plus importante de la vicomté de Limoges. La plupart des paroisses qui en dépendaient ont conservé le nom d'Ans : Badefols-d'Ans, Ste-Eulalie-d'Ans, Granges-d'Ans... La châtellenie fut réunie à la Couronne par Henri IV en 1607.

Les paysages de cette région sont très harmonieux. Extrêmement vallonnés, ils dessinent des damiers de bois et de cultures piquetés de nombreux noyers. L'une des principales activités agricoles est l'élevage du veau sous la mère.

Circuit au départ de Montignac

101 km — environ 3 h

L'itinéraire décrit ci-dessous déborde les limites du pays d'Ans mais le traverse de part en part.

Montignac. — *Page 105.*

Prendre le D 704 vers le Nord puis tourner à gauche dans le D 67.

Auriac-du-Périgord. — Ce joli village possède une église romane transformée au 15e s. et reliée au presbytère par une balustrade.

Revenir en arrière et tourner à gauche dans le D 65, puis à la Bachellerie, tourner à gauche pour rejoindre le château de Rastignac.

Château de Rastignac. — Bâtie de 1811 à 1817 par le marquis de Rastignac sur les plans de l'architecte périgourdin Mathurin Blanchard, cette belle demeure de style néo-classique offre une frappante similitude avec la Maison Blanche à Washington.

Elle se compose d'un corps de logis rectangulaire surmonté d'une terrasse ornée d'une balustrade à colonnes. La façade sur jardin présente un élégant péristyle semi-circulaire à huit colonnes ioniques.

Brûlé par les Allemands en 1944, ce château a été restauré.

Prendre la N 89 vers l'Ouest puis après Thenon le D 68 à droite.

Ajat. — 297 h. L'église romane dont l'abside en cul-de-four est couverte de lauzes forme un ensemble pittoresque avec le château aux façades surmontées de mâchicoulis.

Prendre la route vers Bauzens.

Bauzens. — La façade occidentale de l'église romane est percée d'un portail au tympan nu reposant sur un linteau en bâtière et des colonnettes à chapiteaux sculptés. Un arc de décharge porte une arcature composée de trois arcs.

De Bauzens, prendre le D 67E vers le Nord puis tourner à droite vers Ste-Orse.

A partir de Ste-Orse, le D 70 suit une ligne de crête offrant de belles vues sur les paysages boisés de l'Auvezère et sur l'impressionnante silhouette du château de Hautefort campé sur son promontoire.

Tourner à gauche dans le D 71.

Cette route descend vers Hautefort : beaux points de vue sur le château. Elle passe à proximité de l'étang du Coucou (baignade).

★★**Château de Hautefort.** — *Page 91.*

Prendre le D 62 vers Badefols-d'Ans.

Badefols-d'Ans. — 511 h. La seigneurie de Badefols fut la propriété de la famille de Born dont était issu Bertrand de Born. Ce poète guerrier, célèbre troubadour apprécié dans les cours d'amour, est cité par Dante dans « La Divine Comédie ».
Un puissant donjon carré constitue la partie la plus ancienne du château. Un corps de bâtiment du 15e s. était autrefois relié au donjon. En retour d'équerre, l'aile du 18e s. sert d'habitation. Ce château brûlé par les Allemands en 1944 a été restauré.

Poursuivre le D 71.

La route offre des perspectives tantôt sur la vallée de l'Auvezère au Nord, tantôt sur celle de la Vézère au Sud. Dans cette région se juxtaposent les traits du paysage périgourdin — collines aux pentes douces où alternent riches cultures et prairies semées de haies vives, de noyers et de rideaux de peupliers — et ceux du paysage limousin — aspect de bocage, taillis, maisons de grès, ardoise succédant à la tuile.

St-Robert. — *Page 133.*

Le D 51 et le D 64 descendent vers la vallée de la Vézère. On traverse le village de Villac construit en grès rouge. Tourner à droite vers Beauregard-de-Terrasson puis à gauche dans le D 62.

Sur la gauche apparaît le **château de Peyraux** adossé à un massif boisé, dont le corps de logis est flanqué de deux tours féodales rondes.

Au Lardin-St-Lazare on rejoint le D 704 qui ramène à Montignac.

★ Les ARQUES
173 h.

Carte Michelin n° 🟦🟦 pli 7 (6 km au Sud de Cazals) — Schéma p. 50.

Dans ce village de la Bouriane *(voir p. 50)* se trouvent deux églises intéressantes qui ont fait l'objet d'importantes restaurations.

★**Église St-Laurent.** — Située au cœur du village, cette église est le seul vestige d'un ancien prieuré-doyenné fondé au 11e s. par l'abbaye de Marcilhac *(voir p. 99)*. La nef, autrefois plus longue et plus large, a été restaurée au siècle dernier, par contre l'abside et les absidioles ont conservé toute la pureté de l'architecture romane. Certains archaïsmes apparaissent tels l'oculus du bras Sud du transept, reste des traditions carolingiennes, et les bases à bourrelet des colonnes des arcs doubleaux, mais l'aspect le plus original de l'édifice est l'influence mozarabe qui se manifeste dans le profil des arcs outrepassés ornant le passage entre l'abside et les absidioles.

Église St-André-des-Arques. — *Descendre vers la Masse, traverser la D 45 et suivre les panneaux signalant l'église St-André.*
Située dans une clairière au milieu de bois, cette église présente un ensemble assez remarquable de **fresques murales★** de la fin du 15e s. découvertes par le sculpteur Zadkine en 1954. La fenêtre du chœur est encadrée par l'Annonciation, puis, de part et d'autre, par les apôtres tenant soit les instruments de leur supplice : croix en diagonale de saint André, hallebarde de Mathias, soit l'objet qui les symbolise : clef de saint Pierre, bourdon de saint Jacques, équerre d'architecte de saint Thomas. Au-dessus, sur la voûte constellée d'étoiles rouges, le Christ en majesté assis sur un trône en forme d'arc-en-ciel bénit d'une main et tient un globe dans l'autre. Il est entouré des symboles des quatre évangélistes. Sur les piliers de l'abside soutenant un arc triomphal, on reconnaît saint Christophe et de l'autre côté l'enfant Jésus l'attendant pour passer la rivière.

★ ASSIER
485 h. (les Assiérois)

Carte Michelin n° 🟦🟦 Sud-Est du pli 19.

Ce village du Quercy possède deux remarquables créations de la Renaissance dues à la magnificence de Galiot de Genouillac.

Galiot de Genouillac (1465-1545). — Page de Charles VIII, puis premier valet de chambre de Louis XII et enfin grand maître de l'Artillerie de François Ier, Jacques Galiot de Genouillac aimait à dire qu'il avait servi trois rois. Ce capitaine était couvert de titres : grand écuyer de France, chevalier de l'ordre de saint Michel, sénéchal du Quercy, surintendant des Finances et surtout grand maître de l'Artillerie. Il participa à de nombreuses batailles et organisa le camp du Drap d'Or où François Ier rencontra Henri VIII d'Angleterre. Cet homme d'armes, qui montra un véritable génie tactique, gardait un tel souvenir de ses faits d'armes qu'il les fit reproduire en frise sur son château et son église.
Sa devise « J'aime Fortune » qui pouvait aussi s'écrire « J'aime Fort Une » se retrouve en divers endroits des deux monuments.

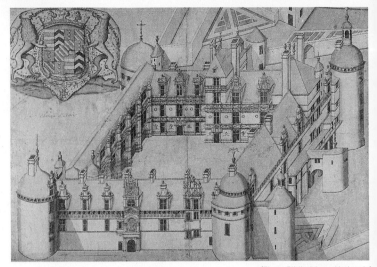

(Photo Bibliothèque Nationale)

Assier. — Dessin de Gaignières représentant le château en 1680.

Ⓥ **Château.** — « Bien qu'élevé, disait Brantôme, en fort laide assiette, en fort laid pays montagneux et raboteux, le château d'Assier égale en splendeurs les palais du Val de Loyre », et il ajoutait : « mieux meublé que maison de France, tant en vaisselle d'argent qu'en tapisseries et ciels de soye d'or et d'argent ». Galiot de Genouillac voulait une demeure somptueuse digne de son rang, souhait exaucé si l'on en juge d'après l'aquarelle de Gaignières montrant le château en 1680. Malheureusement le château fut vendu par les descendants dès 1766, puis démantelé. Seule a été conservée l'aile du corps de garde qui était plus simple et sobre que les trois autres ailes au somptueux décor Renaissance. Prosper Mérimée, en 1841, fit classer ce château alors à l'abandon.

Visite. — La façade extérieure a conservé des formes de mâchicoulis entre ses deux tours rondes. Au centre l'entrée monumentale, encadrée par deux colonnes doriques, est surmontée d'une niche qui abritait une statue équestre de Galiot de Genouillac.
Le toit, autrefois en forme de carène et recouvert de lauzes, était percé de plusieurs lucarnes comme celle qui subsiste.
La **façade intérieure★** montre une grande pureté de lignes. Elle est ornée de frises à compartiments courant au-dessus de chaque étage. De nombreuses scènes de la légende d'Hercule font allusion à la toute puissance du capitaine, des canons crachant des flammes rappellent sa charge de grand maître de l'Artillerie. Entre les fenêtres figuraient des médaillons abritant des bustes ; seul subsiste celui d'un empereur romain. A l'intérieur les salles du bas, voûtées d'ogives, contiennent des éléments architecturaux du château, un remarquable gisant du 17e s. représentant Anne de Genouillac qui fut prieure maltaise et une exposition sur Galiot de Genouillac comprenant un hologramme de son armure qui a été achetée par le Metropolitan Museum de New York.
Un bel escalier, de transition gothique-Renaissance, donne accès à l'étage. Sur le palier, un **pilier★** très finement sculpté dans un calcaire pur représente sur une face la fortune, sur la deuxième les trophées de Galiot de Genouillac et sur la troisième Hercule luttant contre le lion de Némée.
Une salle du premier étage contient des grisailles en camaïeu du 17e s.

★**Église.** — Construite de 1540 à 1549, elle nous est parvenue intacte. L'ornementation extérieure n'est qu'un long panégyrique des exploits et des titres de Galiot de Genouillac. Une **frise** fait le tour de l'église. Les sujets qui y sont traités : sièges de villes et combats, cavaliers, fantassins, artilleurs, surprendront le visiteur qui ne s'attend guère à rencontrer tant de motifs guerriers dans la décoration d'un édifice religieux. Cette frise constitue un précieux document sur les armes et les costumes du 16e s.
Le **portail** a une allure classique : au tympan, deux angelots offrent à la Vierge les insignes de Galiot, l'épée de grand écuyer et le collier de saint Michel. Le portique, formé de deux colonnes surmontées d'un fronton triangulaire, supporte une niche à dôme.
A l'intérieur, la première chapelle à gauche abrite le **tombeau** du grand capitaine dont le gisant repose sur un sarcophage de marbre : il est représenté en costume de cour ; au-dessus, un haut-relief montre Galiot entouré de ses attributs militaires et de deux canonniers semblant attendre ses ordres pour faire feu. La **voûte** de cette chapelle, taillée en étoile, forme une sorte de dôme soutenu par des trompes ; le procédé est remarquable et tout à fait rare.

*Pour circuler en ville, utilisez les plans du **guide Michelin France***
— axes de pénétration ou de contournement, rues nouvelles
— parcs de stationnement, sens interdits...

Une abondante documentation, mise à jour chaque année.

★ AUBAZINE

Aubazine occupe un site agréable entre la Corrèze et le Coiroux dans une région de collines boisées. Ses maisons grises couvertes d'ardoises s'ordonnent le long d'une crête face aux gorges du Coiroux et sont dominées par l'imposante église qui perpétue le souvenir d'une abbaye dont subsistent quelques bâtiments.

Le fondateur. — Né en 1085 dans un hameau de Corrèze, saint Étienne fonda l'abbaye en 1125 à titre d'ermitage. En 1142 le monastère est érigé en abbaye soumise à la règle de saint Benoît et dépendant de l'abbaye de Dalon. Étienne y est installé comme abbé par l'évêque de Limoges. Sous sa crosse, la communauté prend une rapide extension et en 1147 elle est rattachée à Cîteaux. Il lui fallut construire alors une grande église qui fut commencée en 1156.

Dans les gorges du Coiroux, saint Étienne créa également, dès 1142, un monastère de femmes, le prieuré de Coiroux, dont il ne reste aujourd'hui qu'une chapelle du 13e s. en ruines.

Un dicton facétieux disait « Qui a fille à Coiroux a gendre à Aubazine ».

★ **Église.** — Elle fut édifiée dans la seconde moitié du 12e s. sur un plan cistercien. Son clocher octogonal, à un seul étage, décoré d'arcatures et de baies géminées, surprend dans ce monument cistercien par son raffinement. On y reconnaît l'influence limousine. L'église a été amputée au 18e s. de 6 travées — ce qui laisse imaginer ses proportions. La façade occidentale a été élevée à cette époque.

A l'intérieur, elle présente une nef de trois travées voûtées en berceau flanquée de bas-côtés couverts de voûtes d'arêtes.

Le carré du vaste transept est coiffé d'une élégante coupole sur pendentifs qui est emboîtée dans la souche carrée du clocher. Trois chapelles orientées, à chevet plat, s'ouvrent de chaque côté du chœur terminé par une abside à cinq pans.

L'église est éclairée par des vitraux en grisaille du 12e s.

★★ **Tombeau de saint Étienne.** — *Dans le bras Sud du transept.* Ce remarquable tombeau en forme de châsse contenant le gisant fut édifié au 13e s., sur la tombe du fondateur de l'abbaye. Le visage du gisant a été mutilé par les fidèles qui raclaient la pierre pour obtenir de la poussière à laquelle ils prêtaient des vertus miraculeuses. La châsse présente un toit à deux versants reposant sur des arcades portées par des colonnettes. Chaque versant est décoré de hauts-reliefs. Sur l'un, la Vierge tenant l'enfant Jésus accueille saint Étienne agenouillé et ses communautés de moines et de religieuses pendant leur vie terrestre. Sur l'autre, que l'on ne peut malheureusement pas voir, les mêmes personnages réapparaissent devant la Vierge et Jésus, le jour de leur résurrection, sous la forme de trépassés. La richesse de la décoration, la finesse et la vérité des expressions font de ce morceau d'architecture l'un des plus précieux de l'époque gothique.

Mobilier. — Au fond du bas-côté droit se trouve une remarquable armoire du 12e s., ornée d'arcatures. Ce meuble, construit en madriers de chêne, est l'un des plus anciens réservés au culte, existant en France.

Les stalles du 18e s. sont assez archaïques. Leurs miséricordes fourmillent de détails caricaturaux et pittoresques. Les visages très expressifs d'hommes et de femmes côtoient des monstres et des animaux.

Dans la première chapelle du bras Nord du transept, une pietà du 15e s. en pierre polychrome frappe par la grande expression spirituelle qui s'en dégage. De facture fruste et gauche, elle présente des détails remarquables comme ses mains serrées pour retenir le corps de son fils.

○ **Ancienne abbaye.** — Les bâtiments conventuels sont occupés par une communauté de moniales catholiques de rite oriental. On peut voir la salle capitulaire, avec ses voûtes d'arêtes retombant sur deux grosses colonnes cylindriques, l'ancienne salle des moines couverte de voûtes d'arêtes portées par des piliers carrés, la fontaine monolithique ou « lavabo » des moines et le vivier alimenté par un canal creusé sur 1,5 km par les cisterciens pour approvisionner l'abbaye en eau.

EXCURSION

★ **Puy de Pauliac.** — *Prendre le D 48 qui longe les gorges du Coiroux et tourner à gauche dans un chemin qui permet d'accéder à peu de distance du sommet.*

Un sentier (*1/4 h à pied AR*), tracé à travers les bruyères et les bois de châtaigniers, amène au sommet (520 m d'altitude) d'où l'on découvre une large **vue**★ au Sud-Est sur la Roche de Vic et, au Nord, sur le massif des Monédières *(table d'orientation)*.

En poursuivant le D 48, on arrive au **centre touristique du Coiroux** aménagé autour d'un vaste plan d'eau (baignade, voile, planche à voile, golf).

★ BEAULIEU-EN-ROUERGUE (Abbaye de)

A la limite du Quercy et du Rouergue, la charmante vallée de la Seye a vu s'établir en 1144 quelques moines envoyés par saint Bernard pour fonder une abbaye à laquelle fut donné le nom de Beaulieu (Belloc en occitan).

Après la Révolution, elle fut en partie démantelée et transformée en exploitation agricole. Ce n'est qu'en 1960 que de nouveaux propriétaires entreprirent sa restauration poursuivie, à partir de 1973, par la Caisse des Monuments historiques qui reçut l'abbaye en donation. Le résultat est remarquable, surtout dans l'église, merveilleux exemple de l'architecture cistercienne.

Une partie des bâtiments abbatiaux abrite le **centre d'Art contemporain** qui organise en été des expositions et un festival de musique contemporaine.

BEAULIEU-EN-ROUERGUE (Abbaye de)★

⏱ **VISITE** *1/2 h*

★**Église.** — Ce bel édifice élevé au milieu du 13e s. est représentatif du gothique le plus pur, avec sa nef unique voûtée d'ogives, éclairée par des lancettes et des roses. L'élégante abside à sept pans est précédée par la croisée du transept que surmonte une intéressante **coupole** octogonale sur trompes. Chaque croisillon du transept s'ouvre sur une chapelle carrée.

Les bâtiments abbatiaux. — La **salle capitulaire,** partie la plus ancienne, s'ouvrait sur le cloître, aujourd'hui disparu, par trois arcs d'ogive. Elle se compose de deux travées couvertes chacune de trois voûtes d'ogives retombant sur deux puissantes colonnes. Le **cellier,** au rez-de-chaussée du bâtiment des Convers, comprend dix voûtes sur croisée d'ogives reposant sur quatre colonnes dont les chapiteaux sont décorés de feuilles plates. La beauté de cette salle et le raffinement dont témoignent les sobres clefs de voûte montrent le soin que les moines cisterciens apportaient à l'édification de chaque bâtiment même annexe.

BEAUMONT   1 302 h. (les Beaumontois)

Carte Michelin n° 🎯 pli 15 — Lieu de séjour.

Importante bastide fondée en 1272 par le sénéchal de Guyenne au nom du roi d'Angleterre Édouard Ier, Beaumont n'a conservé que quelques vestiges de ses fortifications mais présente encore de nombreuses maisons à arcades.

Église St-Front. — Flanquée de quatre tours puissantes encadrant la façade et le chevet, et ceinturée par un chemin de ronde, l'église, construite en 1272 par les Anglais, constituait, en cas de siège, le dernier réduit de défense de la ville. D'importantes restaurations du siècle dernier ont altéré le caractère militaire de l'édifice. Sur la façade occidentale, une galerie à balustrade finement décorée surmonte un beau portail dont les voussures reposent sur des chapiteaux décorés de feuillage.

Vestiges des remparts. — A l'extérieur de la localité, en suivant à l'Ouest la ligne des remparts, on découvre une jolie vue sur le mur d'enceinte, sur la porte fortifiée de Luzier, du 13e s., et sur la silhouette imposante de l'église St-Front.

EXCURSION

Château de Bannes. — *5 km au Nord-Ouest par le D 660 et une route à gauche.*
Ce château fut édifié à la fin du 15e s. par Armand de Gontaut-Biron, évêque de Sarlat. Se dressant sur un éperon rocheux, il présente un corps de logis coiffé de tours puissantes, le tout couronné de mâchicoulis qui lui conféreraient un aspect militaire, s'il n'était orné d'un portail sculpté et de lucarnes richement décorées, surmontées de candélabres et de pinacles du style de la première Renaissance.

BELVÈS   1 652 h. (les Belvésois)

Carte Michelin n° 🎯 pli 16 — Schéma p. 77.

Belvès occupe un site pittoresque sur un éperon dominant la vallée de la Nauze.
C'est par le D 52, au Sud-Est, et le D 710, au Sud, qu'il faut l'aborder pour découvrir l'ensemble formé par les vieilles demeures à tourelles et clochetons et les terrasses aménagées en jardins ou couvertes de feuillage.

Place d'Armes. — Au centre de la ville, elle a conservé l'ancien beffroi et la **halle** coiffée de tuiles rondes : à l'un des piliers, subsiste encore la chaîne du pilori. Sur la place de la Croix-des-Frères, s'élève l'ancien couvent des Dominicains surmonté d'un clocher à huit pans. Entre les deux places s'élèvent quelques maisons d'époque gothique ou Renaissance.
De la place d'Armes part également la rue des Filhols : à gauche, belle maison Renaissance restaurée, l'hôtel Bontemps.

★ BERGERAC   27 704 h. (les Bergeracois)

Carte Michelin n° 🎯 plis 14, 15 — Schémas p. 45 et 77.

S'étendant de part et d'autre de la Dordogne, à l'endroit où celle-ci prend son cours le plus paisible et où la vallée s'élargit pour devenir une plaine alluviale, Bergerac s'entoure d'un vignoble prestigieux, de champs de tabac, de cultures céréalières et de maïs.
Au cœur de cette ville annonçant déjà le Bordelais et le Midi, le quartier ancien a fait l'objet d'une importante restauration mettant en valeur les demeures des 15e et 16e s.

Un carrefour commercial et intellectuel. — La ville prend son essor dès le 12e s. Ville port, ville pont, elle voit rapidement se développer une bourgeoisie qui fait fortune dans le commerce entre les régions de l'intérieur (Auvergne, Limousin) et Bordeaux.
Au 16e s., ce fief des Navarre devient une des capitales du protestantisme. La ville connaît alors une période brillante. De nombreuses imprimeries publient des pamphlets diffusés dans l'ensemble du monde protestant. En août 1577 la paix de Bergerac est signée entre le roi de Navarre et les représentants de Henri III, c'est un préliminaire à l'édit de Nantes (1598). Mais en 1620 les armées de Louis XIII s'emparent de la ville et démolissent les remparts. Après la révocation de l'édit de Nantes (1685), les jésuites et les récollets essaient de reconquérir des disciples. De nombreux Bergeracois fidèles à leurs croyances calvinistes, émigrent alors en Hollande, pays avec lequel ils maintenaient des contacts commerciaux.

A la Révolution, Bergerac, jusque-là capitale du Périgord, se voit déposséder de cette fonction au profit de Périgueux qui devient préfecture du département de la Dordogne. Au 19e s. cependant, vignoble et batellerie prospèrent jusqu'à la crise du phylloxera et l'arrivée du chemin de fer.

Bergerac aujourd'hui. — Essentiellement marché agricole, Bergerac est la capitale du tabac en France et regroupe l'Institut expérimental des Tabacs et le Centre de formation et de perfectionnement des planteurs de tabac. D'autre part, les 11 000 ha de vignobles qui entourent la ville produisent des vins d'appellation d'origine contrôlée, comprenant le Bergerac et les côtes de Bergerac, le Monbazillac, le Montravel et le Pécharmant *(voir carte p. 16)*. Le Conseil interprofessionnel des vins de la région de Bergerac, qui décide de l'appellation des vins, se trouve dans le cloître des Récollets *(voir p. 44)*.

La principale entreprise industrielle est la Société des poudres et explosifs dont les productions sont orientées vers la fabrication de la nitrocellulose, employée dans l'industrie des films, des peintures, des vernis et des matières plastiques.

Quelques Bergeracois célèbres. — Le plus connu, Cyrano et son fameux appendice nasal, héros de la pièce d'Edmond Rostand, a été inspiré par l'écrivain philosophe du 17e s. Cyrano de Bergerac dont le nom n'avait rien à voir avec la ville périgourdine ! Bergerac a cependant adopté ce « fils illégitime » et lui a élevé une statue place de la Myrpe. Le philosophe Maine de Biran, vrai enfant de Bergerac, y naquit en 1766. Il fut administrateur du département de la Dordogne.

★LE VIEUX BERGERAC *visite : 1/2 h (4 h avec les musées)*

A l'agrément d'une flânerie à travers le dédale de rues et de places ombragées du vieux quartier restauré, s'ajoute l'intérêt des musées.

Partir du parking qui se trouve à l'emplacement de l'ancien port.

Ancien port (C). — Autrefois, les gabares accostaient à cet endroit pour décharger les produits et le bois qui venaient du haut pays et embarquer les barriques de vin à destination de Bordeaux puis de l'Angleterre et de la Hollande.

Rue du Château (C 5). — Elle fait un coude dans lequel a été aménagé un curieux balcon à balustre surplombant la rue.

Tourner à gauche dans la rue de l'Ancien-Port.

★★Musée du Tabac (C). — Il est installé dans la **maison Peyrarède★**, élégant hôtel dit ⊙ des Rois de France édifié en 1603, qui s'orne d'une tourelle en encorbellement.

Ses remarquables collections y sont fort bien présentées.

Au **1er étage,** de salle en salle, on suit le destin extraordinaire de cette plante : jusqu'au 15e s. elle n'était connue que des Indiens d'Amérique. Christophe Colomb décrit en 1492 « ces femmes et hommes avec à la main un tison pour prendre leurs fumigations ». Illustrant cette période, sont exposées des poches à tabac, des **pipes à calumet**, des pipes indiennes.

Puis, à la suite des grandes découvertes, le tabac pénètre en Europe. En France, il est introduit vers 1560 par Jean Nicot, ambassadeur de France au Portugal qui envoie de la poudre à tabac à Catherine de Médicis pour guérir

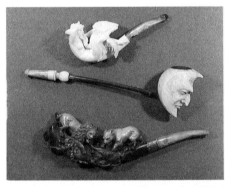

(Photo musée du Tabac)

Bergerac. — Deux fume-cigarettes et une pipe dans le musée du Tabac.

ses migraines. Fumeurs et fumeuses envahissent les églises... L'engouement est tel que le pape Urbain VIII va jusqu'à excommunier les fumeurs et que Louis XIII interdit la vente de tabac avant d'établir le premier système fiscal le concernant. Le tabac se présente alors sous forme de carotte qu'il faut râper pour le mettre en poudre. Les **râpes** exposées sont de véritables objets d'art sculptés dans le bois ou l'ivoire.

A la fin du 18e s., le tabac à priser est vendu directement en poudre, il est alors conservé dans de grands pots en faïence décorés à la main et chaque fumeur se promène avec sa tabatière. A côté des **pots de faïence** sont présentées de nombreuses **tabatières** dont certaines sont décorées de portraits de Louis XVIII, Napoléon ou Charles X. Ces petites boîtes permettaient aux fumeurs d'afficher ainsi leurs opinions politiques.

Une nouvelle évolution se produit avec l'usage de la pipe. Les pipes existaient depuis le début du 17e s. aux Pays-Bas, mais leur emploi était jugé vulgaire et populaire. Les officiers du Premier Empire en lancent la mode, suivie aussitôt par les Romantiques, dont George Sand. De nombreuses **gravures satiriques** du 19e s. illustrent cet art de « consommer » le tabac. Dans les vitrines, les **pipes** en porcelaine, en écume de mer, en bois sont décorées de sujets cocasses, de portraits de personnages illustres.

Enfin, au milieu du 19e s. apparaissent la cigarette et les objets qui l'accompagnent, entre autres de ravissants **fume-cigarettes** en ivoire représentant de véritables petits tableaux sculptés.

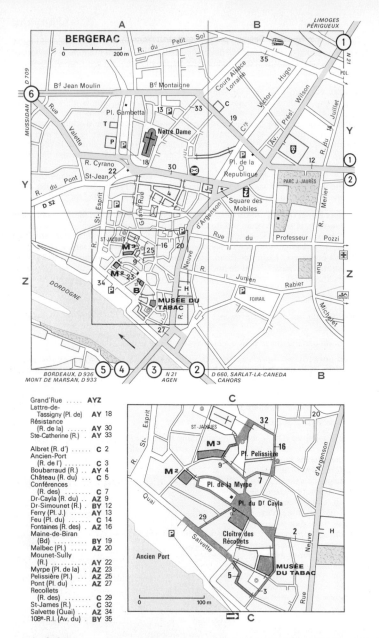

Au **2e étage** sont réunies quelques œuvres d'art évoquant le tabac et les fumeurs. On remarquera Les Deux Fumeurs de l'école française du Nord du 17e s., Les Trois Fumeurs de Meissonier et le charmant Intérieur de tabagie de David Teniers II dit le Jeune. A côté, le guéridon du fumeur réalisé par des Indiens du Mexique fascine par le nombre de bagues de cigares qu'il a fallu utiliser pour obtenir cette « marqueterie ». Une section est consacrée à la culture du tabac : plantation, récolte, séchage... plus particulièrement dans la région de Bergerac.

Musée d'histoire urbaine. — Dans une maison attenante à l'hôtel Peyrarède et reliée à celui-ci, des objets, cartes, documents, vestiges architecturaux, meubles... évoquent l'histoire de Bergerac à travers les siècles. On remarquera quelques faïences qui étaient fabriquées à Bergerac au 18e s. et les plans anciens de la ville.

En sortant de l'hôtel Peyrarède, vers la gauche, on se trouve sur la place du Feu, puis au croisement de la rue d'Albret.

Rue d'Albret (C 2). — Au fond de cette rue, à droite, apparaît la façade de l'hôtel de ville, ancien couvent des dames de la Foi. A gauche, faisant le coin avec la place du Feu, une vaste demeure a conservé les grands arcs de ses portes ogivales.

Place du Docteur-Cayla et place de la Myrpe. — Ce vaste espace ombragé séduit par le charme de ses petites maisons à colombages. Sur le terre-plein de la place de la Myrpe se dresse la statue de Cyrano de Bergerac enveloppé d'une houppelande.

Cloître des Récollets. — Situé entre la place du Docteur-Cayla et les quais, l'ancien couvent des Récollets abrite aujourd'hui les installations du Conseil interprofessionnel des vins de la région de Bergerac.
Le bâtiment construit entre le 12e et le 17e s. allie la brique à la pierre. La cour intérieure présente une galerie Renaissance du 16e s. accolée à une autre galerie du 18e s. Dans l'angle Sud-Est se trouve le petit four des moines.

Quelques marches conduisent au caveau, ancienne cave des moines remarquablement voûtée, où se tiennent les réunions de la Conférence des consuls de la Vinée. Un spectacle audio-visuel y présente le vignoble de Bergerac.

Au premier étage, de la salle d'apparat richement décorée, une belle vue se révèle sur les coteaux de Monbazillac.

Le laboratoire d'œnologie occupe la partie orientale. On visite la salle de dégustation où tous les vins sont goûtés chaque année pour savoir s'ils auront droit à l'appellation d'origine contrôlée.

La visite se termine à la **Maison du Vin**, à l'angle de la place de la Myrpe.

La chapelle attenante au couvent des Récollets est devenue un temple protestant.

★ **Musée du Vin, de la Batellerie et de la Tonnellerie** (C M²). — Installé dans une belle maison de briques à colombages, au bout de la place de la Myrpe, ce musée agréablement présenté comprend trois sections.

Au 1er étage, on découvre l'activité de la tonnellerie qui eut une place importante dans l'économie de Bergerac. Les barricayres, nom donné aux tonneliers, étaient tenus à des normes très strictes concernant les jauges, les bois utilisés…

La section concernant le vin montre l'évolution du vignoble bergeracois à travers les siècles et les différents types d'habitats vignerons.

Au 2e étage, la batellerie revit à travers les maquettes des bateaux, les gabares à fond plat et à voiles, qui assuraient le transport des marchandises sur la Dordogne.

Ils n'allaient pas en amont de Bergerac qui était le seuil de rupture de charge. Des photos montrent l'animation du port de Bergerac au 19e s., ainsi que les scènes de pêche à l'épervier ou à l'escave, noms que l'on donnait aux grands filets qui permettaient des captures miraculeuses au moment de la remontée des poissons migrateurs : saumons, aloses.

Place Pélissière (C). — Autour d'une fontaine, cette vaste place à plusieurs niveaux a été dégagée à la suite de la démolition de masures. Elle est dominée par l'église St-Jacques, ancienne étape des pèlerins de St-Jacques-de-Compostelle. A proximité se trouve le musée d'Art sacré.

Musée d'Art sacré (C M³). — Installé dans le bâtiment de la petite mission, il réunit des œuvres religieuses : tableaux, sculptures, vases sacrés de tous les styles. Remarquer la pierre de Lauzerte, curieuse statue très archaïque découverte dans une chapelle de Lauzerte (Tarn et Garonne).

Rue St-James (C 32). — Elle est bordée de demeures des 15e, 16e et 17e s. montrant des fenêtres à meneaux et des murs à pans de bois.

Rue des Fontaines (C 16). — La Vieille Auberge au coin de la rue Gaudra a conservé ses arcades moulurées, ses chapiteaux du 14e s. et ses baies ogivales.

Rue des Conférences (C 7). — Son nom évoque les entretiens qui précédèrent la paix de Bergerac (*voir p. 42*). Elle est bordée de maisons à colombages.

On retraverse la place de la Myrpe et la place du Docteur-Cayla pour prendre la rue des Récollets qui ramène au parking de l'ancien port.

AUTRE CURIOSITÉ

Église Notre-Dame (AY). — Construite au 19e s. en style gothique, elle est coiffée d'un clocher très élancé.

Elle présente dans la chapelle Est deux beaux tableaux : une Adoration des Mages attribuée à Pordenone, peintre vénitien élève de Giorgione, et surtout une Adoration des bergers attribuée à Ferrari, Milanais élève de Léonard de Vinci. Dans la chapelle Ouest est exposée une immense tapisserie d'Aubusson aux armes de Bergerac.

EXCURSIONS

Vignoble de Monbazillac. — *Circuit de 27 km — environ 1 h 1/2 — schéma ci-dessous. Quitter Bergerac au Sud par le D 13. La route traverse, dans la plaine de la Dordogne, une zone de cultures maraîchères, puis des prairies, avant d'aborder les premières pentes où commence le vignoble (représenté en vert sur le schéma ci-dessous).*

Le cru fameux de Monbazillac a une renommée séculaire. On rapporte que lors d'un pèlerinage bergeracois à Rome, au Moyen Âge, comme on présentait les pèlerins de Bergerac au pape, celui-ci demanda : « Mais où est Bergerac ? » « Près de Monbazillac », aurait répondu le camérier-major.

Assez liquoreux, le vin blanc de Monbazillac est un excellent vin de dessert, également apprécié avec le foie gras. Les grappes bien mûres sont ramassées lors de triages successifs lorsqu'elles atteignent la limite de la pourriture « noble », gage de qualité.

★ **Château de Monbazillac.** — Page 103.

Au-delà du château, prendre dans le village le D 14E à droite et bientôt le D 107 à gauche puis tourner à droite.

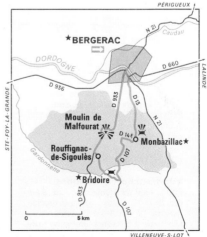

45

La route, sinueuse, est tracée au milieu du vignoble soigneusement cultivé.

★**Château de Bridoire.** — Cette forteresse protestante fut en partie démolie par Montluc en 1568 et reconstruite sous Henri IV. Elle fut restaurée aux 19e et 20e s. par la famille de Charles de Foucauld. Ce dernier y résida souvent. Le château se compose de deux grands corps de logis en équerre flanqués de tours rondes face à une cour intérieure fermée par une enceinte en forme de croissant. Il rappelle le château de Monbazillac par sa pierre grise, ses toits coiffés de tuiles brunes, ses grosses tours rondes à mâchicoulis.

La route traverse **Rouffignac-de-Sigoulès**, village de vignerons aux maisons souvent couvertes de tuiles rondes.

Prendre à droite le D 933 qui longe le vignoble. Une route monte au pied du moulin de Malfourat.

Moulin de Malfourat. — Privé de ses ailes, il se dresse au sommet d'une butte. De la terrasse du bar *(table d'orientation),* on embrasse un **panorama★** sur le vignoble de Monbazillac, Bergerac et la plaine de la Dordogne.

Le D 933, pittoresque, descend à travers le vignoble avant de gagner Bergerac.

Vallée du Caudau. — *38 km. Environ 1 h. Quitter Bergerac par ① du plan, N 21 puis prendre à droite le D 21 qui suit la vallée du Caudau.*

Lamonzie-Montastruc. — 407 h. Perché sur un rocher, à gauche de la route, le château de Montastruc est un bel édifice de style classique dont le corps de logis du 16e s. est flanqué de tours d'angle circulaires du 15e s. tandis qu'une autre façade est du 18e s.

Poursuivre le D 21 puis, à hauteur de Clermont-de-Beauregard, prendre un chemin à gauche.

Château de la Gaubertie. — Construit au 15e s., ce château a été entièrement restauré au début du 20e s. Le grand corps de logis, dont la façade donne sur la vallée du Caudau, est flanqué d'une tour carrée d'un côté et d'une tour ronde à encorbellement de l'autre. Un chemin de ronde à mâchicoulis fait le tour de l'édifice. La chapelle du 17e s. s'élève à l'écart du château.

A Clermont-de-Beauregard, prendre une petite route vers St-Laurent-des-Bâtons qui longe la vallée du Caudau.

Château de St-Maurice. — Dans cette fraîche vallée, le château de St-Maurice, se cachant en partie derrière les arbres de son parc, montre de beaux bâtiments des 14e et 15e s. couronnés de mâchicoulis.

Après le château, tourner à gauche.

On traverse St-Amand-de-Vergt qui possède une jolie église romane.

Prendre à gauche le D 42 puis tourner à droite.

La route longe le **lac de Neuf Font** aménagé pour la baignade et le pédalo.

De là prendre le D 8 jusqu'à Vergt.

Vergt. — 1 419 h. Cette grosse commune agricole est devenue un des principaux marchés de la fraise. Les sables ferrugineux de la région conviennent parfaitement à cette culture. C'est ainsi que tous les coteaux sont couverts à certaines époques de l'année de grandes étendues de plastique protégeant les précieux fraisiers.

BESSE
183 h. (les Bessois)

Carte Michelin n° 🔳🔳 Sud-Ouest du pli 17.

Au centre d'une forêt recouvrant une grande partie du Quercy entre le Lot et la Dordogne, le petit village de Besse possède une intéressante église romane à toiture de lauzes *(voir p. 34)* formant un bel ensemble avec son château des 16e et 17e s.

Église. — Le chevet est terminé par une abside en cul-de-four. Le clocher-porche, barlong, abrite un remarquable **portail★** sculpté : de chaque côté de la porte, deux chapiteaux sont ornés de figures naïves, d'une facture archaïque. Parmi les sujets sculptés, on reconnaît les sept péchés capitaux, divers épisodes du Paradis terrestre, l'Agneau pascal soutenu par un ange et des scènes de chasse.

(Photo Pélissier/Vloo)
Besse. — Le portail.

EXCURSION

Villefranche-du-Périgord. — 800 h. Lieu de séjour. *Au Sud, 8 km par le D 57.* Cette ancienne bastide *(voir p. 32)* dominant la vallée de la Lémance, a conservé une vaste halle portée par de lourds piliers et une partie de ses arcades encadrant la place centrale.

★★ BEYNAC-ET-CAZENAC

460 h. (les Beynacois)

Carte Michelin nᵒ 🔲 pli 17 — Schéma p. 77 — Lieu de séjour.

Dressé sur un rocher, le château de Beynac occupe un **site**★★ remarquable, face à la vallée de la Dordogne qui serpente dans un cadre de collines couronnées de châteaux. Au pied de la falaise, le long de la rivière, se blottit le village où vécut O' Galop, le premier dessinateur de Bibendum.

Une redoutable place forte. — Au Moyen Âge, Beynac est, avec Biron, Bourdeilles et Mareuil, l'une des quatre baronnies du Périgord. Lors de la rivalité des Capétiens et des Plantagenêts, le château, pris par Richard Cœur de Lion, est confié au sinistre **Mercadier**, capitaine d'armes, dont les bandes ravagent le pays pour le compte du roi d'Angleterre. En 1214, Simon de Montfort, venu combattre l'hérésie albigeoise, s'en empare et commence le démantèlement. Le seigneur de Beynac reconstruit l'édifice qui nous est parvenu. Au cours de la guerre de Cent Ans, la Dordogne marque la limite des influences anglaise et française : Beynac, aux mains des Anglais en 1360, puis des Français en 1368, et Castelnaud, sous la domination anglaise, échangent escarmouches et coups de main. La paix retrouvée, Beynac continue à veiller sur le bourg.

★★**Château.** — *Accès en voiture par le D 703 à la sortie Ouest de la localité (3 km) ou à pied par le village (voir ci-dessous).* Il présente la forme d'un quadrilatère irrégulier prolongé au Sud par un bastion en éperon. Le sévère donjon, garni de créneaux, date du 13ᵉ s. Protégé du côté du plateau par une double enceinte, le château surplombe la Dordogne de 150 m. Le grand corps de bâtiment des 13ᵉ et 14ᵉ s. est prolongé par le manoir seigneurial du 15ᵉ s., agrémenté au 16ᵉ s. d'une échauguette.

Intérieur. — La vaste salle des États du Périgord, jadis réservée aux assemblées de la noblesse, possède une belle voûte en berceau brisé ; son oratoire est orné de fresques gothiques d'une facture naïve, au dessin vigoureux, représentant la Cène, un Christ de pitié au pied de sa croix (tel qu'il apparut à saint Grégoire selon la légende médiévale), ainsi que plusieurs membres de la famille de Beynac.

Par le grand escalier du 17ᵉ s., à rampes droites, on atteint le chemin de ronde et le bastion méridional qui dominent la Dordogne ; de là, se développe un **panorama**★★ admirable sur la vallée et, de gauche à droite, sur la « barre » de Domme et les châteaux de Marqueyssac, de Castelnaud et de Fayrac.

Le calvaire. — Érigé à 150 m à l'Est du château sur le rebord de la falaise.
On embrasse un **panorama**★★ aussi étendu que celui que l'on découvre du chemin de ronde du château.

Village. — Un chemin piétonnier, en forte pente, bordé de maisons des 15ᵉ, 16ᵉ et 17ᵉ s. conduit du bas du village au château. Il passe au pied de deux tours du 14ᵉ s. et franchit la porte ogivale de l'enceinte du village. Il mène ensuite à l'**église**, ancienne chapelle du château, remaniée au 15ᵉ s.

Cazenac. — *3 km à l'Ouest.* Ce hameau possède une église gothique du 15ᵉ s. De là, belle vue sur la vallée.

★ BIRON (Château de)

Carte Michelin nᵒ 🔲 Sud du pli 16.

Perché au sommet d'un « puy », le château de Biron, qui dresse la masse énorme de ses tours et de ses terrasses défensives à la lisière du Périgord et de l'Agenais, commande un immense horizon.

Du Capitole à la Roche Tarpéienne. — Parmi tant d'hommes célèbres que compta la famille de Biron, on ne peut manquer d'évoquer la cruelle destinée de **Charles de Gontaut**. Ami de Henri IV et l'un de ses principaux lieutenants, il est fait amiral, puis maréchal de France. En 1598, le Béarnais continue de combler son favori : la baronnie de Biron est érigée en duché-pairie et Charles de Gontaut, toujours assoiffé de nouveaux titres, promu lieutenant-général des armées françaises, puis gouverneur de Bourgogne. Tant d'honneurs ne le satisfont pas : avec la complicité du duc de Savoie et du gouverneur espagnol du Milanais, il trame un complot en vue du démembrement du royaume. Démasqué, Biron obtient son pardon. La clémence de Henri IV ne l'arrête pas : il intrigue de nouveau contre son maître. Encore une fois démasqué, il est conduit devant le roi qui accepte de lui pardonner s'il avoue son crime. L'orgueilleux Biron s'obstine à nier. Condamné pour haute trahison, il est décapité le 31 juillet 1602 dans la cour de la Bastille.

De la forteresse médiévale à aujourd'hui. — Ce château se compose de bâtiments de style et d'aspect très différents, œuvres de quatorze générations de Gontaut-Biron qui le possédèrent du 12ᵉ au 20ᵉ s.
Dès le 11ᵉ s. une forteresse médiévale existait à cet emplacement. Incendié au 13ᵉ s. par Simon de Montfort, le château est reconstruit. Pendant la guerre de Cent Ans, il passe sans cesse de la mouvance française à celle des rois anglais et subit de nombreux dommages.
A la fin du 15ᵉ s. et au 16ᵉ s., Pons de Gontaut-Biron, ancien chambellan de Charles VIII, décide de transformer son château en une belle demeure Renaissance comme celles qu'il a vues dans le Val de Loire. Il remanie les logements qui se trouvent à l'Est de la cour d'honneur, fait construire la chapelle Renaissance et percer l'arcade, surmontée d'une colonnade, à laquelle il était prévu d'accéder du bas de la butte par un grand escalier. Les travaux sont interrompus et ne reprendront qu'au 18ᵉ s.
Aujourd'hui, avec ses 10 000 m² de toitures et l'étendue de ses bâtiments, ce château devient difficile à entretenir pour des particuliers. Le département de la Dordogne l'a acheté en 1970 et a mis en place un très important programme de restauration ainsi qu'un centre d'art régional qui organise des expositions chaque été. Un musée de la guerre de Cent Ans est à l'étude.

BIRON (Château de) ★

⊘**VISITE** *environ 1 h*

La basse-cour. — Entourant les bâtiments d'habitation du château sur trois côtés elle comprend la conciergerie, la chapelle, la recette et la salette.

L'élégante tour de garde, occupée par la **conciergerie,** juxtapose avec bonheur créneaux, chemin de ronde et décoration Renaissance. La **chapelle** a été construite au 16e s. dans le style Renaissance. Une balustrade ajourée court à la base du toit. La salle basse sert d'église paroissiale ; la salle haute ou chapelle seigneuriale, qui présente une remarquable voûte d'ogives, s'ouvre de plain-pied sur la cour. Elle abrite **deux tombeaux à gisants,** dont les sculptures montrent l'influence du Quattrocento italien (15e s.). Celui d'Armand de Gontaut-Biron, qui fut évêque de Sarlat, est décoré de trois figures de vertus assises, tandis que celui de son frère Pons, mort en 1524, est orné de bas-reliefs retraçant la vie du Christ sur une frise macabre. Les deux gisants ont été mutilés pendant les guerres de Religion. Cette chapelle possédait aussi une pietà et une mise au tombeau, deux œuvres d'art exceptionnelles qui furent vendues au Metropolitan Museum de New York.

De la terrasse, entre la chapelle et la « Recette », important bâtiment cantonné d'une tourelle où les paysans apportaient leurs redevances, on a une vue plongeante sur le bourg.

La cour d'honneur. — On y accède par un escalier et un couloir voûté d'ogives. Sur cette cour s'ouvre le portique à colonnes. A droite, le bâtiment seigneurial du 16e s. orné de fenêtres Renaissance se compose de belles salles restaurées qui abritent aujourd'hui les expositions du centre d'art régional.

A gauche, le corps de logis de la fin du 16e au 18e s. présente un bel escalier qui donne accès à la grande salle des États, dont la remarquable charpente carénée vient d'être refaite. Au sous-sol, la cuisine, ancien réfectoire de la garnison, frappe par ses dimensions (22 m × 9 m) et sa voûte surbaissée.

Le gros donjon polygonal du 13e s., remanié au 15e s., a été enclavé dans les autres bâtiments.

Des terrasses qui entourent le château, la **vue** ★ s'étend sur la campagne environnante et la bastide de Monpazier *(p. 103)* dont les Biron étaient les seigneurs.

★★ BONAGUIL (Château de)

Carte Michelin n° 79 pli 6 — Schémas p. 50 et 98.

Cette stupéfiante forteresse, qui se dresse aux confins du Périgord Noir et du Quercy, est l'un des plus parfaits spécimens de l'architecture militaire de la fin du 15e s. et du 16e s. Elle présente la particularité d'offrir sous la carapace traditionnelle des châteaux forts une remarquable adaptation aux techniques nouvelles des armes à feu : canonnières et mousqueterie. En outre, Bonaguil, qui fut édifié non comme un château de surveillance ou de menace mais comme un abri sûr, apte à faire victorieusement front à toute attaque, présente la nouveauté, dans les années 1480-1520, d'utiliser les armes à feu à des fins exclusivement défensives. C'est déjà la conception d'un fort.

Un curieux personnage. — Étrange figure que celle de **Bérenger de Roquefeuil.** Il aime à se proclamer « noble, magnifique et puissant seigneur et baron des baronnies de Roquefeuil, de Blanquefort, de Castelnau, de Combret, de Roquefère, comte de Naut ». Appartenant à l'une des plus anciennes familles du Languedoc, cet homme entend être obéi de ses vassaux et n'hésite pas à user de sa force ; mais ses exactions et ses violences amènent des révoltes et, pour y faire face, Bérenger transforme le château de Bonaguil, qui existait depuis le 13e s., en une forteresse inexpugnable. « Par Monseigneur Jésus et touts les saincts de son glorieux Paradis, proclame en 1477 l'orgueilleux baron, j'eslèveroi un castel que ni mes vilains subjects ne pourront prendre, ni les Anglais s'ils ont l'audace d'y revenir, voire même les plus puissants soldats du Roy de France. » Il lui faut 40 ans pour édifier ce nid d'aigle qui semble anachronique par son allure de château fort alors que ses contemporains, Montal, Assier, les châteaux de la Loire, deviennent des demeures de plaisance. Mais son château ne fut, en effet, jamais attaqué et paraît intact à la veille de la Révolution. Celle-ci, dans son ardeur à supprimer les symboles de l'Ancien Régime, réussit à démanteler, à découronner le colosse qui, malgré ses blessures et ses mutilations, offre encore l'image de la puissance qu'il représentait. En gardant les traditionnels moyens de défense contre l'escalade, la mine ou la sape, ce chef-d'œuvre d'architecture militaire est adapté aux nouvelles conditions de la lutte et tire parti du développement de l'artillerie.

⊘**VISITE** *1 h 1/2*

On pénètre dans le château par la barbacane, énorme bastion qui avait sa garnison autonome, ses magasins et son arsenal. La barbacane faisait partie de la première ligne de défense, longue de 350 m, dont les bastions permettaient le tir rasant grâce à des canonnières. La seconde ligne se composait de cinq tours, dont l'une, dite la « Grosse Tour », est l'une des plus importantes tours de plan circulaire jamais construite en France. Haute de 35 m, couronnée de corbeaux, elle servait à ses étages supérieurs de logis d'habitation, tandis que ses étages inférieurs étaient équipés de mousqueterie, couleuvrines, arquebuses, etc. Dominant ces deux lignes, le donjon à pans coupés était le poste de guet et de commandement ; en forme de vaisseau dont la proue est tournée vers le Nord, secteur le plus vulnérable, c'était l'ultime bastion de la défense. A l'intérieur une salle abrite des armes et des objets (poteries, vitraux...) provenant de fouilles effectuées dans les fossés.

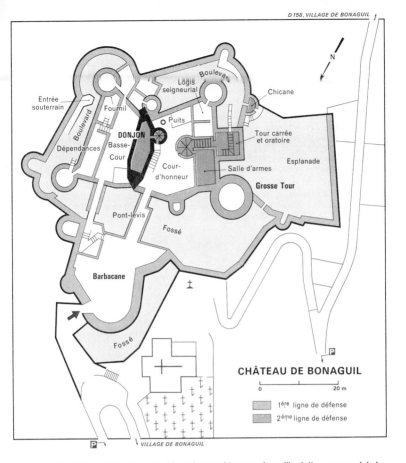

N

Logis seigneurial

Boulevard

Chicane

Entrée souterrain

Fournil

Boulevard

DONJON

Puits

Dépendances

Basse-Cour

Tour carrée et oratoire

Esplanade

Cour-d'honneur

Salle d'armes

Grosse Tour

Pont-levis

Fossé

Barbacane

Fossé

CHÂTEAU DE BONAGUIL

0   20 m

1ère ligne de défense

2ème ligne de défense

Un puits taillé dans le roc, des dépendances (dont un fournil) où l'on accumulait les provisions, des cheminées monumentales, un réseau d'écoulement des eaux fort bien conçu, des fossés intérieurs secs, voire des tunnels admirablement voûtés constituant de véritables axes de circulation rapide des troupes, permettaient à près d'une centaine d'hommes de soutenir un siège.

BORIES (Château des)

Carte Michelin n° 75 pli 6 (12 km au Nord-Est de Périgueux).

Situé au bord de l'Isle, il fut construit au 16e s. par la famille de St-Astier.
Le château se compose d'un corps de logis flanqué de deux tours rondes et d'une grosse tour carrée à mâchicoulis. Son **architecture intérieure**★ est remarquable.
Un escalier monumental s'élève dans la tour carrée, l'espace central étant occupé à chaque étage par une petite pièce ; celle du bas est un oratoire gothique. La cuisine, voûtée d'arêtes comporte deux vastes cheminées sous arcs surbaissés. La salle des gardes offre un curieux voûtement reposant sur des trompes portées par des ogives partant d'une colonne centrale. Dans la grande galerie, meublée Louis XIII, belle cheminée Renaissance et tapisserie verdure des Flandres.

★ BOURDEILLES   728 h. (les Bourdeillais)

Carte Michelin n° 75 pli 5 — Schéma p. 80 — Lieu de séjour.

Le bourg se dresse au pied de l'imposant château de Bourdeilles bâti sur des rochers dominant la Dronne ; dans ces murs naquit, en 1540, le chroniqueur Brantôme (p. 51).

Une place convoitée. — En 1259, Saint Louis cède aux Anglais le Périgord et Bourdeilles, sa première baronnie. Cet abandon met le pays en émoi et divise la famille de Bourdeille : les aînés soutiennent les Plantagenêts tandis que les Maumont, de la branche cadette, tiennent pour les Capétiens. Un peu plus tard, à la suite d'intrigues et de procès, Géraud de Maumont épaulé par Philippe le Bel, dont il est le conseiller, s'empare du château ancestral. Il en fait une forteresse. Philippe le Bel, pour manifester sa puissance en Périgord, échange des terres d'Auvergne contre Bourdeilles et installe en pleine paix une garnison sur le fief de ses ennemis anglais.

Le sourire de la Renaissance. — C'est à Jacquette de Montbron, femme d'André de Bourdeille et belle-sœur de Pierre de Brantôme, que l'on doit les plans du château du 16e s., car « sur tous les arts, elle aima fort la géométrie et architecture, y étant très experte et ingénieuse... ». Les travaux, rapidement menés dans l'espoir d'une visite de Catherine de Médicis, furent abandonnés avant leur achèvement, cette visite ayant été décommandée. La partie Renaissance du château, intéressant témoin de cette période, jette une note gaie dans l'ensemble des constructions du 13e s.

49

★LE CHÂTEAU *visite : 1 h 1/2*

⊙ On atteint l'esplanade sur laquelle s'élèvent les deux châteaux, l'un du 13e s., l'autre du 16e s. ; après avoir franchi la première enceinte fortifiée, on passe sous le chemin de ronde pour pénétrer dans la seconde enceinte et déboucher dans la cour des communs plantée d'un beau cèdre. Une porte Renaissance dite « porte des Sénéchaux » s'ouvre sur la troisième enceinte.

Château médiéval. — Construit par Géraud de Maumont sur des fondations plus anciennes, d'où son nom de « Château neuf », cet édifice sévère du 13e s. est entouré d'une enceinte quadrangulaire. A l'intérieur le logis comprend une vaste salle qui sert aujourd'hui de cadre à des expositions. Il est surmonté d'un donjon octogonal, aux murs épais de 2,40 m, couronné de mâchicoulis.

De la plate-forme supérieure du donjon, on embrasse du regard l'ensemble du château et l'on a une **vue** plongeante sur la Dronne et le vieux moulin *(voir ci-dessous).*

Château Renaissance. — Sobre et élégant, il se compose d'un corps de logis rectangulaire et d'un pavillon en retour d'équerre. Il abrite un remarquable **mobilier★★** réuni par deux mécènes, M. Santiart et Mme Bulteau, qui en firent don au département de la Dordogne, propriétaire du château.

Au rez-de-chaussée, la galerie renferme des coffres des 15e et 16e s. et un splendide panneau bourguignon du 16e s. : l'Éducation de l'Enfant Jésus. Dans une salle attenante, gisant de Jean de Chabannes et saint-sépulcre provenant du prieuré de Montgé. La salle des armures au beau carrelage ancien abrite des malles de corsaires et une magnifique table Renaissance.

Au 1er étage, la salle à manger avec sa cheminée du 16e s., sculptée de palmettes, et la chambre gothique précèdent le **« salon doré »** somptueusement décoré. Il a conservé son plafond à la française, ses boiseries et des peintures dues à Ambroise Le Noble, artiste de l'école de Fontainebleau. Remarquer, en particulier, une magnifique tapisserie d'après un carton de Laurent Guyot, représentant François 1er et ses fauconniers.

Au 2e étage, dans trois salles, on peut voir des peintures espagnoles des 15e et 16e s., des cabinets « à secret », un lit à baldaquin du 16e s., des fauteuils de cuir gaufré de Cordoue, une table octogonale du 17e s. et surtout le **« lit de Charles Quint »** surchargé d'ors et de sculptures.

Du chemin de ronde, à l'extrémité du promontoire surplombant la Dronne, se révèle une très jolie **vue★** sur le château et son site : un pont gothique à avant-becs, un vieux moulin en forme de bateau coiffé de tuiles rondes et la rivière aux eaux vertes venant lécher les rochers.

*Pour voyager, utilisez les **cartes Michelin** à 1/200 000.*
Elles sont constamment tenues à jour.

La BOURIANE

Carte Michelin n° 79 plis 6, 7.

De Gourdon à la vallée du Lot et à l'Ouest de la N 20 s'étend la Bouriane, région où les formations calcaires disparaissent sous des sables sidérolithiques (ferrugineux) aux belles couleurs rouge et ocre. Ces sols sont propices aux plantations de châtaigniers et de pins et à la culture du seigle. Une multitude de rivières sillonnent le plateau créant des paysages vallonnés et boisés où se dispersent les fermes.

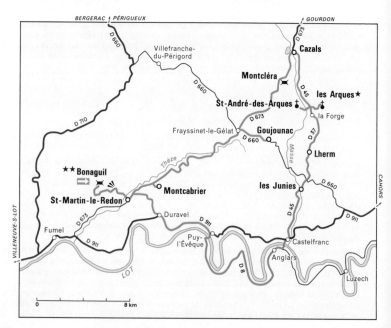

Circuit au départ de Bonaguil

97 km — environ 3 h — schéma p. 50

★★**Bonaguil.** — *Page 48.*

Prendre la route qui mène à St-Martin-le-Redon.

Une très belle **vue**★ s'offre sur le château de Bonaguil dressant sa fantastique silhouette dans son écrin de bois.

St-Martin-le-Redon. — 249 h. Ce joli village est connu pour les eaux de la source St-Martial qui avaient la réputation de guérir les maladies de peau.

Prendre le D 673 puis tourner à droite vers Montcabrier.

Montcabrier. — 352 h. La bastide fut fondée en 1297 par Guy de Cabrier qui lui donna son nom puis dotée d'une charte de franchises par Philippe le Bel.
Autour de la place quelques maisons anciennes, dont la maison de la Cour royale (16e s.), occupent encore le tracé régulier du plan d'origine.
L'église, reconstruite en partie au 14e s., présente un portail flamboyant restauré surmonté d'un joli clocher ajouré. A l'intérieur une statue rustique (14e s.) de Saint Louis, le saint patron de la paroisse, est entourée d'ex-voto. Cette statue faisait l'objet d'un pèlerinage local.

Revenir au D 673 et le suivre jusqu'à Frayssinet-le-Gélat puis tourner à droite dans le D 660.

Goujounac. — 184 h. Autour de l'église se trouvait autrefois un prieuré roman dont il reste quelques vestiges. Sur le mur Sud, le tympan roman, représentant un Christ en majesté bénissant entouré des symboles des quatre évangélistes, est l'œuvre d'un artiste quercynois probablement influencé par le tympan de Beaulieu-sur-Dordogne.

Revenir à Frayssinet-le-Gélat et tourner à droite dans le D 673.

Château de Montcléra. — De la fin du 15e s., il présente une porte d'entrée fortifiée derrière laquelle se profilent le donjon carré et un corps de logis flanqué de tours rondes couronnées de mâchicoulis.

Cazals. — 472 h. Cette ancienne bastide des rois d'Angleterre s'organise autour de sa grand-place carrée. Un plan d'eau a été aménagé au bord de la Masse.

Prendre le D 45 qui longe la vallée de la Masse puis, après 6 km, tourner à droite vers l'église St-André-des-Arques.

Église St-André-des-Arques. — *Page 39.*

Revenir au D 45 et continuer tout droit vers les Arques.

★**Les Arques.** — *Page 39.*

Reprendre le D 45 et à la Forge le D 37.

Lherm. — 228 h. Dominées par le clocher, une tourelle et quelques pigeonniers, les solides constructions de calcaire blanc aux toits très pentus couverts de petites tuiles brunes, confèrent un cachet pittoresque à ce village.
L'église, ancien siège d'un prieuré perdu dans ce vallon boisé, présente une abside romane. Elle a été remaniée au 16e s. : porte soignée de style Renaissance.

Continuer le D 37.

Les Junies. — 250 h. Le château du 15e s., flanqué de tours rondes, s'orne d'élégants fenestrages Renaissance. A l'écart du village, l'église du 14e s., édifice sobre et puissant, impressionne par ses proportions. Elle faisait partie d'un prieuré, rattaché aux Dominicains en 1345, qui avait été fondé par l'un des seigneurs du lieu, Gaucelin des Junies, cardinal d'Albano.

Le D 45 conduit à Castelfranc dans la vallée du Lot. Traverser le Lot et, à Anglars, rejoindre l'itinéraire de la vallée du Lot (p. 96) qui vous ramènera à Bonaguil.

★★ BRANTÔME

2 101 h. (les Brantômais)

Carte Michelin n° 75 pli 5 — Schéma p. 80 — Lieu de séjour.

Brantôme se tapit dans la riante vallée de la Dronne. Son ancienne abbaye et son **site**★ pittoresque en font l'une des localités les plus agréables du Périgord.

UN PEU D'HISTOIRE

Le chroniqueur Brantôme. — La célébrité littéraire de **Pierre de Bourdeille,** plus connu sous le nom de Brantôme, rejaillit sur la vieille abbaye dont il fut abbé commendataire. Brantôme mène tout d'abord une vie de guerrier et de courtisan, accompagne Marie Stuart en Écosse, parcourt l'Espagne, le Portugal, l'Italie et même l'Afrique. Des aventures extravagantes lui permettent d'entrer dans l'intimité des grands.
Après avoir bataillé à Jarnac, en 1569, il se retire dans son abbaye et commence ses fameuses chroniques. Au cours des guerres de Religion, les huguenots menacent à deux reprises de ruiner le monastère et il lui faut user de toute sa diplomatie auprès de Coligny pour le sauver du pillage. Sortant de sa retraite, il reprend du service à la cour comme chambellan de Charles IX. En 1584, une chute de cheval le rend infirme : il quitte alors pour toujours la cour des Valois et retrouve le calme de son monastère où il achève la rédaction de ses chroniques. Brantôme, qui doit sa renommée posthume à ses ouvrages Vies des hommes illustres et des grands capitaines et Vies des dames galantes, dans lesquels la morale et la vérité historique sont parfois fort maltraitées, est un conteur plein de verve, d'esprit et même de cynisme.
Ayant fréquenté Ronsard et les principaux écrivains de son temps, possédant le don de l'anecdote pittoresque et du détail piquant, il doit à la pureté de son style d'avoir servi de modèle à de nombreux écrivains.

CURIOSITÉS

★★**Bords de la Dronne.** — Il faut flâner sur les bords de la Dronne, où les maisons anciennes reflètent leurs balcons fleuris et leurs treilles, et près de l'abbaye, dans les jardins joliment tracés le long de la rivière pour ressentir le charme de Brantôme, fait d'harmonie, de sérénité, de mesure et de douce lumière.

Un pont coudé du 16e s., aux arches inégales, et un pavillon Renaissance, s'ouvrant par des fenêtres à meneaux, forment avec l'abbaye adossée aux falaises de calcaire un élégant tableau.

Ancienne abbaye. — Fondée en 769 par Charlemagne qui lui remet les reliques de saint Sicaire, l'abbaye de Brantôme suit la règle de saint Benoît ; ses reliques attirent la foule des pèlerins. Saccagée par les Normands, elle est reconstruite au 11e s. par l'abbé Guillaume. Mise en commende au 16e s., elle eut comme abbé commendataire Pierre de Mareuil, qui construisit les bâtiments les plus intéressants, puis son neveu Pierre de Bourdeille *(voir p. 51)*. Les bâtiments qui subsistent furent élevés au 18e s. par Bertin, intendant du Périgord.

Église abbatiale. — Les deux coupoles ont été remplacées au 15e s. par des voûtes angevines, compromis entre la croisée d'ogives et la coupole. La nef est sobre et élégante ; trois fenêtres en tiers-point surmontées d'une baie en croix éclairent le chevet plat.

Le baptistère est orné d'un bas-relief en pierre, du 14e s., figurant le Baptême du Christ.

Sous le porche, le bénitier, qui repose sur un beau chapiteau roman orné d'entrelacs, est surmonté d'un autre bas-relief, du 13e s., représentant le Massacre des Innocents. Près du portail principal subsiste une galerie de cloître où l'on peut entrer : on aperçoit l'ancienne salle capitulaire dont la voûte en palmier repose sur une colonne centrale.

★★**Clocher.** — Isolé de l'église, il est construit sur un rocher abrupt de 12 m de hauteur sous lequel s'ouvrent de vastes cavernes. Édifié au 11e s., c'est le plus ancien des clochers romans limousins à gâbles. Il se compose de quatre étages légèrement en retrait les uns par rapport aux autres, coiffés d'une pyramide quadrangulaire en pierre. L'étage du rez-de-chaussée est voûté d'une coupole archaïque où le passage du carré à l'ellipse est obtenu par des voutains triangulaires retombant sur des colonnes en marbre, réemploi d'une construction probablement mérovingienne. Les trois autres étages sont percés de baies en plein cintre retombant sur des colonnes à chapiteaux rustiques.

Bâtiments conventuels. — Ils sont aujourd'hui occupés par la mairie et le musée. Les deux pavillons situés aux ailes sont de pur style du 18e s., de même que le corps de bâtiment central.

A l'intérieur, le bel escalier monumental de l'abbaye, du 17e s., conduit à l'ancien dortoir des moines, couvert d'une belle charpente. L'escalier de style Renaissance, qui mène à la mairie, a été exécuté au 19e s.

Grottes. — Dans les grottes situées derrière l'abbaye, les moines avaient établi des dépendances : boulangeries et caves. Dans la plus importante, à même le roc ont été sculptées de vastes compositions représentant, l'une, le Jugement dernier et l'autre, une crucifixion d'inspiration italienne qui dateraient de la seconde moitié du 15e s.

A côté jaillit la fontaine de saint Sicaire.

Musée Fernand-Desmoulin. — Installé dans l'ancienne abbaye, ce musée, totalement rénové, présente d'abord des **collections d'art préhistorique** provenant des fouilles de la région, avec l'industrie qui les accompagnait (silex et os).

Dans d'autres salles on a disposé des œuvres de peintres locaux. La pièce du fond est consacrée aux œuvres hallucinantes de F. Desmoulin, né en 1835 près de Nontron ; curieux exemple d'automatisme, ces peintures ont été exécutées sous l'empire d'un médium.

EXCURSIONS

Château de Richemont. — *7 km au Nord-Ouest. Quitter Brantôme par le D 939 et prendre à droite la route en direction de St-Crépin-de-Richemont. A 1 km, une allée à droite mène au château.*

Cette grosse bâtisse, constituée de deux corps de logis placés en équerre, a été construite à la fin du 16e s. par le chroniqueur Brantôme. A sa mort en 1614, il a été inhumé dans la chapelle, située au rez-de-chaussée de la grosse tour d'angle carrée. Il y avait inscrit son épitaphe. Au premier étage du bâtiment d'entrée se trouve la chambre de Brantôme, ornée de boiseries.

★**Vallée de la Dronne.** — Page 79.

LES GUIDES VERTS MICHELIN

Paysages
Monuments
Routes touristiques
Géographie
Histoire, Art
Itinéraires de visite régionaux
Lieux de séjour
Plans de villes et de monuments

Une collection de guides régionaux sur la France.

BRIVE-LA-GAILLARDE

54 032 h. (les Brivistes)

Carte Michelin n° 75 pli 8 — Schéma p. 55.

Brive qui doit son surnom de « la Gaillarde » au courage qu'elle déploya lors des nombreux sièges qu'elle eut à soutenir, est une ville active dans la plaine alluviale de la Corrèze, au centre d'un riche et lumineux bassin où prospèrent les cultures maraîchères et fruitières.

Située au carrefour du Bas-Limousin, du Périgord et des causses du Quercy, Brive est un important nœud ferroviaire et tend à devenir la capitale économique de la région.

Ses principales industries sont les conserveries de produits alimentaires qui collectent les fruits et légumes dans un vaste périmètre à la ronde.

Le plan de Brive offre un exemple privilégié de l'extension concentrique d'une ville à partir d'un petit noyau ancien dont le cœur est l'église St-Martin.

Une brillante carrière. — Fils d'un apothicaire de Brive, **Guillaume Dubois** (1656-1723) entre dans les ordres, devient précepteur de Philippe d'Orléans et Premier ministre lorsque celui-ci est nommé Régent pendant la minorité de Louis XV. Il cumule alors les charges et les dignités, est nommé archevêque de Cambrai et reçoit le chapeau de cardinal. Recherchant l'alliance de l'Angleterre, il assure à la France une longue période de paix.

Un glorieux soldat. — Engagé volontaire en 1791, le grenadier **Brune** devient en 1798 général en chef de l'armée d'Italie, puis remporte en Hollande, l'année suivante, les victoires de Bergen et du Helder. Symbole de la France révolutionnaire, il meurt assassiné en Avignon, en 1815, victime de la Terreur Blanche : son corps profané est jeté dans le Rhône.

LA VIEILLE VILLE *visite : 1 h 1/2*

Occupant le noyau central délimité par la première ceinture de boulevards, le quartier ancien a fait l'objet d'une importante rénovation mariant, souvent avec bonheur, bâtiments anciens et modernes uniformisés par la chaude couleur du grès.

Église St-Martin (ABZ). — Seuls le transept, les absides et quelques chapiteaux sont d'époque romane, vestiges d'un établissement monastique du 12e s. A l'intérieur, une coupole octogonale sur pendentifs plats de type limousin couvre le carré du transept.

La nef et les bas-côtés datent du 14e s. et le chœur a été fidèlement reconstruit par le cardinal Dubois au 18e s. On remarquera une cuve baptismale du 13e s.

A l'extérieur, admirer les beaux chapiteaux historiés et la corniche à modillons des absidioles.

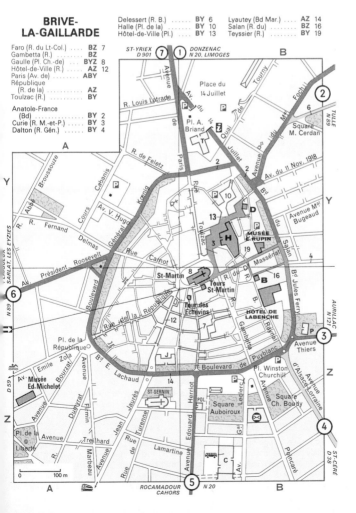

**BRIVE-
LA-GAILLARDE**

Delessert (R. B.)	**BY**	6
Halle (Pl. de la)	**BY**	10
Hôtel-de-Ville (Pl.)	**BY**	13
Lyautey (Bd Mar.)	**AZ**	14
Salan (R. du)	**BZ**	16
Teyssier (R.)	**BY**	19

Faro (R. du Lt-Col.)	**BZ**	7
Gambetta (R.)	**BZ**	
Gaulle (Pl. Ch.-de)	**BYZ**	8
Hôtel-de-Ville (R.)	**AZ**	12
Paris (Av. de)	**ABY**	
République (R. de la)	**AZ**	
Toulzac (R.)	**BY**	

Anatole-France (Bd)	**BY**	2
Curie (R. M.-et-P.)	**BY**	3
Dalton (R. Gén.)	**BY**	4

Tour des Échevins (BZ). — Dans l'étroite rue des Échevins un hôtel s'orne d'une gracieuse tour Renaissance en encorbellement où s'ouvrent des fenêtres à croisillons de pierre.

Tours St-Martin (BZ). — Les deux tours des 15ᵉ et 16ᵉ s. se dressent sur la place Krüger.

Prendre la rue du Dr-Massenat, tourner à droite dans la rue Raynal puis à gauche dans la rue Salan.

Au coin de ces deux rues se trouve l'hôtel des Bruslys (**BZ B**) du 18ᵉ s.

Tourner à droite dans le boulevard Jules-Ferry.

⊘ **★Hôtel de Labenche** (BZ). — Bâti en 1340 par Jean de Calvimont, seigneur de Labenche, garde-scel du roi pour le Bas-Limousin, ce magnifique spécimen de la Renaissance toulousaine est le plus remarquable édifice de la ville.

De la cour intérieure on découvre les deux corps de logis en équerre qui soutiennent les grandes arcades.

La coloration dorée de la pierre met en valeur la beauté de la décoration : fenêtres à meneaux ornées de festons, de fines colonnettes et surmontées de bustes d'hommes et de femmes sortant de fausses baies.

Actuellement en cours de restauration, cet hôtel est appelé à recevoir les collections du musée de Brive.

Revenir à la rue du Dr-Massenat.

⊘ **Musée Ernest-Rupin** (BY). — Il est installé dans l'ancien couvent des abbesses de Bonnesaigne du 16ᵉ s.

Prendre à droite la rue Teyssier.

Ancien collège des Doctrinaires (BY H). — Aujourd'hui occupés par les services de l'hôtel de ville, ces bâtiments du 17ᵉ s. présentent sur la rue Teyssier une façade de belle ordonnance classique donnant sur une cour fermée par un mur décoré d'une colonnade.

Place de l'Hôtel-de-Ville (BY 13). — Sur ce vaste espace dégagé s'imbriquent les bâtiments modernes du Crédit Agricole et d'anciens hôtels à tourelles dont la **maison Treilhard** (D) qui date du 16ᵉ s. Elle présente deux corps de logis reliés par une tour ronde s'ornant elle-même d'une échauguette.

La rue Pierre-et-Marie-Curie ramène à l'église St-Martin en passant devant l'autre façade de l'hôtel de ville.

AUTRE CURIOSITÉ

⊘ **Musée Edmond-Michelet** (AZ). — Il retrace l'histoire de la Résistance et de la déportation à travers des peintures, photos, affiches, documents originaux ayant trait aux camps, spécialement à Dachau où fut interné Edmond Michelet, ancien ministre du général de Gaulle.

EXCURSIONS

★① Aubazine. — *14 km par N 89 et D 48 — schéma p. 55. Description p. 41.*

★② Circuit de 54 km par Collonges-la-Rouge et Turenne. — *Environ 3 h — schéma p. 55.* Quitter Brive par ④ *du plan.* Le D 38, pittoresque, offre de belles vues sur ce pays vallonné et l'on aperçoit le château de Turenne couronnant une butte.

Château de Lacoste. — Cette ancienne place forte, bâtie en grès de la région, se compose d'un corps de logis flanqué de trois tours rondes du 13ᵉ s. et complété au 15ᵉ s. par une élégante tourelle d'escalier polygonale.

A Noailhac on pénètre dans le pays du grès rouge, matériau qui servit à construire ces villages aux si belles tonalités. On aperçoit bientôt le plus fameux, Collonges-la-Rouge, émergeant de son écrin de verdure.

★★Collonges-la-Rouge. — *Page 69.*

La route passe au pied du Puy-Rouge.

Meyssac. — 1 255 h. Lieu de séjour. Au centre de cette région vallonnée où abondent noyers, peupliers, vignes et arbres fruitiers, Meyssac, comme Collonges, est bâtie en grès rouge.

L'**église** est un curieux assemblage : l'intérieur gothique s'accompagne d'un clocher-porche fortifié par des hourds et d'un portail en calcaire roman limousin s'ornant de petits chapiteaux décorés d'animaux et de feuillages.

A côté de l'église, la **halle** du 18ᵉ s., dont la charpente repose sur des piliers et des colonnes intercalés, s'élève au milieu d'une place bordée de belles demeures, certaines ornées de tours.

Quelques maisons à encorbellements, à auvents et à pans de bois achèvent de conférer à ce village son cachet pittoresque. La terre rouge, dite « terre de Collonges » a donné naissance à un artisanat de la poterie qui s'est particulièrement développé à Meyssac.

Le D 14, puis les D 28 et D 28ᴱ à droite mènent à Saillac.

Saillac. — 143 h. Le village apparaît au milieu des noyers et des champs de maïs.

La petite **église** romane présente un portail, précédé d'un narthex surmonté d'un très beau **tympan★** en pierre polychrome, relativement rare au 12ᵉ s. Ce tympan figure l'Adoration des Rois Mages, le registre supérieur montre la Vierge et l'Enfant Jésus entourés de saint Joseph et des Rois Mages ; au registre inférieur, apparaissent le

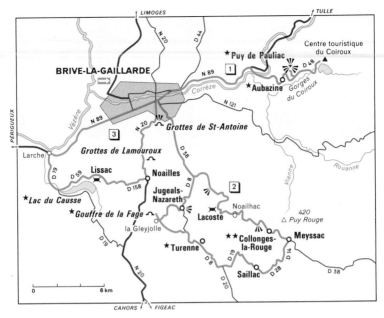

léopard ailé et un ange maîtrisant le Léviathan. Le tympan repose sur un trumeau composé de quatre colonnes torsadées, ornées de feuillages perlés et de scènes de chasse, qui provient probablement d'un monument païen.

Dans le chœur, surmonté d'une coupole sur pendentifs, beaux chapiteaux historiés.

Gagner le D 19 que l'on prend à gauche puis tourner à droite dans le D 8.

★**Turenne.** — Page 140.

Poursuivre le D 8 puis tourner à gauche vers la Gleyjolle.

★**Gouffre de la Fage.** — Page 141.

Faire demi-tour et tourner à gauche pour rejoindre le D 73 que l'on prend à droite.

Jugeals-Nazareth. — 502 h. Ce village fut fondé par Raymond Ier de Turenne au retour de la première croisade. Celui-ci y installa une maladrerie confiée à l'ordre des Templiers. Quelques vestiges de l'ancienne chapelle des Templiers subsistent mais l'on admirera surtout les maisons des 14e, 15e et 16e s.

Le D 8 et le D 38 ramènent à Brive-la-Gaillarde.

★**3 Lac du Causse.** — *Circuit de 33 km — environ 2 h — schéma ci-dessus. Quitter Brive par ⑤ du plan, N 20.* La route s'élève aussitôt au-dessus du bassin de Brive.

Grottes de St-Antoine. — Creusées dans le grès, les grottes où saint Antoine de Padoue se retirait lorsqu'il séjournait à Brive, forment un sanctuaire de plein air. Les Franciscains assurent l'accueil du pèlerinage. En suivant le chemin de Croix on arrive au sommet de la colline d'où l'on découvre une belle vue sur Brive.

Prendre la petite route signalée à gauche.

Grottes de Lamouroux. — Utilisées par l'homme aux périodes d'insécurité, elles comptent un grand nombre de cavités superposées sur cinq étages et forment un ensemble pittoresque.

Noailles. — 515 h. Noailles occupe un site agréable dans un paysage de collines verdoyantes. Le village est dominé par le château et l'église perchés sur un coteau.

L'**église** coiffée d'un clocher à peigne de style limousin présente une abside et un chœur romans avec des colonnettes ornées de chapiteaux historiés très réalistes (estropiés soutenus par des béquilles). Dans la nef voûtée d'ogives, de nombreuses plaques rappellent le souvenir de plusieurs membres de la famille de Noailles. On remarquera un tableau de Claude Gillot, maître de Watteau, Les Apprêts de la crucifixion.

Le **château** Renaissance, berceau de l'illustre famille de Noailles, est décoré de fenêtres surmontées de pinacles dont le fronton s'orne de médaillons et d'anges portant les armes de la famille.

De Noailles, prendre le D 158 à l'Ouest.

La route s'élève vers le causse corrézien, pays de calcaire blanc et d'argile jaune où poussent le genévrier et le chêne, puis parvient en vue du lac.

★**Lac du Causse.** — Appelé aussi lac de Chasteaux, cette superbe étendue d'eau de 90 ha, enchâssée dans la riante vallée de la Couze dont les versants forment un écrin de verdure, a été aménagée en base de loisirs avec baignade, voile, ski nautique, planche à voile, aviron...

Le D 158 mène à Lissac.

Lissac. — Se détachant sur le lac, apparaît un beau manoir massif flanqué d'échauguettes, ancienne tour militaire des 13e et 14e s. A côté, l'église est surmontée d'un clocher à peigne.

Le D 59 domine le lac puis rejoint le D 19 qui mène à Larche. Là, prendre la N 89 pour revenir à Brive-la-Gaillarde.

Carte Michelin n° 💿 pli 19 — Schéma p. 127.

Bruniquel, couronnée par la silhouette de son château, occupe un **site**★ pittoresque au débouché des gorges que l'Aveyron creuse dans le causse de Limogne.

Si l'on en croit Grégoire de Tours, la fondation d'une forteresse par **Brunehaut** serait à l'origine de la localité. Le souvenir de cette princesse, fille du roi des Wisigoths et épouse de Sigebert, roi d'Austrasie, se perpétue dans le nom d'une tour du château. Sa rivalité avec Frédégonde a, par sa cruauté, ensanglanté l'Austrasie et la Neustrie au 6e s., et sa mort est célèbre par son atrocité : elle fut attachée par les cheveux, un bras et une jambe, à la queue d'un cheval indompté qui la mit en pièces.

★**Vieux bourg.** — Avec ses ruelles en pente bordées de vieilles demeures coiffées de tuiles rondes, ses vestiges de fortifications, ses portes de ville et son beffroi, Bruniquel offre au touriste l'occasion d'une agréable promenade.

Château. — Bâti en belle pierre jaune, le château présente, sur des assises remontant, croit-on, au 6e s., diverses parties allant du 12e au 18e s. Sur l'esplanade précédant les principaux corps de bâtiment, s'élève la barbacane qui défendait du côté du village les approches du château. Une grosse tour carrée porte le nom de la reine Brunehaut qui, si l'on en croit la légende, posséda ce château.

A l'intérieur, la salle des Chevaliers, des 12e et 13e s., est décorée de colonnettes à chapiteaux. D'une petite terrasse, près de la chapelle, on découvre une vue agréable sur la vallée. Un escalier conduit au 1er étage : la salle des Gardes est ornée d'une belle cheminée du 17e s., au décor baroque.

Dans le château seigneurial, une galerie Renaissance surplombe la falaise creusée d'abris sous roche et offre une **vue**★ étendue sur un méandre de la rivière.

EXCURSION

Montricoux. — 754 h. Lieu de séjour. *Au Nord-Ouest, 6 km.*
Montricoux est bâtie en terrasses sur la rive droite de l'Aveyron, dans une large plaine. Les murs de son ancienne enceinte existent toujours, ainsi qu'un donjon carré, vestige d'un château du 13e s. La place Marcel-Lenoir et certaines .ruelles ont conservé de pittoresques maisons à encorbellements et à colombages des 13e, 14e, 15e et 16e s.

Dans les pages en fin de volume,
figurent d'indispensables renseignements pratiques :

— Conditions de visite des sites et des monuments ;
— Organismes habilités à fournir toutes informations...

Carte Michelin n° 💿 pli 16 — Schéma p. 76.

Fondée en 1115 par Robert d'Arbrissel, dans un étroit vallon proche de la forêt de la Bessède, l'abbaye de Cadouin, affiliée peu de temps après sa fondation à l'ordre de Cîteaux, a connu au Moyen Âge une grande prospérité.

L'église et le cloître, restaurés après la Révolution, forment un bel ensemble architectural.

Le saint suaire de Cadouin. — La mention de la relique n'apparaît dans les écrits qu'à partir du 13e s. Il s'agit d'un drap de lin, orné de bandes brodées, qui avait été rapporté d'Antioche par un prêtre périgourdin et qui passait pour le suaire ayant enveloppé la tête du Christ. Objet d'un culte fervent, cette relique vaut à Cadouin la double fonction de monastère cistercien et de centre de pèlerinage : devant elle, viennent s'agenouiller Richard Cœur de Lion, Saint Louis et Charles V. Menacée par les Anglais lors de la guerre de Cent Ans — le cloître roman et la plupart des bâtiments sont démolis —, l'abbaye confie la garde du saint suaire à Toulouse, puis à Aubazine, mais ne rentre en possession de son bien qu'à la fin du 15e s., après de longs procès et l'intervention du pape et de Louis XI. Une restauration importante est alors entreprise et de nouveaux bâtiments sont élevés, qui souffriront à leur tour pendant les guerres de Religion.

En 1934, des experts ont conclu à la non-authenticité du saint suaire de Cadouin, les bandes brodées portant des inscriptions coufiques du 11e s. L'évêque de Périgueux supprima alors le pèlerinage.

★**Église.** — Achevée en 1154, elle présente une puissante façade où se manifeste l'influence de la Saintonge : de larges contreforts recoupent verticalement trois registres horizontaux creusés de hautes baies encadrées de colonnettes et, dans le bas, d'un portail plein cintre surmonté de voussures. La sobriété de sa décoration — double arcade aveugle, à gauche du portail, et arcature de neuf arcs plein cintre sur colonnettes à l'étage supérieur — fait ressortir le ton jaune doré de l'appareil.

L'édifice, de belles proportions, se différencie de la règle cistercienne par un plan qui comprend une abside semi-circulaire et des absidioles en cul-de-four, par la coupole périgourdine surmontée d'un clocher pyramidal couvert de bardeaux de châtaignier, et par une décoration intérieure plus fouillée : fenêtres moulurées et chapiteaux ornés de feuillages et d'animaux stylisés, et, dans les deux bras du transept, élégants chapiteaux décorés d'entrelacs et de palmettes. Cependant, de l'équilibre des volumes et de la grandeur de l'ensemble émane cette atmosphère de spiritualité propre aux sanctuaires cisterciens.

★★ Cloître. — Grâce aux libéralités de Louis XI, le cloître fut édifié à la fin du 15e s. dans le style gothique flamboyant. Les travaux se poursuivirent jusque vers le milieu du 16e s., comme en témoignent les chapiteaux Renaissance de certaines colonnes. Malgré les mutilations dues aux guerres de Religion et à la Révolution, il fut au 19e s. l'objet d'un engouement romantique de la part des historiens et des archéologues, ce qui permit de le sauver et de le restaurer.

Aux quatre angles s'ouvrent de belles portes : la porte royale est ornée des armes de France et de Bretagne, Charles VIII et Louis XII ayant été les deux époux d'Anne de Bretagne, bienfaitrice de Cadouin. Les clefs de voûtes sont sculptées de petits personnages et de scènes pleines de verve. Dans la galerie Nord, on admire encore, face à l'escabeau du lecteur, le siège de l'abbé, timbré des armes de l'abbaye : de chaque côté sont représentées diverses scènes que prolonge une grande fresque figurant l'Annonciation. Des sujets empruntés à l'Ancien et au Nouveau Testament (Samson et Dalila, Jonas, Job...)

(D'après photo D. Repérant/Scope)
Cadouin. — Le cloître.

décorent les piliers en forme de tours de la galerie orientale, dite galerie royale. La salle capitulaire, restaurée récemment, et deux autres pièces ont été aménagées en **musée du pèlerinage**. On y voit des châsses, des bannières de pèlerinage, des vases sacrés... et surtout le fameux « saint suaire de Cadouin ».

EXCURSION

Circuit de 31 km. — *Environ 2 h. Quitter Cadouin par le D 25 à l'Ouest et prendre à droite le D 27.*

Molières. — 294 h. Cette ancienne bastide anglaise inachevée possède une église gothique dont la façade est flanquée d'une haute tour carrée de défense à deux étages.

St-Avit-Sénieur. — *Page 128.*

Suivre le D 25 en direction de Beaumont, puis à gauche le D 26 et une route à droite.

Ste-Croix. — 84 h. Ce village possède une charmante église romane près de laquelle se dressent les bâtiments en partie ruinés d'un ancien prieuré. Cette église du 12e s. présente une silhouette très pure. Sa nef couverte de tuiles rondes contraste avec le chevet et la chapelle absidiale, coiffés de lauzes. La façade est surmontée d'un clocher à pignons.

Montferrand-du-Périgord. — 185 h. Ce beau village étagé au-dessus de la Couze est dominé par son château à demi ruiné qui conserve un donjon du 12e s.

La halle aux beaux piliers anciens, les vieilles maisons, des pigeonniers, forment un ensemble pittoresque.

Dans le cimetière, au-dessus du village, une chapelle romane est décorée d'un bel ensemble de fresques murales des 12e, 13e, 14e et 15e s.

★★ CAHORS   20 774 h. (les Cadurciens)

Carte Michelin n° 79 pli 8 — Schémas p. 90, 96 et 98 — Lieu de séjour.

Enserrée dans un cingle (méandre) du Lot que dominent de hautes collines rocheuses, Cahors, qui fut au Moyen Âge une florissante cité commerçante et universitaire, possède de précieux vestiges de son passé.

La ville qui n'occupa pendant des siècles que la partie Est de la presqu'île, l'a peu à peu complètement investie et aujourd'hui gagne les collines environnantes.

Le **boulevard Gambetta** (BYZ), cours méridional typique avec ses platanes, ses cafés et ses commerces est le grand axe Nord-Sud de la ville. Il y règne une animation qui rappelle le rôle de centre commercial de Cahors.

Préfecture du département du Lot, la ville a vu se multiplier les administrations et services publics où travaille une bonne partie de sa population.

Enfin son rôle touristique n'est pas négligeable. L'ancienne capitale du Quercy est, entre autres, un excellent point de départ pour la visite des vallées du Célé et du Lot.

La source divine. — L'antique Divona Cadurcorum, dont le nom devint Cadurca puis Cahors, doit sa naissance à la fontaine des Chartreux, belle résurgence qui alimente encore la ville en eau potable. Les Gaulois, puis les Romains, lui vouent un culte comme à une divinité. La ville s'épanouit : elle possède son forum, son théâtre, ses temples, ses thermes, ses remparts.

L'âge d'or. — Au 13e s., Cahors est l'une des grandes villes de France et connaît une période de prospérité économique, due en grande partie à l'arrivée de marchands et de banquiers lombards. Les Lombards ont le génie du négoce et de la banque, mais ils se livrent souvent à des opérations de « prêt à usure » assez peu recommandables. Les Templiers s'établissent à leur tour à Cahors ; la fièvre de l'or s'empare des Caduciens eux-mêmes et la cité devient la première place bancaire d'Europe : elle prête au pape, aux rois, possède même des comptoirs dans toutes les grandes foires jusqu'en Norvège et au Levant. Le mot « cahorsin », désignant alors les habitants de Cahors, est synonyme d'usurier. En 1322, le caducien Jacques Duèze devient pape sous le nom de Jean XXII. En 1332 il fonde dans sa ville natale une université qui est alors plus florissante que celle de Toulouse et qui fonctionnera jusqu'au 18e s.

Ville fidèle, roi ingrat. — Dès le début de la guerre de Cent Ans, les Anglais s'emparent de toutes les places du Quercy : seule Cahors demeure imprenable malgré la peste noire qui décime la moitié de sa population. Le traité de Brétigny, en 1360, cède Cahors aux Anglais, mais la ville invaincue refuse de se livrer. Le roi de France ordonne alors de remettre les clefs de la cité, tandis que les consuls s'écrient : « Ce n'est pas nous qui abandonnons le roi, mais lui qui nous livre à un maître étranger. » En 1450, quand les Anglais quittent le Quercy, Cahors est ruinée.

Cahors et la Réforme. — Après quelques décades de paix qui ont permis à Cahors de reprendre un certain essor, en 1540 la Réforme pénètre dans ses murs. Très rapidement la population se trouve divisée. En 1560 des protestants sont massacrés. Vingt-ans plus tard la ville est assiégée par les huguenots conduits par Henri de Navarre. L'assaut dure trois jours et se termine par un pillage en règle de la ville.

L'enfance de Gambetta. — Parmi les Caduciens célèbres, au premier rang desquels se placent le pape Jean XXII et les poètes Clément Marot (1496-1544) et Olivier de Magny (1529-1561), Léon Gambetta occupe une place à part. Né en 1838 de parents épiciers — son père était d'origine génoise et sa mère fille d'un pharmacien de Molières —, le jeune Gambetta met le jeu et l'école buissonnière au-dessus de toutes les leçons, rêve d'aventures et veut être marin ; pourtant, après un court séjour en pension, il montre une infatigable ardeur au travail, lit le grec et le latin à livre ouvert et remporte tous les prix. Assistant un jour à un procès en cour d'assises, le jeune collégien est profondément ému par ce dramatique spectacle : c'en est fait, Léon Gambetta sera avocat. En 1856, il quitte Cahors où il s'inscrit à la faculté de droit. Son extraordinaire carrière commence. Cet ardent patriote, membre du corps législatif, prend une part active à la déchéance de Napoléon III et à la proclamation de la République le 4 septembre 1870. Pour organiser sur la Loire la résistance à l'armée prussienne, il quitte Paris en ballon le 7 octobre. Il devient chef de l'Union républicaine, puis président de la Chambre en 1879 et président du Conseil en 1881-1882.

★★ PONT VALENTRÉ (AZ) *visite : 1/2 h*

Cet ouvrage constitue une remarquable manifestation de l'art militaire du Moyen Âge en France. Ses trois tours à mâchicoulis, ses parapets crénelés, ses avant-becs aigus rompant la succession des sept arches ogivales lui confèrent une hardiesse élégante. C'est de la rive droite du Lot, en amont de l'ouvrage, que l'on a la meilleure vue d'ensemble sur le pont Valentré, dont les tours s'élèvent à 40 m au-dessus de la rivière.

La légende. — Commencée en 1308, la construction se poursuit durant plus d'un demi-siècle et est liée à une légende où le diable a une part importante, encore que l'histoire tourne à son désavantage. Désespéré par la lenteur des travaux, l'architecte accepte de signer un pacte avec le diable : Satan apportera à pied d'œuvre tous les matériaux nécessaires et, s'il exécute fidèlement tous les ordres, l'homme lui abandonnera son âme. Le pont s'élève alors avec une rapidité prodigieuse, bientôt les travaux touchent à leur fin. L'architecte, ne tenant pas à goûter au supplice éternel, a l'idée de demander au diable de lui quérir de l'eau dans un crible. Après quelques vaines tentatives, Satan doit s'avouer vaincu.

(Photo R. G. Everts/Rapho)

Cahors. — Le pont Valentré.

Pour se venger, il écorne à son sommet la tour du milieu (dite tour du Diable). Chaque fois remplacée, la pierre tombait de nouveau. Lors de la restauration du pont, au siècle dernier, l'architecte la fit sceller solidement et fit sculpter sur l'angle de la pierre un petit diable faisant des efforts pour l'arracher.

L'ouvrage. — L'aspect initial du pont Valentré a été sensiblement modifié au cours des travaux de restauration entrepris en 1879 : la barbacane, qui renforçait encore sa défense du côté de la ville, a été remplacée par la porte actuelle.

Tel qu'il se présentait alors, il constituait une sorte de forteresse isolée commandant le passage du fleuve ; tandis que la tour centrale servait de poste d'observation, les tours extrêmes étaient fermées de portes et de herses : sur la rive gauche du Lot, un corps de garde et une demi-lune constituaient vers le Sud une protection supplémentaire. Ainsi organisé au point de vue militaire, l'ouvrage en imposa aux Anglais pendant la guerre de Cent Ans ainsi qu'à Henri de Navarre lors du siège de Cahors en 1580 : il ne fut donc jamais attaqué.

★CATHÉDRALE ST-ÉTIENNE ET SON QUARTIER
visite : 1 h

★Cathédrale St-Étienne (BY). — Elle doit à ses évêques et à son chapitre son allure de forteresse qui, tout en assurant leur sécurité en ces périodes troublées, renforçait leur prestige. Sur l'emplacement d'une église du 6e s., l'évêque Géraud de Cardaillac entreprend, à la fin du 11e s., la construction de l'édifice dont une grande partie existe encore. La porte Sud comprend un arc trilobé remontant à 1119. Le portail Nord date du 12e s., la réfection du chevet primitif, du 13e s. Au début du 14e s., on élève la façade occidentale et, sur l'initiative de l'évêque Guillaume de Labroue, cousin du pape Jean XXII, sont exécutées les peintures des coupoles.

Au début du 16e s., l'évêque Antoine de Luzech construit le cloître flamboyant et certaines de ses dépendances.

Extérieur. — La façade occidentale est formée de trois tours juxtaposées. Celle du centre, surmontée d'un beffroi, s'ouvre par un grand portail à deux baies. Au premier étage, une série d'arcatures encadre la rose. Des fenêtres à baies géminées complètent cette décoration qui ne parvient pas à atténuer le caractère militaire de cette façade.

★★Portail Nord. — Ancien portail roman de la façade principale, il a été accolé au côté Nord de la cathédrale avant la reconstruction de la façade actuelle. Le **tympan** *(schéma ci-contre)* a pour sujet l'Ascension. Exécuté vers 1135, il s'apparente par son style et sa technique à l'école languedocienne.

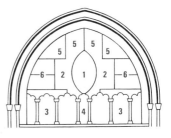

Au centre de la composition, dans une mandorle (gloire en forme d'amande), le Christ nimbé (1) s'élève debout, la main droite levée, la main gauche tenant un livre fermé. De chaque côté, un ange (2) explique le miracle aux apôtres qui, à la partie inférieure, se tiennent sous des arcatures trilobées (3) ; sous l'arcade centrale apparaît la Vierge (4), levant la main vers son Fils. Au-dessus du Christ, quatre angelots (5) sortent des nues pour l'accueillir et emporter son auréole. De part et d'autre du Christ et des anges, le sculpteur a fait figurer des épisodes de la vie de saint Étienne (6) : on reconnaît sa prédication, son arrestation par les Juifs, sa lapidation, l'apparition du ciel : la main divine protège le martyr.

L'abside de la cathédrale, dont la partie haute est soulignée par deux balustrades, donne une grande impression de puissance sans nuire à l'harmonie de l'ensemble.

Intérieur. — Pénétrant dans la cathédrale par le portail occidental, on traverse un narthex surélevé par rapport à la nef coiffée de deux vastes coupoles sur pendentifs.

L'opposition est frappante entre la nef, claire, et le chœur orné de vitraux et de peintures. En 1872, ont été mises au jour les fresques de la première coupole représentant, dans le médaillon central, la lapidation de saint Étienne, sur la couronne, les bourreaux du saint, et, dans les compartiments inférieurs, huit figures géantes de prophètes.

Le chœur et l'abside sont couverts de voûtes gothiques.

Parmi les chapelles rayonnantes, édifiées au 15e s., celle de St-Antoine s'ouvre sur le chœur par une belle porte flamboyante.

★Cloître (E). — Datant de 1509, c'est un cloître Renaissance qui fait suite à ceux de Carennac *(p. 63)* et de Cadouin *(p. 57)*. On y accède par une porte, à droite du chœur. En dépit de ses mutilations, il offre une riche décoration sculptée. Les galeries sont couvertes d'une voûte en étoile, dont les clefs étaient ornées de pendentifs : un seul subsiste au-dessus de la porte Nord-Ouest et représente Jésus aux cieux entouré d'anges. Les piédroits sont décorés de niches privées de leurs statues. Près de la porte du chœur, on remarque un escalier à rampe hélicoïdale, tandis que sur le pilier d'angle du Nord-Ouest est sculptée une gracieuse Vierge de l'Annonciation, aux longs cheveux tombant sur les épaules, drapée dans un manteau.

Dans la **chapelle St-Gausbert** on a découvert une fresque du Jugement dernier et des peintures sur voûte du 16e s. Elle abrite le trésor : vêtements liturgiques, statues, 93 portraits d'évêques de Cahors du 3e au 19e s.

Par la porte de l'angle Nord-Est du cloître, on gagne la cour intérieure de l'ancien archidiaconé St-Jean, remarquable par une jolie décoration Renaissance.

De la cathédrale, passer devant les halles et prendre la rue Nationale.

Rue Nationale (BZ). — C'était l'artère principale du quartier des Badernes, partie commerçante de la ville.

Au n° 16, une belle **porte** du 17e s. présente des panneaux décorés de fruits et de feuillages.

En face l'étroite rue St-Priest (**24**) a gardé l'aspect d'une ruelle médiévale.

Rue du Docteur-Bergounioux (BZ **13**). — Au n° 40, une demeure du 16e s. montre une intéressante façade Renaissance percée de fenêtres aux croisées sculptées, d'inspiration italienne.

Revenir sur ses pas et traverser la rue Nationale.

Rue Lastié (BZ **17**). — Au n° 35 remarquer les fenêtres de style rayonnant. Place St-Priest, un escalier en bois Louis XIII a été préservé, il desservait deux immeubles.

Au n° 117, une maison du 16e s. conserve son échoppe au rez-de-chaussée surmontée au premier étage de baies géminées. Au n° 156 des maisons en briques et pans de bois ont été restaurées.

Rue St-Urcisse (BZ **25**). — L'église St-Urcisse, fin du 12e s., s'ouvre par un portail du 14e s. A l'intérieur les deux piliers du chœur sont ornés de beaux chapiteaux historiés.

Dans cette rue plusieurs maisons à pans de bois présentent sous le toit une galerie ouverte, le « soleilho », où l'on mettait le linge à sécher.

⊙ **Maison de Roaldès** (BY L). — Appelée aussi maison de Henri IV (le roi de Navarre y aurait logé pendant le siège de Cahors en 1580), cette demeure de la fin du 15e s. a été restaurée en 1912. Elle appartint, à partir du 17e s., à une famille de notables du Quercy, dont elle porte le nom.

La façade Sud, à pans de bois, est surmontée d'un balcon et coiffée d'une grosse tour ronde.

La façade Nord donnant sur la place présente par sa décoration — portes et fenêtres à meneaux, motifs comprenant des roses, des soleils flamboyants et des arbres écotés — les éléments de l'école quercynoise du début du 16e s.

A l'intérieur, les différentes pièces, desservies par un escalier à vis, s'ornent de quelques meubles intéressants et surtout de belles cheminées sculptées où l'on retrouve la rose du Quercy et l'arbre écoté.

Remonter le quai Champollion jusqu'au pont Cabessut.

Pont Cabessut (BY). — De ce pont, on a une **vue★** intéressante sur le quartier haut de la ville ou quartier des Soubirous. A l'extrémité se dresse la tour des Pendus ou tour St-Jean, puis le clocher de l'église St-Barthélemy, la tour de Jean XXII, la tour du Château du roi et enfin celle du collège Pélegry.

La rue Clément-Marot longe le square Olivier-de-Magny.

Square Olivier-de-Magny. — Il est bordé de quelques belles maisons anciennes.

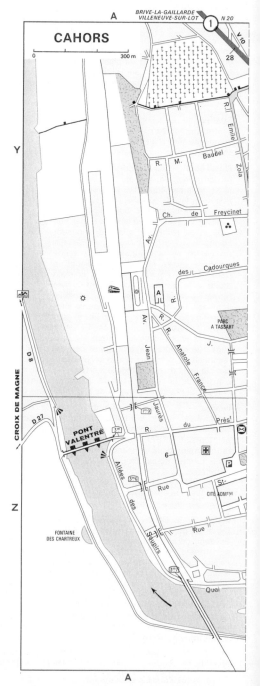

CAHORS

AUTRES CURIOSITÉS

★**Barbacane et tour St-Jean** (BY K). — La ligne des remparts, établie au 14e s., barrait entièrement l'isthme du Lot.

De ces fortifications subsistent quelques vestiges : une grosse tour, à l'Ouest, abrite une poudrière et l'ancienne porte St-Michel sert d'entrée au cimetière. C'est à l'Est, à l'endroit où la N 20 pénètre dans la ville, que s'élèvent les deux plus belles constructions fortifiées, la barbacane et la tour St-Jean. La barbacane, élégant corps de garde, protégeait la porte de la Barre. La tour St-Jean, ou tour des Pendus, est bâtie sur un rocher dominant le Lot.

⊙ **Église St-Barthélemy** (BY). — Bâtie dans le quartier le plus haut de la ville ancienne, cette église s'appelait jusqu'au 13e s. St-Étienne-de-Soubiroux, « sancti Stephani de superioribus », par opposition avec la cathédrale qui occupait le quartier bas. Reconstruite en plusieurs étapes dans sa forme actuelle, elle présente un beau clocher-porche rectangulaire à trois rangs de baies superposées en tiers-point ; ce clocher sans flèche, dont la base est du 14e s., est presque entièrement bâti en briques. La nef, voûtée d'ogives, est de style languedocien. Dans la chapelle la plus proche de

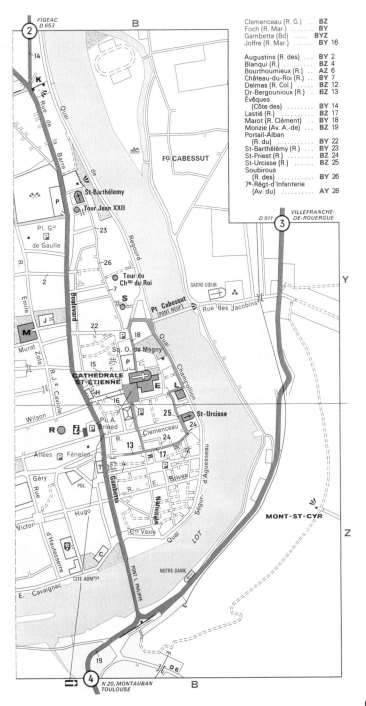

l'entrée, à gauche, une plaque de marbre et un buste rappellent que Jean XXII fut baptisé dans cette église. Les émaux cloisonnés qui ornent le couvercle des fonts baptismaux modernes ont pour thème les principaux événements de la vie du pape cadurcien.

De la terrasse proche de l'église : jolie vue sur le faubourg de Cabessut et la vallée du Lot.

Tour de Jean XXII (BY). — Seul vestige du palais de Pierre Duèze, frère de Jean XXII. Haute de 34 m, la tour, couverte de tuiles à l'origine, est percée de cinq étages de fenêtres géminées.

⊙ **Musée Henri-Martin** (BY M). — Le musée est installé dans l'ancien palais épiscopal. Une salle est consacrée au peintre toulousain Henri Martin (1880-1943) qui peignit de nombreux paysages et sites du Quercy. Dans d'autres salles sont évoqués les enfants les plus illustres de Cahors, le pape Jean XXII, Clément Marot et surtout Léon Gambetta. L'ancienne bibliothèque des évêques sert de cadre à une intéressante collection de céramiques. La chapelle a conservé ses boiseries, son plafond à caissons et son beau plancher de marqueterie. Les amateurs d'archéologie ne manqueront pas de voir, entre autres pièces intéressantes, un sarcophage, une mosaïque d'époque romaine et quelques sculptures des 15e et 16e s.

Tour du lycée (BZ R). — Des bâtiments du lycée Gambetta, ancien collège des jésuites, émerge une élégante tour octogonale du 17e s., en briques roses.

Tour du collège Pélegry (BY S). — Créé en 1368, le collège reçut d'abord 13 étudiants pauvres fréquentant l'Université. Ce fut, jusqu'au 18e s., l'un des établissements les plus importants de la ville. Il est surmonté d'une belle tour hexagonale du 15e s.

Tour du château du roi (BY). — Proche du collège Pélegry, l'actuelle prison fut autrefois résidence du gouverneur. Des deux tours et des deux corps de bâtiment construits au 14e s., subsiste la puissante tour dite « du château du roi ».

EXCURSIONS

★**Point de vue du Mont St-Cyr** (BZ). — *7 km par le pont Louis-Philippe, au Sud du plan, et le D 6, que l'on quitte, 1,5 km plus loin, pour gagner le Mont, en obliquant toujours à gauche. Du sommet (table d'orientation), se révèle une belle* **vue**★ *sur Cahors : l'opposition entre les quartiers neufs et les anciens, que sépare le boulevard Gambetta, artère vitale de Cahors, apparaît nettement, tandis que se profile à l'arrière-plan la silhouette du pont Valentré.*

★**Point de vue de la Croix de Magne** (AZ). — *5 km. A la sortie Ouest du pont Valentré, prendre à droite et aussitôt à gauche, puis, juste après l'école d'agriculture, tourner à gauche, ainsi qu'en haut de la montée. Des abords de la croix une* **vue**★ *s'offre sur le causse, le cingle du Lot, la ville de Cahors et le pont Valentré.*

★**Point de vue du Nord de la ville.** — *5 km. Prendre le V 10 qui s'embranche à droite sur la N 20 juste après la tour St-Jean. Cette route de crête procure de belles vues sur la vallée du Lot et le site de Cahors : la ville ancienne apparaît étagée en amphithéâtre, avec ses clochetons, ses tours crénelées et le pont Valentré.*

Actualisée en permanence,
la **carte Michelin au 200 000ᵉ** *bannit l'inconnu de votre route.*
Elle souligne les localités citées au **guide Michelin France** *(hôtels et restaurants)*
et montre l'extension de ses 500 plans de ville.
Au moment de choisir une étape ou de pénétrer dans une ville, quelle facilité !

Équipez votre voiture de **cartes Michelin** *à jour.*

CAPDENAC
1 033 h. (les Capdenacois)

Carte Michelin n° 79 pli 10 — Schéma p. 97.

Perchée sur un promontoire rocheux qu'enserre un « cingle » du Lot, Capdenac-le-Haut occupe un **site**★ remarquable. Cette petite ville, qui a conservé son aspect d'autrefois, domine Capdenac-Gare, un important nœud ferroviaire, qui s'est développé dans la vallée.

Uxellodunum. — Certains historiens ont voulu y voir l'emplacement de la place forte d'Uxellodunum, dernier bastion de la résistance de César, dont la localisation soulève de violentes polémiques (d'autres le situent au Puy d'Issolud près de Martel, *p. 103*). Des travaux importants, spécialement ceux en 1815, par les frères Champollion, dont l'égyptologue *(voir p. 85)*, ont apporté des éléments positifs et prouvé qu'elle compta parmi les cités gallo-romaines.

La ville des sièges. — Capdenac supporta au moins onze sièges au cours de son histoire. Elle eut un rôle de premier plan au Moyen Âge et était considérée comme l'une des positions-clef du Quercy.

Au 8e s., le roi Pépin le Bref s'empare d'une forteresse située à cet emplacement. Lors de la croisade des Albigeois, Simon de Montfort occupe Capdenac en 1209 et en 1214. Pendant la guerre de Cent Ans, les Anglais assiègent la ville, s'y installent et en sont délogés par le futur roi Louis XI.

Au début du 16e s., Galiot de Genouillac, grand maître de l'Artillerie sous le règne de François Ier *(voir p. 39)*, acquiert le château. Lors des guerres de Religion Capdenac devient une place protestante importante.

Enfin, après la mort de Henri IV, Sully s'y installa et y vécut plusieurs années.

LE VILLAGE *visite : 1/2 h*

Remparts. — Ils sont les vestiges de l'enceinte et de la citadelle des 13e et 14e s. La porte Nord (Comtale) par laquelle on pénètre dans le village, et la porte Sud (Vijane) subsistent.

⊙**Donjon.** — Cette puissante tour carrée, flanquée d'échauguettes d'angle (13e-14e s.), abrite le syndicat d'initiative et un petit **musée** évoquant l'histoire de Capdenac. La « déesse de Capdenac-le-Haut », statue néolithique datée de 3150 av. J-C, dont on voit un moulage, est considérée comme l'une des plus anciennes sculptures trouvées en France.

De la place, où se trouve le donjon, partent les rues de la Peyrolie et de la Commanderie bordées de maisons en encorbellement, à pans de bois et arcs en ogives.

⊙**Fontaine romaine — dite des Anglais.** — Un escalier pentu de 135 marches creusé dans la falaise au-dessus de Capdenac-Gare, mène à deux bassins aménagés dans une grotte. Champollion, inspiré par cet endroit, écrivit « On dirait l'antre révéré d'un oracle où l'on va chercher sa destinée ».

Points de vue. — Autour du promontoire on trouve plusieurs points de vue. D'une terrasse, proche de l'église, la **vue**★ se porte sur un méandre du Lot et la vallée quadrillée de cultures. Du côté Est, une autre terrasse surplombe Capdenac-Gare.

*Si vous cherchez un hôtel agréable, tranquille, bien situé, consultez le **guide Rouge Michelin France** de l'année.*

★ CARENNAC
376 h. (les Carennacois)

Carte Michelin nº 75 pli 19 — Schéma p. 74 — Lieu de séjour.

Située au bord de la Dordogne, Carennac regroupe ses pittoresques maisons quercynoises, coiffées de tuiles brunes, et ses manoirs, flanqués de tourelles, autour du vieux prieuré où résida Fénelon. L'ensemble compose l'un des plus séduisants tableaux de la vallée de la Dordogne.

Fénelon à Carennac. — Le prieuré-doyenné de Carennac, fondé au 10e s. et rattaché au siècle suivant à la célèbre abbaye de Cluny, doit sa célébrité aux longs séjours qu'y fit François de Salignac de la Mothe-Fénelon, avant de devenir archevêque de Cambrai.

Encore étudiant à Cahors, Fénelon aime passer ses vacances chez son oncle, le prieur-doyen de Carennac. En 1681, ce dernier meurt, le jeune abbé lui succède et reste titulaire du prieuré pendant quinze ans. A Carennac, Fénelon est l'objet d'une véritable vénération ; il s'est plu à relater les cérémonies et les réjouissances populaires qui marquèrent son arrivée par bateau et son installation en tant que prieur commendataire.

La tradition veut que Fénelon ait composé son Télémaque à Carennac. Les aventures du fils d'Ulysse n'auraient été d'abord pour lui qu'un exercice littéraire, avant de devenir un livre instructif à l'intention du duc de Bourgogne, petit-fils de Louis XIV, dont l'illustre prélat-écrivain était devenu le précepteur. L'île Barrade, dans la Dordogne, a reçu le nom d'« île de Calypso », et on montre encore une tour du village appelée « tour de Télémaque » dans laquelle, dit-on, fut écrit ce chef-d'œuvre.

LE VILLAGE *visite : 1/2 h*

Depuis Fénelon le cadre a peu changé et il a gardé beaucoup de charme. Certaines maisons datent du 16e s., mais les bâtiments du doyenné ont subi diverses déprédations lors de la Révolution. Supprimé en 1788 par un arrêt du Conseil du roi, le prieuré fut mis aux enchères et vendu en 1791.

Des anciens remparts, il ne reste aujourd'hui qu'une porte fortifiée et, des bâtiments, le château et la tour du prieur. Franchir la porte fortifiée.

Église St-Pierre. — Cette église romane est précédée d'un porche orné d'un beau **portail**★ sculpté du 12e s. dont le tympan s'apparente par sa facture à ceux de Beaulieu, de Moissac, de Collonges et de Cahors : au centre de la composition, dans une mandorle (gloire en forme d'amande), le Christ en majesté, la main droite levée en signe de bénédiction, est encadré par les symboles des quatre évangélistes. De chaque côté, les apôtres sont disposés sur deux registres superposés tandis que deux anges prosternés figurent au registre supérieur. Ce tympan est encadré d'un rinceau de style oriental. Sa base est décorée d'une frise de grecques encadrant de petits animaux. La suite de ce bestiaire se retrouvait autrefois sur un bandeau saillant qui doublait l'arc du porche : un chien et un ours subsistent à gauche.

À l'intérieur, les chapiteaux archaïques de la nef, ornés d'animaux fantastiques, de feuillages ou de scènes historiées ne manquent pas d'intérêt.

⊙**Cloître.** — Restauré, il comprend une galerie romane accolée à l'église et trois galeries de style flamboyant. Un escalier mène sur la terrasse.

Donnant sur le cloître, la salle capitulaire abrite une remarquable **Mise au tombeau**★ du 16e s. Le Christ est étendu sur un linceul que portent deux disciples, Joseph d'Arimathie et Nicomède ; derrière, deux saintes femmes entourent la Vierge et l'apôtre Jean ; à droite, Marie-Madeleine essuie une larme. Les visages montrent une certaine rusticité.

Château. — Dans le château jouxtant l'église, quelques pièces servent à des expositions temporaires. La salle du 1er étage possède un beau plafond de bois, peint à la Renaissance.

★★ CASTELNAU-BRETENOUX (Château de)

Carte Michelin nº 75 pli 19 — Schémas p. 74 et 130.

A la lisière septentrionale du Quercy, le château de Castelnau, au pied duquel se blottit le village de Prudhomat, dresse l'énorme masse rouge de ses remparts et de ses tours sur un éperon dominant le confluent de la Cère et de la Dordogne. L'importance de son système de défense en fait l'un des plus beaux exemples de l'architecture militaire du Moyen Âge. « A plus d'une lieue à la ronde, c'est, » écrit Pierre Loti, « le point marquant... la chose qu'on regarde malgré soi de partout : cette dentelure de pierres de couleur sanguine, émergeant d'un fouillis d'arbres, cette ruine posée en couronne sur un piédestal garni d'une belle verdure de châtaigniers et de chênes ».

L'œuf de Turenne. — Dès le 11ᵉ s., les barons de Castelnau sont les plus puissants seigneurs du Quercy ; ils ne prêtent hommage qu'aux comtes de Toulouse et s'intitulent fièrement les « seconds barons de la chrétienté ». En 1184, Raymond de Toulouse donne au vicomte de Turenne la suzeraineté de Castelnau ; le baron n'accepte pas l'humiliation et reporte son hommage sur Philippe Auguste. Une guerre sans merci éclate entre Turenne et Castelnau ; le roi Louis VIII intervient, sa sentence d'arbitrage tranche en faveur de Turenne. Bon gré, mal gré, le baron s'incline. Redevance toute symbolique, Castelnau devra donner à son suzerain... un œuf. Aussi, tous les ans, en grande pompe, un attelage de quatre bœufs transporte-t-il à Turenne un œuf frais pondu.

⊙VISITE *environ 1 h*

C'est autour d'un puissant donjon, élevé au 11ᵉ s., que se développe, au cours de la guerre de Cent Ans, le vaste château fort doté d'une enceinte fortifiée. Laissé à l'abandon au 18ᵉ s., il subit diverses déprédations lors de la Révolution. Incendié en 1851, il a été habilement restauré de 1896 à 1932. Il se présente sous la forme d'un triangle irrégulier flanqué de trois tours rondes et de trois autres en demi-saillie sur les côtés. Trois enceintes concentriques en défendent les approches, tandis qu'une allée d'arbres remplace les anciens remparts.

Des remparts, se développe une **vue**★ étendue : au Nord, les vallées de la Cère et de la Dordogne ; au Nord-Ouest, à l'horizon le château de Turenne ; à l'Ouest, le cirque de Montvalent ; au Sud-Ouest et au Sud, le château de Loubressac et le vallon d'Autoire.

La cour d'honneur, où se dressent le donjon cylindrique et une imposante tour carrée, haute de 62 m, appelée « tour sarrazine », permet de mesurer d'un coup d'œil les vastes proportions de cette forteresse qui pouvait abriter cent chevaux et une garnison de 1 500 hommes.

Intérieur. — En plus d'un musée lapidaire, comprenant les chapiteaux romans de Ste-Croix-du-Mont en Gironde, de nombreuses salles retiennent l'attention par leur décoration et leur ameublement que l'on doit à l'ancien propriétaire Jean Mouliérat. Cet enfant du pays, devenu un chanteur d'opéra-comique célèbre, acheta le château en 1896 et consacra sa fortune à le restaurer et à le meubler. Il en fit don à l'État en 1932. L'ancienne salle des États généraux du Quercy est éclairée de grandes fenêtres romanes, la salle des Étains et le Grand salon sont ornés de tapisseries d'Aubusson et de Beauvais ; l'oratoire a conservé des vitraux du 15ᵉ s. ainsi qu'un triptyque du 14ᵉ s. représentant la Crucifixion et des scènes de la vie et du martyre de saint Barthélemy.

Eglise. — En contrebas du château, se dresse l'ancienne collégiale élevée par les seigneurs de Castelnau au 15ᵉ s., bâtie aussi en pierres rouges ferrugineuses.

A l'intérieur, la chapelle des seigneurs présente une belle voûte quadripartite dont la clef porte les armes des Castelnau. Le mobilier comprend un ensemble de stalles du 15ᵉ s., un retable du 17ᵉ s. et des autels du 18ᵉ s., dont l'un surmonté d'une Vierge à l'Oiseau du 15ᵉ s. en bois polychrome, de facture naïve.

★ CASTELNAUD (Château de)

Carte Michelin nº 75 pli 17 — Schéma p. 77.

Face au château de Beynac dont il fut le rival implacable dans les incessants conflits qui émaillent l'histoire du Moyen Âge, le château fort de Castelnaud dresse sa silhouette imposante dans un **site**★★ admirable à l'extrémité d'un promontoire commandant les vallées du Céou et de la Dordogne.

Une histoire mouvementée. — En 1214, Simon de Montfort s'empare du château, propriété des Castelnaud. Un demi siècle plus tard, Saint Louis le cède au roi d'Angleterre qui le conserve quelques années dans ses possessions. Pendant la guerre de Cent Ans il ne cesse de passer des Anglais aux Français. La paix enfin revenue, le château est en triste état. Une campagne de travaux est alors menée pendant toute la deuxième moitié du 15ᵉ s. Seuls le donjon et l'enceinte conservent leur aspect du 13ᵉ s. Au début du 16ᵉ s., le château connaît encore quelques transformations : on lui ajoute la tour d'artillerie.

Après la Révolution il est laissé à l'abandon et partiellement démoli.

En 1969, une importante restauration a été entreprise qui a permis de relever la plupart des bâtiments dans lesquels le musée de la guerre de siège au Moyen Âge est en cours d'installation.

⊙VISITE *1 h*

C'est une forteresse médiévale caractéristique avec son puissant donjon à mâchicoulis, son enceinte, son corps de logis, sa basse-cour... Cependant, certains éléments tels la tour d'artillerie et les canonnières percées dans ses murs sont des aménagements d'une époque plus tardive liés à l'évolution des machines de guerre. Dans la tour d'artillerie des reconstitutions montrent les artilleurs en pleine action. Des canons primitifs, des boulets de pierre et d'autres armements complètent cette présentation.

(Photo C. Sappa/Cedri)

Castelnaud. — Le château de Castelnaud et dans le fond le château de Beynac.

Le corps de logis abrite plusieurs salles d'un musée de conception moderne dont l'objet est la guerre au Moyen Âge. Deux montages audio-visuels présentent l'un, l'histoire du château de Castelnaud, l'autre, une histoire des fortifications et des sièges au Moyen Âge. Autour du château on découvre la barbacane, la basse-cour et la reconstitution d'une machine de jet du 12e s. et d'une bombarde du 15e s.

Depuis les lices, la vue se porte au Sud sur la vallée du Céou. De l'extrémité de la terrasse, à l'Est, se développe un **panorama**★★★ remarquable sur l'un des plus beaux paysages de la vallée de la Dordogne ; au premier plan, la rivière s'étire en un vaste méandre enserrant le damier des cultures coupées de rideaux de peupliers ; plus loin, apparaissent Beynac et son château, le château de Marqueyssac, la Roque-Gageac au pied de ses falaises, tandis qu'à l'horizon une ligne de collines boisées et rocheuses cerne la vallée de la Dordogne.

CASTELNAU-MONTRATIER   1 914 h.

Carte Michelin no 79 plis 17, 18.

Perchée sur un promontoire, cette bastide a été fondée au 13e s. par Ratier, seigneur de Castelnau, qui lui donna son nom. Elle remplaça une bourgade, Castelnau-de-Vaux, établie en contrebas de la colline, qui avait été détruite par Simon de Montfort en 1214 lors de la croisade des Albigeois.

Place. — De forme triangulaire, cette place ombragée a conservé quelques couverts et maisons anciennes.

Moulins. — Au Nord du promontoire s'élèvent trois moulins à vent dont l'un est encore en état de marche.

Autrefois, ces moulins-tours à calotte tournante étaient très nombreux dans le Quercy.

CAUSSADE   6 132 h. (les Caussadais)

Carte Michelin no 79 pli 18 — Lieu de séjour.

Place forte protestante lors des guerres de Religion, Caussade est bâtie à la lisière Sud du causse de Limogne. C'était, au début du siècle, un centre important de l'industrie du chapeau de paille. Les fluctuations de la mode ont orienté son activité vers les chapeaux de toile et les articles pour stations balnéaires.

Église. — Reconstruite en 1882 dans le style gothique, elle a conservé un élégant clocher octogonal, en briques roses, dont les trois étages sont surmontés d'une flèche à crochets. Près de l'église, le quartier ancien abrite quelques vieilles demeures.

EXCURSIONS

N.-D.-des-Misères. — *13 km au Sud-Ouest par la N 20 et le D 40 à partir de Réalville*. Occupant un joli site, la chapelle, fondée en 1150, est coiffée d'un séduisant clocher octogonal roman à deux étages d'arcatures doubles.

Puylaroque. — 614 h. *14 km au Nord-Est par le D 17.*
Ancienne bastide du Bas-Quercy, Puylaroque groupe ses maisons aux toits très plats au sommet d'une colline dominant les vallées de la Cande et de la Lère.
Près de l'église, dont le massif clocher carré est accolé au portail principal, les rues étroites du bourg ont conservé quelques maisons en encorbellement et à pans de bois. De plusieurs esplanades, notamment de celle proche de l'église, on découvre des vues étendues sur les doux vallonnements de la campagne quercynoise, les plaines de Caussade et de Montauban.

CAYLUS

1 520 h.

Carte Michelin n° 🔲🔲 pli 19 — Lieu de séjour.

Cette petite ville du Bas-Quercy occupe un site pittoresque au-dessus de la rive droite de la Bonnette, affluent de l'Aveyron. Du D 926, au Sud-Ouest, on découvre la meilleure vue d'ensemble sur la ville ancienne, bien groupée autour du très haut clocher de son église et dominée par les ruines d'un château fort du 14e s.

Au pied de la vieille cité, a été aménagé un petit lac artificiel.

CURIOSITÉS

Halle. — De vastes dimensions, elle témoigne du rôle commercial longtemps joué par Caylus. Elle a conservé ses anciennes mesures à grains taillées dans la pierre.

Église. — Autrefois fortifiée, elle est épaulée de contreforts surmontés de mâchicoulis. Près du chœur, à gauche de la nef du 14e s., se dresse un gigantesque **Christ★** en bois exécuté en 1954 par Zadkine (né à Smolensk en 1890, mort à Paris en 1967, il a été profondément influencé par l'école cubiste et ses amis Braque et Fernand Léger) : c'est une œuvre à la fois saisissante et émouvante.

Remarquer les vitraux du chœur : ils datent du 15e s. et ont été restaurés.

Rue Droite. — Partant de l'église, la rue Droite est bordée de nombreuses maisons médiévales, en particulier la **« maison des loups »** (13e s.) dont le pignon-façade est orné de gargouilles et de culs-de-lampe qui lui ont donné son nom.

EXCURSIONS

Lacapelle-Livron. — *Circuit de 10 km — environ 1 h. Quitter Caylus par le D 19 au Nord.* La route procure des vues agréables sur la Bonnette ; elle laisse bientôt, à gauche, un chemin conduisant à N.-D-de-Livron, chapelle de pèlerinage, et devient une route de corniche, pittoresque, dominant la vallée.

N.-D-des-Grâces. — Cette petite chapelle de pèlerinage, coiffée d'un toit de lauzes, est de style gothique et s'ouvre par un beau portail sculpté.

Près de la chapelle, bâtie à l'extrémité d'un promontoire, on a une vue étendue sur la vallée de la Bonnette et son cadre de collines coupées de bois et de prairies.

Lacapelle-Livron. — 157 h. Ce vieux village aux maisons couvertes de lauzes a conservé les vestiges d'une commanderie des Templiers qui, après 1307, passa à l'ordre de Saint-Jean avec les Chevaliers de Malte jusqu'à la Révolution. C'est actuellement un manoir fortifié dominant la Bonnette, avec cour centrale conservant le plan original de la commanderie. Au Sud, la chapelle, de style roman, fait face à l'ancien réfectoire devenu salle des gardes.

Revenir à Caylus par le D 97 qui longe le cours de la Bonnette.

A droite, peu avant Caylus, on peut voir la jolie cascade de St-Pierre-Livron.

Château de Cornusson. — *8 km par la route de Cornusson à l'Est.* Cette demeure en majeure partie reconstruite au 16e s., bien située sur une colline boisée dominant la Seye, est flanquée de nombreuses tours.

★ CÉLÉ (Vallée du)

Carte Michelin n° 🔲🔲 plis 9, 10.

Le Célé (de celer = rapide) doit son nom à la vivacité de ses eaux. Cette charmante rivière quercynoise s'est creusé, dans la masse du causse, une vallée encaissée. En plus des beaux paysages qu'elle révèle, la vallée du Célé possède d'importantes curiosités préhistoriques et archéologiques.

Le Val-Paradis. — Né sur les granits de la châtaigneraie cantalienne, le Célé fait vite son entrée en Quercy et court droit au Lot. Il n'en est plus qu'à 5 km lorsque la colline de Capdenac lui barre la route. Pour éviter cet obstacle, il oblique vers l'Ouest et perce un bloc de calcaire de 40 km. Cette « percée héroïque » est une suite de pittoresques défilés où le Célé serpente entre de hautes murailles colorées dont il vient miner la base.

De vieux moulins jalonnent la rivière, tandis qu'accrochés aux corniches des falaises ou nichés dans la verdure, d'archaïques villages ajoutent au pittoresque de cette belle vallée : l'ancien prieuré d'Espagnac ne portait-il pas le nom évocateur de « Val-Paradis » ?

L'« Hébrardie ». — Tout au long du Moyen Âge, la majeure partie de la vallée du Célé est contrôlée par la famille des Hébrard de St-Sulpice et constitue pour eux un véritable fief. Elle forme une sorte d'unité historique et a pu être appelée l'« Hébrardie », tant l'influence de cette maison y a été prépondérante. Établis à St-Sulpice, les Hébrard agrandissent ou reconstruisent les prieurés d'Espagnac et de Marcilhac, protégeant les habitants pendant les conflits, notamment au cours de la guerre de Cent Ans. Cette puissante famille n'a pas compté que des guerriers, et si l'un de ses membres devint sénéchal du Quercy, d'autres furent des prélats éminents, tels Aymeric, évêque de Coïmbra au Portugal, et Antoine, évêque de Cahors.

De Conduché à Figeac

65 km — compter 1/2 journée — schéma p. 67

Partant de Conduché, au confluent du Célé et du Lot, le D 41 remonte la vallée, resserrée entre la rivière et la falaise, celle-ci formant une muraille abrupte parfois même en surplomb au-dessus de la route. La vallée est jalonnée de cultures variées où le maïs tend à supplanter le tabac, tandis qu'une haie de peupliers souligne le cours de la rivière.

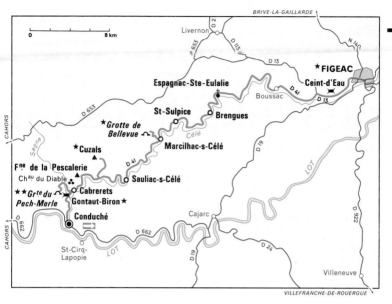

Cabrerets. — 213 h. (les Cabrerésiens). Lieu de séjour. Dans un cirque de rochers, Cabrerets occupe une situation privilégiée au confluent de la Sagne et du Célé.

En franchissant le pont, se révèle, de la rive gauche du Célé, une belle **vue**★ d'ensemble sur le site de Cabrerets. En face, les ruines du **château du Diable** ou château des Anglais s'accrochent à la puissante falaise de Rochecourbe, en surplomb, et semblent vouloir écraser le vieux village. Ce nid d'aigle servit de repaire aux pillards anglais pendant la guerre de Cent Ans.

A l'extrême gauche, le **château de Gontaut-Biron**★ des 14e et 15e s. domine la vallée. Une grosse tour d'angle flanque un corps de bâtiment entourant une cour intérieure. L'une des fenêtres à meneaux de la façade s'ouvre sur une terrasse à balustrades surplombant la route de 25 m.

Le D 13 et le D 198 conduisent à la grotte du Pech-Merle en remontant le petit vallon de la Sagne.

★★**Grotte du Pech-Merle.** — *Page 110.*

> *Revenir à Cabrerets.*

Peu après Cabrerets, la route, en corniche, est accrochée au flanc de hautes falaises.

Fontaine de la Pescalerie. — C'est l'un des sites les plus séduisants de la vallée du Célé. D'une paroi rocheuse, toute proche de la route, s'échappe une jolie cascade, résurgence d'une rivière souterraine du causse de Gramat ; à côté, un moulin couvert de lierre est blotti au milieu des saules et des peupliers.

A la sortie d'un tunnel, les falaises surplombent la rivière dont la vallée s'élargit.

> *Prendre la petite route à gauche vers Cuzals.*

★**Cuzals : musée de plein air du Quercy.** — *Page 70.*

Sauliac-sur-Célé. — 106 h. Dans un site très pittoresque, le vieux village s'accroche à une énorme et imposante falaise colorée. Dans la muraille, on aperçoit l'orifice des grottes fortifiées qui servaient, pendant les guerres, de refuge aux habitants de Sauliac : les plus agiles y grimpaient par des échelles, les invalides et les animaux étaient hissés à l'aide de cordes dans de vastes paniers.

Au-delà de Sauliac la vallée s'élargit, le fond alluvial se couvre de cultures et de prairies et l'on voit quelques abris ronds en pierres sèches.

Marcilhac-sur-Célé. — *Page 99.*

★**Grotte de Bellevue.** — *Page 100.*

Entre Marcilhac et Brengues, le contraste s'accentue entre les rochers, parsemés d'une maigre végétation, et la vallée où se côtoient maïs, tournesol, vignes, et quelques plantations de tabac.

St-Sulpice. — 116 h. Les maisons et les jardins du vieux bourg s'accrochent sous un encorbellement de la falaise. Un château du 12e s., remanié aux 14e et 15e s., garde le passage. Il appartient encore à la famille Hébrard de St-Sulpice.

Brengues. — 150 h. Ce modeste village occupe un site agréable accroché sur une plate-forme que domine un à-pic vertigineux.

Jusqu'à Boussac, la vallée tantôt s'étale, tantôt se resserre, jalonnée de belles fermes flanquées de pigeonniers souvent cylindriques, coiffés de lauzes et couronnés d'une grande pierre plate.

Espagnac-Ste-Eulalie. — *Page 81.*

Au-delà de Boussac, les falaises disparaissent définitivement, faisant place à un paysage de collines boisées, tandis que le Célé se déploie dans un large fond alluvial.

Ceint-d'Eau. — Ce château des 15e et 16e s., flanqué de grosses tours à mâchicoulis, s'élève en contre-haut du D 13 et domine la vallée du Célé, assez large à cet endroit.

★**Figeac.** — *Page 85.*

★ CÉNEVIÈRES (Château de)

Carte Michelin n° 79 pli 9 (7 km à l'Est de St-Cirq-Lapopie) — Schéma p. 97.

Se dressant sur une falaise, le château de Cénevières surplombe la vallée du Lot.
Dès le 7e s. les ducs d'Aquitaine avaient construit un fort à cet emplacement. Au 13e s. les Gourdon font élever le donjon. A la Renaissance Flottard de Gourdon, qui avait participé aux batailles d'Italie, aux côtés de François Ier, remanie complètement le château. Son fils, Antoine de Gourdon, embrasse la religion protestante et participe à la prise de Cahors par Henri IV en 1580. Il se livre à quelques pillages dans la cathédrale et charge l'autel du Saint suaire et le maître-autel sur des barques à destination de Cénevières. Celle du maître-autel sombre dans un gouffre à mi-parcours. Avant sa mort Antoine fait construire le petit temple protestant qui se trouve dans la cour d'entrée. Il meurt sans descendant, mais sa veuve se remarie avec un Latour du Pin ; une nouvelle lignée occupe Cénevières.
A la Révolution le château est pillé, mais échappe à l'incendie.

Visite. — A l'extérieur on distingue le donjon du 13e s. et les deux corps de bâtiments du 15e s. reliés par la galerie Renaissance du 16e s. Celle-ci est supportée par des colonnes toscanes et surmontée de lucarnes. Les fossés sur lesquels était jeté un pont-levis ont été comblés.
A l'intérieur, le rez-de-chaussée comprend les salles voûtées de la salette et de la cuisine et la salle du donjon où une trappe permet d'apercevoir les trois étages souterrains du cellier, de la prison et des oubliettes.
Au premier étage, le Grand salon, au beau plafond peint Renaissance, abrite des tapisseries des Flandres des 15e et 16e s. et le reliquaire de la sainte coiffe rapporté de la prise de Cahors.
La petite salle d'alchimie surprend par ses fresques naïves du 16e s. aux sujets puisés dans la mythologie grecque. Le four de l'alchimiste s'orne d'une représentation de la pierre philosophale.
Enfin, de la terrasse, des **vues** plongeantes s'offrent sur la vallée du Lot et le village perché de Calvignac ; on peut ainsi juger de la position stratégique de ce château dominant de plus de 70 m le Lot.

★ CHANCELADE (Abbaye de)

Carte Michelin n° 75 pli 5 (7 km au Nord-Ouest de Périgueux) — Schéma p. 80.

Située dans un cadre verdoyant au pied des coteaux qui dominent la Beauronne, l'abbaye de Chancelade apparaît comme un havre de paix.
Elle fut fondée au 12e s. par un moine qui adopta la règle de saint-Augustin. Au 13e s., protégée par les évêques de Périgueux, puis dépendant directement du Saint-Siège, cette abbaye prospère a des privilèges considérables : droit d'asile, de sauvegarde et de franchise.
L'abbaye périclite à partir du 14e s., les Anglais s'en emparent, chassent les religieux et y installent une garnison. Du Guesclin la libère... pour peu de temps, et les Anglais la réoccupent aussitôt jusqu'au milieu du 15e s. Pendant les guerres de Religion, les bâtiments de l'église et du monastère sont en partie détruits par les protestants de Périgueux.
En 1623, le nouvel abbé, Alain de Solminihac, entreprend la réforme et la restauration de Chancelade. C'est une grande réussite qui lui vaudra d'être nommé évêque de Cahors par Louis XIII. L'abbaye connut alors un siècle de tranquillité jusqu'à la Révolution où elle devient bien national.

Église. — Le portail roman, dont les voussures sont soulignées de cordons de têtes de clous, est surmonté d'une élégante arcature, décelant une influence saintongeaise, soulignée par une corniche à modillons.
Le clocher roman de section carrée se compose de trois étages d'arcatures : les unes en plein cintre, les autres brisées.
A l'intérieur, il reste peu d'éléments de l'église du 12e s ; la nef a été revoûtée d'ogives et le chœur abattu.
Des fresques des 13e et 14e s. décorent les murs. Dans le chœur, deux importantes compositions représentent saint Christophe et probablement Thomas Beckett à qui les moines de Chancelade consacrèrent un autel après sa canonisation.
Les stalles du 17e s. en noyer ont conservé leurs miséricordes sculptées de palmettes, de roses, de coquilles, etc.

Musée d'art sacré. — Il est installé dans une salle du presbytère et dans les deux sacristies. De nombreux objets d'art religieux provenant de diverses églises du diocèse de Périgueux y ont été rassemblés. On remarque une belle collection de vêtements sacerdotaux dont une chasuble en damas du 15e s, des statuettes du 17e s, des reliquaires en argent décorés d'émaux, des pièces d'orfèvrerie et un beau mobilier des 17e et 18e s., dont les bonnetières de la sacristie.

Bâtiments conventuels. — Ils comprennent l'ancien logis de l'Abbé et les constructions qui entourent la cour des communs et le jardin.
Autour de la cour des communs sont rassemblés : le cuvier du 15e s., voûté en berceau surbaissé, qui sert de salle d'expositions, les écuries, les ateliers et le moulin fortifié. Un jardin fait suite à cette cour. La façade Nord du logis de l'Abbé, appelé aussi logis de Bourdeilles, est flanquée de deux tourelles dont l'une est percée d'un portail de la fin du 15e s. au décor raffiné.

Chapelle St-Jean. — Cette petite église paroissiale fut consacrée en 1147. Modeste et charmante, elle s'ouvre par un beau portail en plein cintre, à trois voussures brisées, surmonté d'une baie encadrée de colonnettes et, au-dessus, d'un agneau crucifère en bas-relief. Élégante abside ronde à contreforts.

EXCURSION

Prieuré de Merlande. — *8 km par le D 1. Avant la Chapelle-Gonaguet prendre un chemin à droite et suivre la signalisation.*
La route entre Chancelade et Merlande s'élève parmi la forêt de châtaigniers et de chênes.
Le prieuré se niche dans un vallon solitaire de la forêt de Feytaud, près d'une fontaine. Il fut fondé au 12e s. par les moines de Chancelade. Aujourd'hui, seules subsistent la chapelle fortifiée et la maison du prieur, toutes deux fort bien restaurées. La chapelle évoque, par son plan quadrangulaire, une forteresse. C'est un édifice roman à nef à deux travées : la première recoupée par un doubleau est voûtée en berceau brisé, la coupole primitive ayant disparu ; la deuxième a conservé sa jolie coupole sur pendentifs. Le chœur, la partie la plus ancienne, est légèrement surélevé et voûté en berceau. Il s'ouvre par un arc triomphal en plein cintre et se termine par un chevet plat. Il est entouré par une arcature dont les **chapiteaux**★ archaïques sont d'une grande finesse : des monstres enchevêtrés, des lions dans des rinceaux à palmettes composent une faune extraordinaire du plus saisissant effet.

Pour trouver la description d'une ville ou d'une curiosité isolée, consultez les pages de l'index.

★★ COLLONGES-LA-ROUGE

379 h.

Carte Michelin n° 75 Sud du pli 9 — Schéma p. 55 — Lieu de séjour.

Collonges-la-Rouge, bâtie en grès pourpre, dresse ses gentilhommières, ses vieux logis et son église romane dans un paysage verdoyant de vignes et de noyers.
Le village s'est développé au 8e s. autour de son église et de son prieuré qui dépendait de la puissante abbaye poitevine de Charroux. Au 13e s., elle obtient les franchises et les libertés de la vicomté de Turenne dont elle fait partie *(voir p. 140)*, puis devient au 16e s. le lieu de villégiature privilégié des grands fonctionnaires de la vicomté qui font construire les charmants manoirs et logis, flanqués de tours et de tourelles, qui contribuent à l'originalité de Collonges.

VISITE *1 h*

Partir de l'ancienne gare (circulation interdite en ville du 1er juin au 15 septembre) et prendre la rue de la Barrière.

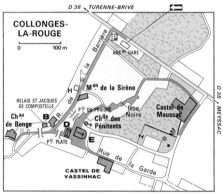

Maison de la Sirène. — Coiffée d'un joli toit de lauzes, cette maison du 16e s. à encorbellement, précédée d'un porche, est ornée d'une sirène qui tient un miroir d'une main et un peigne de l'autre.

Plus loin, une porte de style ogival marque l'accès du prieuré bénédictin qui fut détruit à la Révolution.

Hôtel des Ramade de Friac (B). — Cette genthilhommière, surmontée de deux tourelles, était l'ancienne maison de ville de la puissante famille dont elle porte le nom.
Au-delà du Relais de St-Jacques-de-Compostelle — dont le nom rappelle que Collonges fut une étape du fameux pèlerinage — on franchit un passage couvert peu après lequel, dans une ruelle, se dresse à droite, une vieille demeure à tourelle.

Château de Benge. — Se détachant sur un fond de peupliers et de noyers ce fier manoir dresse ses tours et tourelles et s'orne d'une gracieuse fenêtre Renaissance.
Revenir sur ses pas et passer la porte Plate.
Appelée ainsi parce qu'elle a perdu ses tours, la **porte Plate** faisait partie de l'enceinte fortifiée qui protégeait l'église, le cloître et les bâtiments du prieuré.

La halle (D). — Présentant une charpente supportée par de robustes piliers, la halle aux grains abrite aussi le four banal.

Église (E). — Elle date des 11e et 12e s. mais elle a été fortifiée au cours des guerres de Religion au 16e s. Le grand donjon carré fut alors pourvu d'une salle de défense communiquant avec un chemin de ronde et le tympan mis hors d'atteinte dans le nouveau pignon de la façade. Il retrouva sa place d'origine en 1923.

★ **Le tympan.** — Sculpté au 12e s. dans le calcaire blanc de Turenne, il surprend au milieu de tout ce grès rouge. C'est probablement une œuvre des sculpteurs de l'école toulousaine qui ont voulu représenter ici l'Ascension (ou peut-être la parousie, le retour du Christ à la fin des temps). Au registre supérieur, le Christ parmi les anges apparaît nimbé, tenant d'une main l'Évangile et bénissant de l'autre ; au registre inférieur, la Vierge attristée est entourée des 11 apôtres commentant ce prodige.
Ce tympan est bordé par un arc brisé décoré d'un fin cordon d'animaux.

(Photo R. Cauchetier/Pix)

Collonges-la-Rouge. — L'église.

★ **Le clocher.** — Avec ses deux étages carrés ajourés de baies en plein cintre, surmontés de deux étages octogonaux flanqués de gâbles, ce clocher du 12ᵉ s. est un bon exemple de style roman limousin.

Intérieur. — Au 12ᵉ s., l'église présentait un plan cruciforme autour de la croisée du transept surmontée d'une coupole elle-même emboîtée dans le clocher. Celui-ci repose sur des piliers du 11ᵉ s. Des chapelles latérales ont été ajoutées aux 14ᵉ et 15ᵉ s. ainsi qu'une seconde nef de style flamboyant.

★ **Castel de Vassinhac.** — Cette élégante demeure appartenait à Gédéon de Vassinhac, seigneur de Collonges, capitaine gouverneur de la vicomté de Turenne. Construit en 1583, ce castel, hérissé de grosses tours et de tourelles à poivrières, est percé de fenêtres à meneaux, mais ses échauguettes et ses meurtrières témoignent de sa fonction défensive.

Ancienne chapelle des Pénitents. — Élevée au 13ᵉ s. elle a été aménagée au 17ᵉ s., lors de la contre-réforme par la famille de Maussac.

Rue Noire. — Elle traverse le quartier le plus ancien de Collonges dont les maisons, construites en retrait les unes des autres, s'ornent de tourelles et de tours et s'habillent de glycines et de treilles.

Castel de Maussac. — Cet édifice à tourelle est précédé par un portail à auvent ; une échauguette fait saillie sur une tour carrée dominée par une lucarne. Ce petit castel abrita avant la Révolution le dernier membre de la famille des Maussac qui, émigré en Italie, devint l'aumônier de la princesse Pauline Borghèse.

En poursuivant un peu plus au Sud dans la rue, on a une jolie **vue**★ sur Collonges, le castel de Vassinhac et le clocher.

★ COUGNAC (Grottes de)

Carte Michelin nº 🟦 pli 18 (3 km au Nord de Gourdon).

Ces grottes présentent un double intérêt : d'une part elles sont riches en concrétions naturelles, d'autre part certaines parties ont été décorées pendant le paléolithique de peintures s'apparentant à celles de la grotte du Pech-Merle *(p. 110)*.

Ⓥ **Visite.** — Les grottes, qui comprennent deux cavités distantes de 200 m environ, développent leur réseau sous un plateau calcaire portant un petit bois de chênes.

La première grotte comprend trois salles de petites dimensions dont les voûtes présentent une pluie de stalactites, extrêmement serrées et souvent très fines.

La deuxième grotte, plus spacieuse, compte surtout deux salles remarquables : la **salle des Colonnes**★ retient particulièrement l'attention par les perspectives qu'offrent ses colonnes reliant la voûte au sol ; la **« salle des Peintures préhistoriques »** est décorée de dessins exécutés dans les tons ocre et noir : on y distingue notamment des bouquetins, des cervidés, des éléphants et des figurations humaines.

★ CUZALS (Musée de plein air du Quercy)

Carte Michelin nº 🟦 pli 9 (5 km au Nord-Est de Cabrerets) — Schéma p. 67.

Au-dessus de la vallée du Célé, sur le causse de Livernon, dans un paysage de bout du monde, domaine du genévrier et du chêne pubescent, se dressent les ruines d'une demeure du début du siècle.

En 1982, l'association Quercy-Recherche a acquis ce château de Cuzals et son domaine de plus de 200 ha pour y installer un musée ethnographique de plein air. Cette association, déjà riche en archives et objets témoins des traditions de la région, a inauguré le musée de plein air du Quercy en juillet 1985.

ⓥ VISITE

La reconstitution de deux exploitations rurales traditionnelles, l'une de la fin de l'Ancien Régime, l'autre du début du siècle, avec leurs bâtiments, leurs outils, leurs cultures et leurs animaux, illustre les conditions de vie des paysans du Quercy.

Le chemin de l'eau, qui comprend des puits, une ancienne station de pompage, le lavoir et l'abreuvoir, mène au **musée de l'eau★** où panneaux, vitrines, maquettes montrent les différentes fonctions et utilisations de l'eau ; les moyens variés de capter, de canaliser cet élément indispensable à la vie. Présenté de façon ludique, parfois humoristique, il passionne les enfants qui peuvent essayer les pompes à eau et s'amuser avec les maquettes animées.

Les activités de l'économie rurale traditionnelle sont présentées dans les musées du miel, des poteries et des cuivres, de la vigne, du tabac, de la fraise, de la truffe, des fruits… et les reconstitutions d'ateliers d'artisans ruraux : le charpentier, le charron, le maçon, le couturier, le tisserand, le sabotier, le maréchal-ferrant, etc.

Une importante exposition de matériel agricole montre l'évolution technologique dans ce domaine.

L'architecture traditionnelle quercynoise peut être étudiée à travers les maquettes de charpente, la carrière du maçon, des bâtiments typiques comme le pigeonnier et une exposition sur les différents types de cabanes en pierres sèches présentée à l'intérieur d'une « gariotte », ces abris ronds nombreux dans la région.

Enfin, dans le château, on trouve des expositions sur l'histoire du Quercy et sur l'historique du domaine de Cuzals, ainsi que la reproduction d'un cabinet de dentiste en 1900, une exposition de jouets et une bibliothèque.

Une aire de jeux et un manège de 1930 complètent ce site agréable.

★★ DOMME

910 h. (les Dommois)

Carte Michelin n° 🔢 pli 17 — Schéma p. 77 — Lieu de séjour.

Remarquablement située sur un promontoire escarpé, la bastide de Domme domine l'un des paysages les plus harmonieux de la vallée de la Dordogne.

Un exploit du capitaine Vivans. — Tandis que les troubles de la Réforme incendient la France, Domme résiste jusqu'en 1588 aux huguenots qui écument le Périgord. Une ruse permet au fameux capitaine protestant **Geoffroi de Vivans** de s'en emparer. En pleine nuit, suivi de trente soldats, il grimpe le long des rochers de la barre, endroit si abrupt qu'on n'a pas cru devoir le fortifier. Sans bruit, la troupe pénètre dans la ville endormie. Tout à coup, accompagnés de tambours et de trompettes, les huguenots crient, s'exclament, faisant un bruit infernal. Au milieu de la stupeur et de la confusion qu'ils provoquent, les assaillants ouvrent les portes des tours, tandis que les habitants, mal réveillés, ne songent pas à résister. Maître de la ville pendant quatre ans, Vivans y installe une garnison, brûle l'église ainsi que le prieuré de Cénac *(p. 76)* et établit le culte réformé. Rallié aux catholiques, il vend la place, sans combat, le 10 janvier 1592, ne laissant que des ruines. On trouve son nom gravé à l'intérieur d'une tour des remparts.

★★★ LE PANORAMA

Du promontoire de Domme, la vue embrasse la vallée de la Dordogne du cingle de Montfort à l'Est à Beynac à l'Ouest.

Changeante selon l'heure — voilée par la brume matinale, bleue entre les haies de peupliers à midi, ruban argenté le soir — la Dordogne déroule ses méandres parmi les champs quadrillés de maïs, de tabac et de céréales, sur fond de collines boisées. Émergeant à l'Est des formes vallonnées du Périgord Noir, elle s'épanouit au pied de Domme dans une vallée opulente parsemée de villages et de fermes, puis poursuit son cours au pied des falaises de La Roque-Gageac et de Beynac.

Belvédère de la Barre. — De cette esplanade au bout de la Grand'Rue, le panorama apparaît soudain au pied de Domme. Un buste représente Jacques de Maleville (1741-1824), Dommois qui fut un des rédacteurs du Code civil.

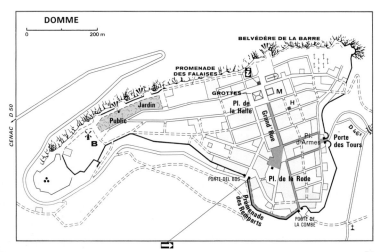

Promenade des Falaises. — Longer le promontoire de Domme vers l'Est et passer en contrebas du jardin public. Le panorama est encore plus étendu que du belvédère de la Barre.

Jardin public. — Au milieu de cet agréable jardin aménagé au bout du promontoire se trouve une **table d'orientation.** En sortant du jardin, prendre à droite vers le vieux moulin.

★LA BASTIDE

Fondée par Philippe le Hardi en 1283, elle est loin d'offrir le plan rectangulaire parfait dont cherchaient à s'inspirer les bastides, mais affecte la forme d'un trapèze. Les fortifications qui l'enserrent ont été adaptées dans leur tracé aux nécessités du terrain. A l'intérieur, les rues suivent un plan géométrique, dans la mesure du possible. Les maisons, bâties en pierre ocre, s'ornent de balcons et d'escaliers extérieurs fleuris.

Promenade des remparts. — Aussitôt avant la **porte del Bos,** tracée en arc brisé et qui était fermée par une herse, suivre à gauche la promenade à l'intérieur des remparts. Malgré de nombreuses dégradations, ils ont encore fière allure. A hauteur de la **porte de la Combe,** prendre à gauche vers la ville ; on remarque nombre de belles maisons : l'ocre de la pierre et le brun des tuiles plates sont souvent rehaussés par l'élégance des balcons en fer forgé et égayés par des treilles et des terrasses fleuries.

Passer sous la **porte des Tours** (fin du 13ᵉ s.), la plus imposante et la mieux conservée de l'enceinte. Du côté de la place d'Armes, le mur est rectiligne, mais sur la campagne, deux demi-tours à bossages encadrent la porte défendue par une échauguette dont on voit encore les mâchicoulis. Élevées par Philippe le Bel, ces tours servirent de corps de garde. Elles abritèrent des Templiers incarcérés de 1307 à 1318 qui y tracèrent de nombreux graffiti.

Place de la Rode. — C'est le lieu où était infligé le supplice de la roue, d'où son nom. La **maison du batteur de monnaie** s'orne de belles ouvertures gothiques.

Grand'Rue. — Rue commerçante de Domme, elle est bordée de magasins (spécialités périgourdines). Au coin de la première rue à droite : belle fenêtre Renaissance.

Place de la Halle. — Cette vaste place carrée est occupée en son centre par une belle **halle** du 17ᵉ s., aux robustes piliers de pierre. En face la **maison des Gouverneurs** (16ᵉ s.) est flanquée d'une élégante tourelle. C'est le siège du syndicat d'initiative.

(Photo J. D. Sudres/Scope)

Domme. — La halle et la maison des Gouverneurs.

AUTRES CURIOSITÉS

★**Grottes.** — L'entrée des grottes est aménagée dans la halle.

Ces cavernes servirent de refuge aux habitants de Domme pendant la guerre de Cent Ans et les guerres de Religion.

450 m de galeries aménagées font parcourir des salles de dimensions généralement modestes et parfois séparées les unes des autres par des passages bas ; les plafonds de certaines salles sont garnis d'une multitude de stalactites blanches très fines. Les concrétions, stalactites et stalagmites, se rejoignent parfois pour former des colonnes ou des piliers. La salle Rouge contient quelques excentriques *(voir p. 17).* Une lumière noire intensifie les ocres et les blancs des concrétions.

Des ossements de bisons et de rhinocéros, trouvés au cours des travaux d'aménagement, sont exposés à l'endroit même de leur découverte.

Musée Paul-Reclus. — Dans une maison ancienne de la place de la Halle, ce musée d'Arts et Traditions populaires présente une rétrospective de la vie dommoise à travers des reconstitutions d'intérieurs, des collections de meubles, de vêtements, d'outils agricoles. Des archives, des photographies évoquent le passé de Domme. On remarquera les lettres patentées concernant les privilèges et exemptions des habitants de la ville du Mont Domme accordés par les rois de France, de Philippe de Valois à Louis XV.

Carte Michelin n° 75 plis 15 à 19.

La Dordogne, l'une des plus longues rivières de France, passe pour en être la plus belle. La variété et la beauté des paysages qu'elle traverse, les merveilles architecturales échelonnées sur ses rives font de sa vallée une voie touristique de premier ordre.

Un beau voyage. — Au pied du Sancy, le plus haut sommet du Massif Central, la Dordogne naît de la réunion de la Dore et de la Dogne. Rapide et écumante, elle traverse les bassins du Mont-Dore et de la Bourboule et quitte bientôt les roches volcaniques d'Auvergne pour les granits du Limousin. De Bort à Argentat, là où la rivière coulait naguère au fond de gorges étroites, se succèdent les retenues de grands barrages. Après Beaulieu, elle s'apaise un instant dans la riche plaine où la Cère cantalienne vient la rejoindre. C'est désormais une rivière majestueuse mais elle reste rapide et fantasque ; les causses du Quercy lui barrent la route, elle reprend son cours héroïque et perce la belle trouée du cirque de Montvalent. Dans les plateaux du Périgord qu'elle atteint après Souillac, elle frôle le pied de rocs où s'accrochent des châteaux. A partir de Limeuil où elle reçoit la Vézère, la vallée s'élargit et, après quelques rapides,

(Photo Pélissier/Vloo)
Château de la Treyne.

atteint Bergerac, puis les plaines de Guyenne couvertes de vignes. Au bec d'Ambès, la Dordogne termine un voyage de près de 500 km. Elle s'unit à la Garonne dont elle égale presque la puissance et forme avec elle la Gironde.

Les caprices de la Dordogne. — En montagne comme en plaine, la Dordogne garde une allure rapide, mais son débit est très inégal. La fréquence des pluies en hiver, puis, au printemps, la fonte des neiges du plateau de Millevaches et des monts d'Auvergne provoquent, presque chaque année, des crues brusques et violentes, parfois catastrophiques.

L'aménagement de la haute vallée, par la construction des barrages de Bort, Marèges, l'Aigle, le Chastang et Argentat *(voir guide Vert Michelin Berry-Limousin)*, a permis de régulariser son cours en le canalisant.

Au temps des gabares. — La navigation fut longtemps active sur la Dordogne. En dépit de ses dangers et de ses irrégularités, elle fit vivre jusqu'au siècle dernier tout un peuple de mariniers. Les bateliers se servaient d'embarcations à fond plat appelées « gabares » ou « argentats » du nom de la ville où se trouvaient les principaux chantiers de construction. Ces grosses barques, employées surtout à la descente, transportaient voyageurs et marchandises, notamment des « merrains » de chêne pour la tonnellerie bordelaise. Le voyage était plein d'imprévu et il fallait aux gabariers une technique consommée pour diriger leurs bateaux. Parvenues à destination, les gabares étaient débitées en planches et vendues.

Aujourd'hui, seule la Dordogne maritime a conservé un trafic notable. La belle rivière lors de son parcours à travers le Quercy et le Périgord, ne porte plus que les barques des pêcheurs, les canoës et les kayaks.

★★ LA VALLÉE QUERCYNOISE

1 De Bretenoux à Souillac
56 km — environ 3 h — schéma p. 74

Bretenoux. — 1 213 h. Lieu de séjour. Baignée d'eau et de verdure, cette ancienne bastide, fondée en 1277 par un puissant seigneur de Castelnau, a conservé son plan en damier, sa place centrale et ses couverts, des restes de remparts.

On ira voir la pittoresque **place des Consuls** avec sa maison du 15ᵉ s. à tourelle, dite « château du fort », et de là, par un passage sous voûte, le vieux manoir qui occupe un coin au bout de la jolie rue du Manoir de Cère. Tourner deux fois à droite et revenir par le quai plein de charme qui longe la Cère.

Après avoir reçu la Cère, la Dordogne passe non loin de l'imposant château de Castelnau-Bretenoux.

★★**Château de Castelnau-Bretenoux.** — *Page 64.*

En aval, la Dordogne reçoit la Bave *(p. 129)* et coule en plusieurs bras dans une large vallée limitée au Sud par l'abrupt des causses.

★**Carennac.** — *Page 63.*

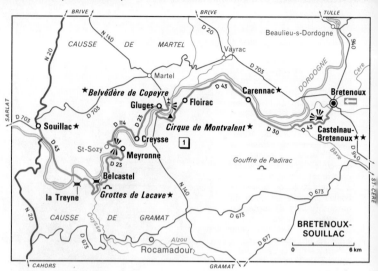

Après Carennac, se frayant un passage entre les causses de Martel et de Gramat, la Dordogne s'engage dans la magnifique trouée du cirque de Montvalent.

Floirac. — 296 h. Une tour-donjon du 14e s. est le seul vestige des anciennes fortifications.

★**Cirque de Montvalent.** — La route, très pittoresque, longe souvent la rivière et s'élève parfois en corniche au-dessus d'elle. A chaque tournant se révèlent de belles perspectives sur la vallée et les falaises des causses.

Franchir la Dordogne, prendre le D 140 vers Martel puis à droite le D 32 pour gagner le belvédère de Copeyre.

★**Belvédère de Copeyre.** — D'un rocher, surmonté d'un calvaire en bordure du D 32 et dominant la Dordogne, très belle **vue**★ sur le cirque de Montvalent : au pied de la ligne de falaises, la Dordogne décrit une vaste courbe au milieu de champs coupés de peupliers tandis qu'apparaissent, de part et d'autre de la rivière, le village de Floirac à droite et le Puy d'Issolud à gauche.

Faire demi-tour et suivre la rive droite.

Gluges. — Ce village (maisons anciennes) occupe un **site**★ particulièrement pittoresque au pied des falaises et à proximité de la rivière.

On contourne, dans la montée, une haute falaise en surplomb aux belles teintes ocre parfois masquées d'épais tapis de lierre. La route se poursuit, en partie creusée dans la falaise.

Creysse. — 248 h. Ce charmant village groupe ses toits de tuiles brunes, ses petites rues pittoresques, ses maisons à perron où s'accrochent des treilles, au pied de l'éperon rocheux sur lequel se dresse sa vieille église préromane, ancienne chapelle du château, aux curieuses absides jumelles. On accède à celle-ci et aux vestiges du château voisin par une ruelle pierreuse en forte montée débouchant sur une terrasse.
Vue d'ensemble, de la place ombragée de platanes, près du monument aux morts.

Au-delà de Creysse et jusqu'à St-Sozy, la route suit de près la Dordogne, bordée de saules, que l'on franchit de nouveau au pont de Meyronne.

Meyronne. — 201 h. Du pont, on découvre une jolie **vue**★ sur la rivière et sur le village, ancienne résidence des évêques de Tulle, dont les belles maisons quercynoises sont pittoresquement accrochées aux falaises.

La route épouse alors le tracé de la rivière, dans un très beau décor de rochers et de falaises, puis franchit l'Ouysse près de Lacave.

★**Grottes de Lacave.** — *Page 94.*

⊘**Château de Belcastel.** — Une falaise à pic surplombant le confluent de l'Ouysse et de la Dordogne porte un château, fièrement campé dans un **site**★ remarquable. Seules la partie Est du corps de logis et la chapelle datent du Moyen Âge, la plupart des bâtiments ayant été reconstruits par la suite.
On visite le donjon, la chapelle et les terrasses d'où le regard plonge sur le confluent de l'Ouysse et de la Dordogne.

Suivre le D 43, qui s'éloigne de la rivière, jusqu'au prochain pont.

⊘**Château de la Treyne.** — Le château est accroché à une falaise surplombant la rive gauche et de l'autre côté donne sur un vaste parc. Incendié par les catholiques lors des guerres de Religion, il a été reconstruit au 17e s. Seule la tour carrée remonte au 14e s.
Les bâtiments abritent aujourd'hui un hôtel. On peut visiter le parc avec ses jardins à la française et la chapelle qui sert de cadre à des expositions.

La route franchit ensuite la Dordogne et mène à Souillac.

★**Souillac.** — *Page 138.*

★★★LA VALLÉE PÉRIGOURDINE

② De Souillac à Sarlat
33 km — environ 1 h 1/2 — schéma ci-dessous

★**Souillac.** — *Page 138.*

> *Quitter Souillac à l'Ouest par le D 703.*

Seules des nuances distinguent les paysages du Quercy de ceux du Périgord Noir dans lequel la Dordogne pénètre après Souillac. La rivière, désormais plus calme, déploie ses méandres dans une succession d'opulents bassins que séparent d'étroits passages rocheux. Des crêtes couronnées de verdure sombre cernent l'horizon. La route traverse et domine les plaines alluviales bien cultivées et cernées, de part et d'autre de la rivière bordée de peupliers, par des collines boisées ; le caractère périgourdin de la vallée s'affirme.

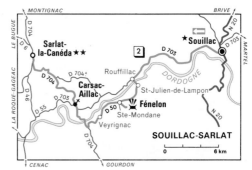

> *A Rouffillac prendre à gauche, franchir la Dordogne et à St-Julien-de-Lampon tourner à droite dans le D 50 vers Ste-Mondane.*

ⓥ**Château de Fénelon.** — C'est dans ce château, propriété, du 15e au 18e s., des Salignac-Fénelon, que le futur archevêque de Cambrai naquit en 1651 et passa son enfance *(voir p. 63).*
Cette demeure des 13e-15e s. a conservé son caractère militaire : une triple enceinte flanquée de tours protège l'accès de la terrasse sur laquelle s'élève le château et d'où se révèle un vaste panorama. La façade, modifiée au 17e s., présente un perron en fer à cheval donnant accès par l'ancien pont-levis à un cloître et à la cour d'honneur.
Outre la chapelle et une pièce où sont exposés les souvenirs de l'époque de Fénelon, on peut voir une belle collection d'automobiles anciennes de prestige.

> *Au-delà de Veyrignac, repasser sur la rive droite par le D 704.*

Carsac. — 950 h. Dans un site champêtre, s'élève la modeste mais charmante église de Carsac bâtie en belle pierre jaune. Sa façade s'ouvre sur un porche à cinq voussures retombant sur des colonnettes ; le massif clocher roman et l'abside sont couverts de lauzes.
La nef et les bas-côtés sont ornés d'élégantes clefs de voûtes ; la travée du chœur est voûtée d'un berceau plein cintre. Une petite coupole sur pendentifs surmonte la croisée du transept. Le chœur se prolonge par une abside romane, voûtée en cul-de-four et ornée d'intéressants chapiteaux de style archaïque d'inspiration orientale. Chapelles gothiques, de part et d'autre de la nef et à l'entrée du chœur. Les **vitraux** sont d'une facture résolument moderne.
Un **Chemin de croix,** par Zack, complète l'ornementation : l'œuvre frappe par la rudesse de son style et l'austérité de sa conception ; les textes sont empruntés à Paul Claudel.

> *De Carsac, gagner Sarlat par le D 704 qui suit un fond de vallée.*

★★**Sarlat.** — *Page 134.*

③ De Sarlat à St-Cyprien
60 km — environ 4 h — schéma p. 77

Cette route constitue la plus séduisante attraction d'un voyage en Périgord. A chaque pas surgissent des rocs abrupts et dorés surmontés de vieux châteaux et de bourgs pittoresques.

★★**Sarlat.** — *Page 134.*

Carsac. — *Description ci-dessus.*

A partir de Carsac, la route suit la rive droite de la Dordogne et domine la rivière qui décrit un beau méandre appelé « cingle de Montfort ».

★**Cingle de Montfort.** — Du D 703, adossé au rocher, on découvre dans un virage *(parc de stationnement)* une belle **vue**★ sur un méandre de la Dordogne qui se développe en contrebas, le tracé de la rivière étant accentué par une ligne de peupliers, tandis que le château de Montfort s'accroche au sommet d'un promontoire.

Château de Montfort. — Le château occupe un **site**★ pittoresque. La situation exceptionnelle a excité au cours des siècles la convoitise de ceux qui prétendaient à la suzeraineté du Périgord et son histoire est une longue suite de sièges et de luttes pour sa possession. Propriété du sire de Cazenac, il est, en 1214, pris d'assaut par le redoutable **Simon de Montfort** qui le rase. Reconstruit une première fois, il est détruit à trois autres reprises, au temps de la guerre de Cent Ans, sous Louis XI, puis sur l'ordre de Henri IV, et chaque fois rebâti. L'aile gauche a été restaurée à la fin du 19e s., le reste des bâtiments date des 15e et 16e s.
En contrebas, au pied du château qui repose sur un rocher criblé d'alvéoles, se groupent les maisons du village aux toits de lauzes.

Après Vitrac apparaît bientôt, sur la gauche, l'imposant promontoire sur lequel est bâtie Domme.

Cénac. — 900 h. Isolée du village, l'église romane de Cénac est le seul vestige d'un important prieuré bâti au 11ᵉ s. Le chevet échappa à la fureur destructrice des protestants du capitaine Vivans en 1589 *(voir p. 71)*. Au 19ᵉ s., la courte nef et le transept furent reconstruits.

Pénétrer dans le cimetière pour avoir une vue d'ensemble du chevet, couvert d'un beau toit de lauzes et épaulé de contreforts-colonnes surmontés de chapiteaux à feuillages. Une corniche à modillons sculptés de petits personnages court à la base du toit des absidioles.

Ⓥ À l'intérieur, le chœur et l'abside ont conservé de très intéressants **chapiteaux historiés.** L'art bestiaire le plus réaliste et le plus varié anime ces sculptures de 1130 ; remarquer le montreur de singes, Daniel dans la fosse aux lions, Jonas et le monstre marin.

★★ **Domme.** — *Page 71.*

On atteint alors la partie la plus belle de la vallée : la Dordogne, bordée de peupliers, s'y étale largement au milieu des cultures et des prairies. Les sites les plus extraordinaires se succèdent.

★★ **La Roque-Gageac.** — *Page 124.*

★ **Château de Castelnaud.** — *Page 64.*

Une brève excursion de Castelnaud au château des Milandes permet de passer au pied du château de Fayrac.

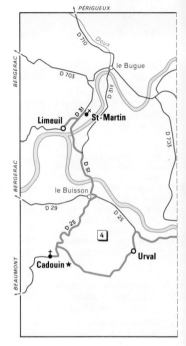

Château de Fayrac. — Une double enceinte cerne la cour intérieure à laquelle on accède par deux pont levis. Ces bâtiments du 16ᵉ, hérissés de tours à poivrières, forment un ensemble complexe et harmonieux, malgré les restaurations du 19ᵉ s., comme le pseudo donjon. Cette demeure est nichée dans la verdure sur la rive gauche de la Dordogne face à Beynac-et-Cazenac.

Ⓥ **Les Milandes.** — Le château de plaisance fut érigé, en 1489, par François de Caumont et resta la propriété de cette famille jusqu'à la Révolution. Naguère, Joséphine Baker a lié quelque temps le nom des Milandes à l'expérience généreuse de son « village du monde ». Un escalier à vis dessert les différents étages. Divers objets et meubles ayant appartenu aux Caumont et à Joséphine Baker y sont rassemblés.

Un jardin agréablement dessiné entoure le château ; de la terrasse, vue sur le parc.

Faire demi-tour pour regagner la rive droite de la Dordogne (D 703) par le pont de Castelnaud.

★★ **Beynac-et-Cazenac.** — *Page 47.*

Au-delà de Beynac, la vallée s'élargit peu avant St-Cyprien.

St-Cyprien. — *Page 131.*

④ De St-Cyprien à Limeuil

34 km — environ 1 h 1/2 — schéma ci-dessus et p. 77

St-Cyprien. — *Page 131.*

En aval de St-Cyprien, la Dordogne coule dans une vallée évasée dont le fond est tapissé de prairies et de cultures et que limitent des falaises et des coteaux boisés.

Siorac-en-Périgord. — 871 h. (les Sioraçois). Lieu de séjour. Ce village recherché pour sa plage possède un château du 17ᵉ s. et une petite église romane.

De Siorac prendre le D 25 puis tourner à gauche vers Urval.

Urval. — Ce joli village niché dans un vallon est dominé par la silhouette massive de son église fortifiée (12ᵉ s.). Les murs du chœur rectangulaire sont revêtus d'arcs d'applique retombant sur des chapiteaux archaïques. Deux de ces colonnes en marbre noir sont des remplois.

A côté de l'église subsiste le four banal médiéval.

Prendre la petite route qui au Sud-Ouest d'Urval mène à Cadouin.

★ **Cadouin.** — *Page 56.*

De Cadouin le D 25 mène au Buisson à travers les collines couvertes de taillis et de châtaigniers.

Franchir la Dordogne et prendre la direction Périgueux (D 51). Continuer le D 51 vers Limeuil, puis après avoir traversé la Vézère, tourner à droite dans le D 31.

Chapelle St-Martin. — Entouré de cyprès, cet édifice du 12ᵉ s. présente un avant-chœur couvert d'une coupole sur pendentifs.

Limeuil. — 362 h. (les Limeuillois). Situé au confluent de la Dordogne et de la Vézère, Limeuil frappe d'abord par ses deux ponts en équerre.

Le village, construit sur un promontoire, occupe un **site**★ pittoresque. Il a conservé quelques vestiges de son passé de forteresse dans les ruelles qui grimpent vers l'emplacement de l'ancien château et l'église.

Le long de la Dordogne, on peut évoquer l'époque où Limeuil était un port de pêche et de batellerie.

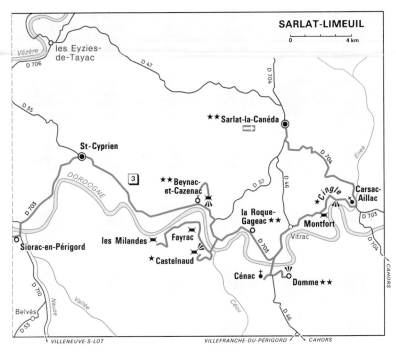

SARLAT-LIMEUIL

5 De Limeuil à Bergerac
53 km — environ 2 h 1/2 — schéma ci-dessous

Limeuil. — *Page 76.*

Prendre le D 31 sur la rive droite de la Dordogne.

Peu après le confluent de la Dordogne et de la Vézère, la route, très pittoresque, domine la Dordogne aux Roches blanches *(belvédère aménagé)*, face à la plaine de Sors.

Trémolat. — 543 h. Lieu de séjour. Bâti dans un méandre de la Dordogne, ce charmant village possède une curieuse **église** romane du 12e s. Précédée d'un massif clocher-porche, c'est une véritable forteresse avec ses hauts murs nus seulement égayés par les beaux tons ocre et jaune de la pierre. L'intérieur, de style roman périgourdin, se compose d'une nef surmontée d'une file de coupoles sur pendentifs (la coupole de la croisée du transept repose sur des pendentifs de forme ovoïde).

Dans le cimetière, la **chapelle St-Hilaire** est un petit édifice roman s'ouvrant par un joli portail surmonté d'une corniche à modillons.

A Trémolat prendre au Nord la « Route du Cingle de Trémolat » qui s'élève progressivement au-dessus de la vallée.

Belvédère de Racamadou. — De la plate-forme aménagée dans le château d'eau se révèle un **panorama**★★ exceptionnel sur le célèbre cingle de Trémolat.

★★**Cingle de Trémolat.** — Au pied d'un hémicycle de hautes falaises blanches coupées de végétation, se love la rivière, qu'enjambent plusieurs ponts aux belles pierres ocre, et dans laquelle se mirent les peupliers. Au-delà de ce magnifique plan d'eau, choisi pour servir de cadre à des compétitions d'aviron, cultures et prairies forment un immense damier, tandis qu'à l'horizon se dessinent les collines du Bergeracois et de la région d'Issigeac et de Monpazier. Au soleil couchant, la gamme des tons est d'une richesse insoupçonnée.

Revenir à Trémolat et passer sur la rive gauche de la Dordogne.

La vallée est jalonnée de nombreux séchoirs à tabac.

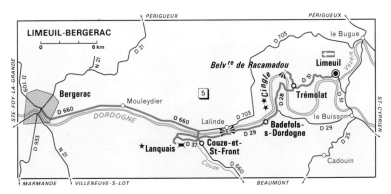

LIMEUIL-BERGERAC

Badefols-sur-Dordogne. — 150 h. (les Badefolois). Lieu de séjour. Le village occupe un site agréable en bordure de la Dordogne. L'église, rustique, se presse au pied des ruines du château perchées sur une falaise. Cette forteresse, détruite sous la Révolution, servit de repaire aux seigneurs de l'endroit, chefs de bandes et pillards qui ne se faisaient pas faute de rançonner les gabares *(voir p. 73)* qui descendaient le fleuve.
Du pont qui mène à Lalinde (Lieu de séjour), belle **vue** sur la Dordogne.

Couze-et-St-Front. — 831 h. Au débouché de la petite vallée de la Couze, c'est une active localité, spécialisée depuis le 16ᵉ s. dans la fabrication du papier. C'était le centre papetier le plus important d'Aquitaine : 13 moulins y fonctionnaient à certaines époques. Aujourd'hui deux moulins seulement sont encore en activité dont le **moulin de Larroque** où l'on peut voir fabriquer du papier filigrané selon les méthodes anciennes.
Du D 660, au Sud du village, on voit une charmante église romane, désaffectée et utilisée comme bureau. Elle est coiffée d'un beau clocher et son chevet est couvert de tuiles rondes.

De Couze-et-St-Front, gagner le bourg et le château de Lanquais.

★ **Château de Lanquais.** — *Page 94.*

Revenir en arrière, prendre le D 37 à gauche et traverser de nouveau la Dordogne.
Le D 660 mène à Bergerac en longeant la large vallée alluviale.

★ **Bergerac.** — *Page 42.*

La DOUBLE

Carte Michelin nº 75 plis 3, 4 et 5.

Durant l'ère tertiaire, les cours d'eau descendant du Massif Central étalèrent des nappes argilo-sableuses qui donnèrent naissance notamment à la Sologne, la Brenne... et la Double.
Cette région de la Double, située à l'Ouest du Périgord entre la Dronne au Nord et l'Isle au Sud, présente des paysages sauvages de forêts parsemées d'étangs et un habitat dispersé de maisons à pans de bois et torchis. C'était une région pauvre, sujette au paludisme, repaire des brigands et des loups. Elle connut un changement sous le Second Empire avec la construction de routes, le drainage, l'amendement des terres et la plantation de pins maritimes qui constituent aujourd'hui la majorité du peuplement forestier avec les chênes et les châtaigniers.
De tout temps les Doublauds ont pratiqué la pisciculture en vidant tous les deux ans ces étangs aux formes allongées dont les interminables bras, domaines des joncs, sont appelés les naudes.
Aujourd'hui, 60 % de la superficie est occupée par la forêt, exploitée pour le bois d'œuvre ou comme terrain de chasse.
Le reste est le domaine d'exploitations moyennes tournées vers l'élevage d'embouche et laitier.

Circuit au départ de St-Astier
102 km — 4 h — schéma ci-dessous

St-Astier. — 4 736 h. Situé au bord de l'Isle, le noyau ancien du bourg où subsistent quelques maisons Renaissance est dominé par l'église et sa magnifique **tour-clocher** à deux étages d'arcatures, épaulée par de massifs contreforts.
Les cimenteries établies près de l'Isle donnent à St-Astier le visage d'une ville industrielle.

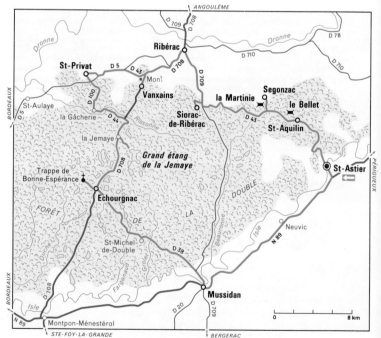

Prendre le D 43, sinueux et parfois accidenté, qui traverse une région pittoresque de collines boisées.

St-Aquilin. — 388 h. L'église romano-gothique se termine par un chœur à chevet plat.

Château du Bellet. — Sur la droite, à flanc de coteau, se dresse une demeure aux beaux toits de tuiles et aux grosses tours rondes.

Prendre à droite vers Segonzac.

Château de la Martinie. — Cette élégante construction 15ᵉ s. et Renaissance, ornée d'une balustrade au-dessus de la porte charretière, est transformée en ferme.

Segonzac. — L'église romane des 11ᵉ et 12ᵉ s. fut remaniée et agrandie au 16ᵉ s.

Revenir au D 43.

La route de crête offre de belles vues sur la vallée de la Dronne et le Ribéracois, ses paysages vallonnés, ses cultures céréalières piquetés de bosquets.

Siorac-de-Ribérac. — 228 h. Dominant un vallon, l'**église** fortifiée est un édifice roman à nef unique couvert d'une coupole sur le faux carré du transept.

Le D 709 descend vers Ribérac.

Ribérac. — 4 291 h. Lieu de séjour. Située au Nord de la région de la Double, c'est la capitale du Ribéracois que l'on appelle aussi le Périgord Blanc, riche région agricole où se pratiquent surtout la céréaliculture, l'élevage laitier et celui des veaux blancs. Un marché forain important s'y tient le vendredi.

Prendre le D 708 vers le Sud-Ouest.

⊙ **Vanxains.** — 667 h. A l'intérieur de l'**église,** l'avant-chœur roman voûté d'une coupole sur pendentifs est prolongé par un chœur à chevet plat percé de trois baies. On remarquera les beaux chapiteaux sculptés de cette partie de l'église. La nef et le clocher ont été refaits aux 15ᵉ et 16ᵉ s.

Reprendre le D 708 en sens inverse et à un monument tourner à gauche dans le D 43 puis dans le D 5 que l'on prend vers l'Ouest.

St-Privat. — *Page 133.*

De St-Privat le D 100 mène à la Gâcherie, tourner à gauche dans le D 44 puis à droite dans le D 708. A la Jemaye prendre à gauche la route de l'étang.

Grand étang de la Jemaye. — Au milieu de la forêt de la Jemaye, le grand étang a été aménagé en base de loisirs avec plage, pêche, planche à voile, etc...

Le D 708 vers le sud, traverse de grands boisements de pins maritimes.

Echourgnac. — 443 h. A côté de ce village, sur le D 38, se trouve la **Trappe de Bonne-Espérance.** Ce monastère fut créé en 1868 par les moines de la Trappe du Port-du-Salut en Mayenne qui voulaient aider les habitants de cette région particulièrement défavorisée. Ils mirent sur pied une fromagerie modèle, collectant le lait dans les fermes avoisinantes. Leur fromage, le « Trappe », ressemble beaucoup au Port Salut.
Les moines ont dû quitter le monastère en 1910 et furent remplacés en 1923 par des sœurs qui ont maintenu l'industrie fromagère.

Reprendre le D 38 vers le Sud.

La route traverse la forêt de la Double et longe quelques étangs.

Mussidan. — *Page 108.*

De Mussidan la N 89, longeant l'Isle, ramène à St-Astier.

★ DRONNE (Vallée de la)

Carte Michelin nº 75 pli 5.

Affluent de l'Isle, la Dronne s'écoule dans le Nord du Périgord, taillant des falaises entre Brantôme et Bourdeilles, accueillant dans sa vallée prés, labours et peupliers dès qu'elle s'élargit, tandis que les versants sont le domaine de la lande à genévrier, des taillis de chênes et de la forêt de châtaigniers.

Circuit au départ de Périgueux

110 km — 1 journée — schéma p. 80

★ **Périgueux.** — *Page 113. Visite : 3 h.*

Sortir de Périgueux par ⑤ du plan, le D 939 puis le D 710.

★ **Abbaye de Chancelade.** — *Page 68.*

Prendre le D 1 et, avant la Chapelle-Conaguet, tourner dans un chemin à droite et suivre la signalisation.

Prieuré de Merlande. — *Page 69.*

Rejoindre la Chapelle-Conaguet et poursuivre jusqu'à Lisle par le D 1. Là, traverser la Dronne et tourner à gauche vers Montagrier.

Montagrier. — 385 h. Tout près d'une terrasse à l'extrémité de laquelle se révèle une vue étendue sur la verdoyante vallée de la Dronne, se dresse, entourée d'un rideau de cyprès, l'église de Montagrier. Chapelle d'un prieuré disparu qui dépendait de l'abbaye de Brantôme, elle a subi de malencontreuses restaurations. Seuls subsistent de l'édifice du 12ᵉ s. le carré du transept, surmonté d'une coupole sur pendentifs, et les cinq absidioles rayonnantes.

Le D 103 et le D 1, entre Montagrier et Grand-Brassac, offrent de belles vues sur la Dronne et sa riante vallée.

⊙ **Grand-Brassac.** — 528 h. Cette petite bourgade possède une intéressante **église fortifiée.** Pour servir de refuge aux villageois furent installés, dès le 13ᵉ s., les dispositifs fortifiés qui donnent à cette église un aspect sévère : créneaux, galeries de défense, ouvertures très étroites ressemblant plus à des meurtrières qu'à des fenêtres.

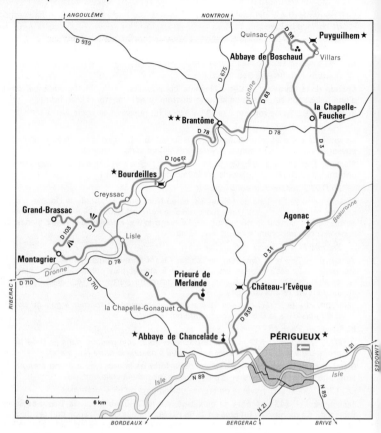

Le portail de la façade Nord a reçu une décoration sculptée de fragments de diverses époques : au-dessus d'un arc orné de beaux rinceaux qui abrite des statuettes ayant appartenu à une Adoration des Mages, cinq statues du 16e s. sont disposées sous un auvent. On reconnaît le Christ entre saint Jean et la Vierge, plus bas saint Pierre et un autre saint. A l'intérieur, l'étroitesse de la nef accentue le caractère élancé du vaisseau.

De Grand-Brassac prendre le D 1 en sens inverse puis tourner à gauche vers Creyssac. Cette jolie route serpentant au-dessus de la vallée mène à Bourdeilles.

★ **Bourdeilles.** — *Page 49.*

Retraverser la Dronne et poursuivre le D 106E2 jusqu'à Brantôme.

★★ **Brantôme.** — *Page 51.*

De Brantôme prendre le D 78 puis à gauche le D 83. À Quinsac tourner à droite dans le D 98 et suivre les panneaux signalant l'abbaye de Boschaud.

Abbaye de Boschaud. — Cette abbaye cistercienne fut fondée en 1163 dans ce vallon boisé « Basco Cavo » (bois creux) qui lui donna son nom de Boschaud.
Abandonnée à la Révolution, elle tomba en ruines, puis fut restaurée à partir de 1950 par les Monuments historiques et le Club du Vieux Manoir.
Des vestiges des bâtiments monastiques permettent de reconstituer le plan de l'abbaye avec sa porterie, les bâtiments des moines, le cellier... La salle capitulaire a conservé ses cinq ouvertures qui donnaient sur le cloître.
L'église, d'une très grande simplicité, est particulièrement originale pour un édifice cistercien du fait de ses coupoles typiquement périgourdines. Seule celle du transept subsiste. La nef qui s'est écroulée était aussi surmontée d'une file de coupoles.

★ **Château de Puyguilhem.** — *Page 120.*

Prendre le D 3 vers le sud.

La Chapelle-Faucher. — Surplombant du haut de sa falaise le cours de la Côle, ce château a conservé ses courtines et sa poterne d'entrée. Le corps de logis est couronné d'un chemin de ronde à mâchicoulis. Malheureusement ce château a subi de nombreux dommages, notamment pendant les guerres de Religion, quand l'Amiral de Coligny, chef huguenot, enferma 300 paysans dans le château et y mit le feu.

Agonac. — *Page 38.*

Le D 3E mène à Château-l'Évêque.

Château-l'Évêque. — Le château épiscopal donna son nom au village. Modifié à de nombreuses reprises depuis le 14e s, ce château se compose d'un corps de logis dissymétrique. Ses façades sur la vallée de la Beauronne sont percées de baies à croisillons de pierre et surmontées d'un chemin de ronde à mâchicoulis.
L'église paroissiale servit de cadre à l'ordination de saint Vincent de Paul par Mgr François de Bourdeille le 23 septembre 1600.

Le D 939 ramène à Périgueux.

ESPAGNAC-STE-EULALIE

Carte Michelin nº 79 pli 9 — Schéma p. 67.

Dans un pittoresque cadre de falaises, ce village groupe ses maisons coiffées de clochetons et de toits pointus autour de l'ancien prieuré N.-D. du « Val-Paradis ».

Ancien prieuré Notre-Dame. — Fondé au 12e s. par le moine Bertrand de Grifeuille, de l'ordre des Augustins, rattaché à l'abbaye de la Couronne, le prieuré devint en 1212 couvent de chanoinesses augustines. Il prit une grande extension sous l'impulsion de son troisième fondateur, Aymeric Hébrard de St-Sulpice *(voir p. 66)*, évêque de Coïmbra. Le monastère déplacé en 1283, à l'abri des inondations du Célé, eut beaucoup à souffrir de la guerre de Cent Ans, qui vit le cloître détruit et l'église en partie démolie. Reconstruit au 15e s., la vie religieuse put s'y poursuivre jusqu'à la Révolution.

Les bâtiments conventuels qui subsistent abritent le foyer rural et des gîtes communaux.

(D'après photo Arthaud, Grenoble)
Espagnac-Ste-Eulalie. — La tour-clocher du prieuré.

ⓥ **Église.** — De style flamboyant, elle a remplacé un édifice du 13e s. dont il reste les murs de la nef, un portail et, en prolongement, les ruines des travées détruites lors des incendies du 15e s. L'extérieur offre la particularité d'un chevet pentagonal s'élevant de beaucoup au-dessus de la nef et, flanquée au Sud, d'une tour-clocher surmontée d'une chambre carrée en colombage de bois et brique, coiffée d'un pittoresque toit octogonal, en lauzes schisteuses.

A l'intérieur trois tombeaux placés dans des enfeus et surmontés de gisants seraient ceux d'Aymeric Hébrard de St-Sulpice, mort en 1295, du chevalier Hugues de Cardaillac-Brengues, enterré à Espagnac en 1342, et de sa femme Bernarde de Trian.

Le maître-autel à prédelle en bois doré, du 17e s., est orné d'un retable du 18e s. encadrant une Assomption peinte d'après une œuvre de Simon Vouet.

EXCIDEUIL

Carte Michelin nº 75 plis 6, 7 — Lieu de séjour.

Couronnant une colline qui domine la vallée de la Loue, les vestiges du château d'Excideuil évoquent le souvenir des vicomtes de Limoges et des comtes du Périgord.

Château. — Une courtine, ancienne façade du château féodal, relie deux donjons démantelés, de la fin du 11e s. et du 12e s. A côté de cette forteresse médiévale s'élève une demeure Renaissance, agrandie récemment avec tourelles et fenêtres à meneaux, qui appartint aux Talleyrand en faveur de qui Louis XIII érigea, en 1613, la terre d'Excideuil en marquisat.

Une agréable promenade *(durée : 1/2 h)* permet d'en faire le tour. On a la meilleure vue d'ensemble depuis les bords de la Loue.

ⓥ **Église.** — L'ancien prieuré bénédictin du 12e s. fut très remanié au 15e ; c'est ainsi que l'église présente un beau portail flamboyant dans le mur Sud.

A l'intérieur, un retable doré du 17e s. provient de l'église des Cordeliers. Une pietà polychrome du 16e s., Notre-Dame d'Excideuil, est entourée d'ex-voto.

EYMET

Carte Michelin nº 75 Sud du pli 14 — Lieu de séjour.

Aux confins du Bergeracois et de l'Agenais, Eymet est encore une petite ville du Périgord connue pour ses conserveries fines de foie gras, de galantines et de ballotines.

LA BASTIDE visite : 3/4 h

Fondée en 1271 par Alphonse de Poitiers, la bastide d'Eymet, bien que dotée d'une charte lui concédant privilèges et libertés, fut régie par plusieurs familles seigneuriales tantôt à la solde du roi de France, tantôt à celle des rois d'Angleterre. Elle eut une histoire mouvementée pendant la guerre de Cent Ans et les guerres de Religion, les remparts furent démolis sous Louis XIII.

Place centrale. — Elle a conservé ses arcades ou « cornières » et des maisons anciennes aux façades de pierres apparentes ou à pans de bois, certaines percées de fenêtres à meneaux. Au centre fontaine du 17e s.

Donjon. — Cette tour du 14e s. est le seul vestige du château.

ⓥ Un petit **musée** y a été aménagé regroupant des collections régionales d'arts et traditions populaires (vêtements, outils, bottes de cocher...) ainsi que des collections préhistoriques.

★★ **Les EYZIES-DE-TAYAC**   858 h. (les Eyzicois)

Carte Michelin n° 🔲🔲 pli 16 — Schéma p. 83 — Lieu de séjour.

Au confluent de la Vézère et de la Beune, le bourg des Eyzies occupe un site agréable dans un cadre de falaises couronnées de chênes verts et de genévriers.

Soulignée d'une double haie de peupliers, la Vézère tantôt serpente au milieu des prairies et des cultures, tantôt se resserre entre les parois rocheuses hautes de 50 à 80 m. Des abris creusés à la base des masses calcaires ont tenu lieu d'habitations aux hommes de la préhistoire, tandis que des grottes s'ouvrant en général à mi-hauteur des falaises leur servaient de temples où se déroulaient des cérémonies magiques. La découverte de ces abris, depuis un siècle, dans un rayon restreint autour des Eyzies, leur exploration méthodique et l'étude des gisements qu'ils recèlent ont permis à la préhistoire de s'ériger en science *(voir p. 19)* et ont fait des Eyzies la capitale de la préhistoire.

LA CAPITALE DE LA PRÉHISTOIRE *schéma p. 83*

La basse Vézère à l'âge des cavernes. — Alors que régnait en Europe la seconde période glaciaire, à l'époque où l'Auvergne voyait s'allumer les volcans de la chaîne des puys, les hommes préhistoriques durent abandonner les plaines du Nord trop froides, où s'étaient déjà développées les civilisations abbevillienne et acheuléenne, et partir, à la suite des animaux sauvages qu'ils chassaient, vers des pays plus cléments. La basse Vézère, qui coulait alors à une trentaine de mètres au-dessus de son niveau actuel, les retint par les ressources de ses massifs forestiers, par ses cavernes naturelles accessibles et ses surplombs pouvant servir d'abris, dus à la nature de ses calcaires, moins friables et moins fissurés que ceux de la vallée de la Dordogne.

Pendant plusieurs dizaines de milliers d'années les hommes se sont succédé dans ces abris, y laissant des traces de leur passage et de leurs activités : ossements, cendres de foyers, outils, armes, ustensiles, poteries, motifs décoratifs. Leur civilisation a évolué en même temps que le milieu naturel dans lequel ils vivaient. Quant aux espèces animales, elles se sont rapprochées de plus en plus des espèces actuelles : aux éléphants, puis aux ours des cavernes succédèrent bisons, aurochs, mammouths, puis bœufs musqués, rennes, bouquetins, cerfs, chevaux. Le réchauffement du climat, à la fin du magdalénien, accompagné de pluies abondantes, a poussé les hommes à abandonner les abris pour vivre en plein air sur des pentes exposées au soleil.

Le domaine des chercheurs. — L'étude méthodique des gisements de la région des Eyzies a permis aux chercheurs de mieux connaître la préhistoire. Le département de la Dordogne offre en effet une contribution capitale à cette science avec près de 200 gisements dénombrés dont plus de la moitié se situent dans la basse vallée de la Vézère. En 1863 commence l'étude des gisements de Laugerie et de la Madeleine ; la découverte d'objets tels que silex, os et ivoires gravés, de sépultures avec des squelettes rougis à l'ocre et souvent orientés Est-Ouest, est pour les premiers chercheurs un puissant stimulant. En 1868, des ouvriers effectuant les travaux de terrassement de la voie ferrée Périgueux-Agen mettent au jour les squelettes de Cro-Magnon. Peu après, l'exploration très poussée des abris du Moustier et de la Madeleine permet de déterminer deux grandes époques de l'âge paléolithique : le moustérien et le magdalénien *(voir p. 20 et 21)*. Les découvertes se succèdent à un rythme d'autant plus rapide que la région des Eyzies se révèle comme l'une des plus riches du monde par ses **gisements :** la Micoque, Laugerie-Haute, Laugerie-Basse, la Ferrassie, Laussel ; par ses **abris et ses grottes** recelant des sculptures et des gravures : le Cap Blanc, le Poisson, la Mouthe, les Combarelles, Bernifal, Commarque ; par ses **grottes à peintures** polychromes : Font-de-Gaume, Lascaux. L'étude des gravures sur os, ivoire ou pierre, et celle des bas-reliefs, des gravures, des peintures a permis de définir les croyances, les rites, les modes de vie et l'évolution artistique des hommes du paléolithique.

A ces travaux sont attachés les noms de L. Capitan, D. Peyrony et de l'abbé Breuil.

CURIOSITÉS

Les Eyzies

★★**Musée national de la Préhistoire.** — Il est installé dans l'ancien château des
Ⓥ barons de Beynac. Cette forteresse du 13ᵉ s., restaurée au 16ᵉ s., s'accroche à mi-hauteur de la falaise dominant le village, sous un surplomb rocheux. De la plate-forme où se dresse la statue de l'Homme primitif due au sculpteur Dardé, on découvre une belle vue sur le bourg des Eyzies et sur les vallées de la Vézère et de la Beune. Les très riches collections d'objets et d'œuvres d'art préhistoriques recueillis dans la région durant ces 80 dernières années sont exposées dans deux bâtiments.

La présentation des collections est complétée par des tableaux synoptiques montrant la chronologie des époques préhistoriques, des coupes stratigraphiques et des photographies.

Une salle du 1ᵉʳ étage est consacrée aux différentes techniques de la taille de la pierre et à la synthèse de la préhistoire. L'art préhistorique est représenté par la peinture et la sculpture rupestres ainsi que par l'art mobilier.

Le second étage contient des objets de toutes les époques préhistoriques. La salle Breuil, présente des moulages des chefs-d'œuvre de l'art préhistorique appartenant à plusieurs musées. Une salle réunit une collection extraordinaire de blocs et de plaques calcaires gravés, datés entre − 30 000 et − 15 000 ans où sont représentés des aurochs, des silhouettes féminines... A côté, de petites gravures sur os comme le sorcier de la Madeleine et une collection de statuettes que l'on appelle les Vénus côtoient des objets de parure en pierre, en dent, en os... et des armes (sagaies, poignards...).

Au dernier étage, dans une grande salle, est présentée de façon fort intéressante l'évolution de la taille des silex depuis 2,5 millions d'années.

Dans un autre bâtiment a été reconstituée la sépulture féminine magdalénienne de St-Germain-la-Rivière avec son squelette.

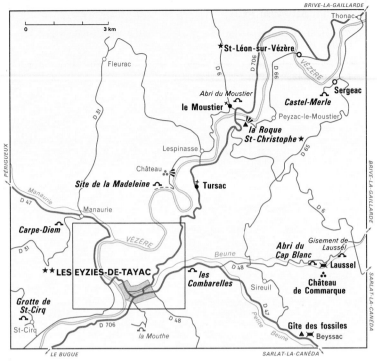

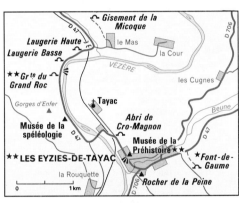

Abri de Cro-Magnon. — Mis au jour en 1868, il a révélé, outre des silex et des os travaillés de l'époque aurignacienne, trois squelettes d'adultes étudiés par Broca. Ces découvertes ont eu une importance primordiale pour l'étude de la préhistoire, puisqu'elles ont permis de définir les caractères de la race de Cro-Magnon (voir p. 19).

★Grotte de Font-de-Gaume. — Laisser la voiture au débouché du vallon de St-Cyprien, face à une falaise en forme d'éperon. Un sentier monte en 400 m à l'entrée de la grotte.

La grotte se présente sous la forme d'un couloir d'environ 120 m, sur lequel se greffent plusieurs ramifications. Connue depuis longtemps, cette grotte était un but de promenade : certains visiteurs, ignorant l'intérêt que présentaient les peintures de ses parois, leur firent subir dès le 18e s. de regrettables déprédations. L'étude de ces peintures a permis de les rattacher aux époques périgordienne et magdalénienne.

Au-delà d'un passage étroit appelé « Le Rubicon » apparaissent sur les parois de nombreuses peintures polychromes, souvent superposées ; toutes ces figures : chevaux, bisons, mammouths, rennes, cervidés, témoignent d'un art très poussé, et constituent après Lascaux, le plus bel ensemble de peintures polychromes de France. La frise de bisons, peinte en brun sur le fond de calcite blanc est particulièrement remarquable.

Rocher de la Peine. — Déchiqueté par l'érosion, cet imposant rocher surplombe en partie la route. Il a révélé dans ses flancs un gisement magdalénien.

Église de Tayac. — Cette église fortifiée du 12e s. séduit par les tons dorés de sa pierre et frappe par l'aspect sévère de son architecture. Deux clochers-tours crénelés et coiffés d'un toit de lauzes encadrent le vaisseau. L'intérieur est bien éclairé malgré l'étroitesse des fenêtres, simples fentes ressemblant à des meurtrières. Le portail en arc légèrement brisé, à cinq rouleaux, est de style limousin.

Le long du D 47

Musée de la Spéléologie. — Il est installé dans le fort du roc de Tayac, commandant la vallée de la Vézère. Les quatre salles taillées dans le roc sont consacrées au monde souterrain : matériel spéléologique, géologie et faune des cavernes, maquettes.

Gisement de Laugerie Basse. — La découverte, sous un amoncellement de blocs éboulés, d'un grand gisement au lieu-dit « Les Marseilles » a permis de rassembler un important outillage remontant à l'âge du renne.

Une coupe montre l'étagement des vestiges humains déblayés dont les niveaux se sont accumulés là depuis le milieu du magdalénien jusqu'à l'âge du fer. Un petit musée abrite les pièces découvertes : poinçons, harpons, aiguilles, galets et os gravés, silex, pointes de flèches, lampes, poteries.

Gisement de Laugerie Haute. — Dans un site très pittoresque au pied de hautes falaises, des fouilles entreprises depuis près d'un siècle ont mis au jour d'importants spécimens de l'industrie et de l'art des troglodytes, à différents niveaux.

Les recherches, commencées ici en 1863, se poursuivirent par étapes, en 1911, en 1921 et de 1936 à 1939. Les travaux ont permis d'établir plusieurs coupes de terrain, montrant l'importance de ce site occupé par l'homme sans interruption du milieu du périgordien au milieu du magdalénien, c'est-à-dire pendant les quelque 300 siècles qu'a duré le paléolithique supérieur. Les coupes confondent l'imagination en rendant sensible à notre esprit l'émouvante lenteur des progrès de l'industrie humaine à travers les millénaires.

Dans l'extrémité Ouest du gisement, deux squelettes ont été découverts sous des éboulis. L'examen des falaises révèle par endroits des traces de larmiers, saillies taillées dans la roche afin d'empêcher les eaux de pluie de ruisseler le long des parois et de pénétrer dans les abris.

★★**Grotte du Grand Roc.** — Des escaliers et de la terrasse située à l'entrée de la grotte, on jouit d'une très belle **vue★** sur la vallée de la Vézère. 40 m de tunnels permettent de découvrir, dans des salles généralement petites, une extraordinaire floraison de stalactites et de stalagmites, des excentriques comparables à des coraux, des pendeloques et des cristallisations d'une richesse et d'une variété inouïes.

Gisement de la Micoque. — Il a fourni de nombreuses pièces de la fin de l'acheuléen au début du moustérien (tayacien et micoquien), exposées au musée des Eyzies.

Grotte de Carpe-Diem. — De part et d'autre d'un couloir étroit et sinueux de180 m, apparaissent des stalagmites et de nombreuses stalactites diversement colorées.

Grotte de St-Cirq. — *Accès par la route qui prolonge le D 47 vers le Sud.*

Sous une roche en léger surplomb ont été découvertes quelques gravures de l'époque magdalénienne représentant des chevaux, des bisons et des bouquetins. Mais la grotte est surtout connue pour le **Sorcier de St-Cirq,** l'une des rares figurations humaines trouvées dans les grottes préhistoriques.

Un petit musée présente des fossiles et de l'outillage préhistorique.

Le long de la Vézère

Les curiosités sont décrites du Nord au Sud afin de pouvoir être réunies à l'itinéraire de la vallée de la Vézère *(p. 142).*

Castel-Merle. — *Page 143.*

Le Moustier. — Bâti au pied d'une colline, ce petit village possède un **abri préhistorique** célèbre. Les gisements préhistoriques du Moustier ont révélé un squelette humain et de nombreux outils de silex et ont donné leur nom (moustérien) à une époque du paléolithique moyen.

L'église du village renferme un intéressant confessionnal sculpté du 17e s.

★**La Roque St-Christophe.** — Cette imposante falaise surplombe, sur une longueur de plus de 900 m et 80 m de hauteur, la vallée de la Vézère. Elle se présente comme une énorme ruche creusée d'une centaine d'abris sous roche superposés sur cinq étages. Des recherches archéologiques y sont en cours. Les traces d'art et d'outillage révèlent qu'elle fut habitée depuis environ 20 000 ans : ces documents sont conservés au musée national de la Préhistoire des Eyzies et au musée de St-Germain-en-Laye. Ses terrasses ont, au 10e s., servi de fondations à un fort utilisé contre les Normands puis durant la guerre de Cent Ans, et qui fut rasé pendant les guerres de Religion, à la fin du 16e s. Du **Pas du Miroir,** on pouvait contempler son image, réfléchie par les eaux de la Vézère, lorsque celle-ci baignait encore le pied de la falaise 30 m plus bas.

De la grande terrasse, on découvre une très belle **vue★** plongeante sur la vallée.

Tursac. — Dominée par un énorme clocher-tour d'aspect sévère, l'église de Tursac offre une suite de coupoles caractéristiques du style roman périgourdin *(voir p. 30).*

Site de la Madeleine. —

Accès par Tursac. Franchir le pont vers l'Espinasse où tourner à gauche ; la route se termine par un parc de stationnement.

De là, une allée bordée de buis conduit au site *(1/4 h à pied AR).* Près de la rive droite de la Vézère, au pied des ruines d'un château d'où l'on découvre une belle vue sur la vallée, s'ouvrent plusieurs abris sous roche où subsistent les vestiges d'une chapelle, de murs, d'abris... et ayant servi d'habitations troglodytiques pendant le Moyen Âge.

(Photo du musée national des Eyzies)

Gravure sur bois de renne trouvé à la Madeleine et exposé au musée des Eyzies.

Le site comprend le **gisement de la Madeleine.** Dans ce gisement ont été mises au jour des pièces pour la plupart exposées au musée des Eyzies et au musée des Antiquités nationales de la France à St-Germain-en-Laye : leur importance a décidé du nom (magdalénien) donné à un âge du paléolithique supérieur dont il a été possible de définir les caractères essentiels.

Vallée de la Beune

Grotte des Combarelles. — Un couloir sinueux, de 250 m de longueur, présente sur ses parois, après un parcours de 120 m, de nombreux traits, gravés parfois les uns au-dessus des autres, et figurant près de 300 animaux : chevaux, bisons, ours, rennes, mammouths, représentés tantôt au repos, tantôt en pleine course.

Découverte en 1901, cette grotte a permis de déterminer l'importance de l'art magdalénien à une époque où l'étude de la préhistoire se heurtait encore à l'incrédulité de certains savants.

Un second couloir offrant des gravures analogues a été le théâtre de la vie des hommes ; on y a trouvé des restes de foyers et des témoignages de l'industrie magdalénienne.

Abri du Cap-Blanc. — L'exploitation, en 1909, d'un petit gisement magdalénien permit de découvrir d'intéressantes sculptures, en haut-relief, sur les parois de l'abri rocheux.

On y remarque deux bisons et tout particulièrement une frise de chevaux pour l'exécution desquels le relief et le galbe de la roche ont été utilisés au maximum. Au pied de cette frise, a été découverte une sépulture humaine.

Château de Commarque. — Ses ruines imposantes se dressent face au château de Laussel, sur la rive Sud de la Beune. Ce château fort, construit aux 12e et 13e s., joua un rôle très important pendant la guerre de Cent Ans. Occupé par les Anglais à la suite d'une trahison, il fut repris par le sénéchal de Périgord qui le rendit au baron de Beynac. Des fortifications qui le protégeaient, subsistent d'importants vestiges. Le donjon, couronné de mâchicoulis, la chapelle et les différents corps de logis émergent d'un nid de verdure qui forme un cadre romantique.

Château de Laussel. — Perché sur une falaise surplombant la vallée de la Beune, ce castel des 15e et 16e s. est de dimensions modestes, mais d'allure très élégante. A quelques centaines de mètres en amont se trouvait un important gisement préhistorique où l'on découvrit plusieurs représentations humaines en bas-relief dont la célèbre « Vénus de Laussel », d'époque aurignacienne, conservée à Bordeaux *(illustration p. 21)*.

Le Gîte à fossiles. — Installé dans les dépendances du **château de Beyssac** (16e s.), le musée de Paléontologie présente une intéressante collection qui ne compte pas moins de 3 000 spécimens authentiques. Beaucoup de fossiles proviennent de gisements de la région.

Des démonstrations de taille de silex montrent comment procédait l'homme du paléolithique ; d'autre part un spectacle audiovisuel présente les « animaux de la préhistoire ».

★ FIGEAC

10 511 h. (les Figeacois)

Carte Michelin n° 🔟 pli 10 — Schémas p. 67 et p. 97 — Lieu de séjour.

Étalée sur la rive droite du Célé et ceinturée d'avenues bordées de platanes, Figeac s'est développée au débouché de l'Auvergne et du Haut-Quercy et a connu un passé prestigieux dont témoigne aujourd'hui l'architecture de ses hautes maisons de grès.

La grande industrie de Figeac est l'entreprise Ratier spécialisée dans les constructions aéronautiques.

Des abbés au roi. — Figeac se développa à partir du 9e s. autour d'un monastère qui prit une réelle expansion aux 11e et 12e s. L'abbé était le seigneur direct de la ville et la dirigeait, accompagné d'une délégation de sept consuls. Tous les services administratifs se trouvaient à l'intérieur de l'abbaye. Figeac, située sur la route de pèlerinage venant du Puy et de Conques et menant à St-Jacques-de-Compostelle, voyait affluer pèlerins et voyageurs. Ses artisans et ses commerçants fort aisés bénéficiaient de sa situation géographique entre l'Auvergne, le Quercy et le Rouergue. En 1302 un abbé céda la ville à Philippe le Bel. Elle fut alors dirigée par des consuls, élus par les citoyens, et un viguier représentant le roi. Une fabrique royale de monnaie y fut installée.

La guerre de Cent Ans et les guerres de Religion, qui virent les calvinistes s'emparer de Figeac de 1598 à 1622, ont malheureusement ralenti le développement de la ville.

Jean-François Champollion. — Le 23 décembre 1790 naquit à Figeac cet orientaliste dont le génie permit à l'égyptologie de faire des pas de géant.

Dès l'âge de 9 ans le jeune Jean-François possède le latin et le grec, à 13 ans l'hébreu et à 14 ans l'arabe, le chaldéen et le syriaque. Après de brillantes études à Grenoble, il suit à Paris les cours de l'École des langues orientales et ceux du Collège de France, tout en étudiant les manuscrits coptes et en préparant un dictionnaire et une grammaire de cette langue.

Nommé à 19 ans professeur d'Histoire à la faculté des lettres de Grenoble, il s'efforce de déchiffrer une stèle à la face polie, trouvée lors de l'expédition d'Égypte dans le delta du Nil près de Rosette, d'où son nom de « pierre de Rosette ». Cette pierre porte trois inscriptions en trois caractères différents : hiéroglyphes, écriture égyptienne cursive et caractères grecs. Champollion établit qu'il s'agit d'un même texte. La traduction du texte grec lui permet de franchir un pas important mais le mystère des hiéroglyphes demeure. Il découvre la solution en démontrant que l'écriture hiéroglyphique est « un système complexe, une écriture tout à la fois figurative, symbolique et phonétique ». Il part en mission en Égypte où il déchiffre de nombreux documents. Revenu en France en 1830, il se voit confier une chaire d'archéologie au Collège de France, mais meurt en 1832, âgé seulement de 42 ans.

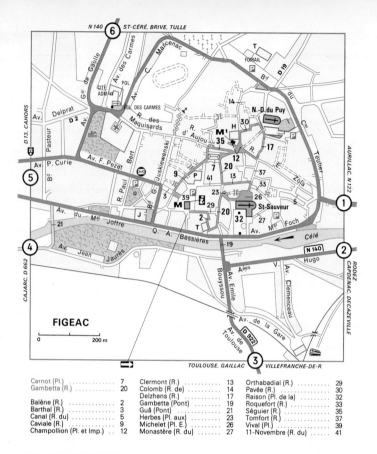

★LE VIEUX FIGEAC *visite : 1 h 30*

Le quartier ancien de Figeac a conservé son plan du Moyen Âge avec ses rues étroites et tortueuses. Il est circonscrit par une ligne de boulevards qui occupent l'emplacement des anciens fossés.

Architecture figeacoise. — Figeac conserve de nombreux bâtiments témoins de l'architecture des 13e, 14e et 15e s. construits dans un beau grès beige. La plupart s'ouvrent au rez-de-chaussée par de grandes ogives surmontées au 1er étage d'une galerie ajourée. Sous le toit plat couvert de tuiles canal, le « soleilho », grenier ouvert, servait à faire sécher le linge, à ranger le bois, à cultiver les fleurs... Ses ouvertures sont séparées par les colonnes ou piliers en bois, en pierre, parfois en briques, qui supportent la toiture. A cette architecture s'ajoutent les tours en encorbellement, portes, escaliers à vis caractéristiques de cette époque. Certains étages supérieurs sont en briques et à colombages.

Partir de l'hôtel de la Monnaie.

★**Hôtel de la Monnaie (M).** — *Siège du syndicat d'initiative.* Cet édifice de la fin du 13e s., restauré au début du 20e s., est caractéristique de l'architecture civile figeacoise avec son soleilho et ses ogives au rez-de-chaussée. Les fenêtres en tiers-point simples, doubles ou multiples percent la façade. Il est intéressant de comparer la façade qui donne sur la place, reconstituée avec des éléments de l'ancienne maison consulaire de la même époque, avec les autres façades plus sobres. La belle cheminée en pierre octogonale était un modèle fréquent à Figeac ; aujourd'hui il ne reste plus que quelques souches.

Le nom « Oustal dé lo Mounédo » évoque la fabrique royale de monnaie créée à Figeac par Philippe le Bel, mais il semble établi aujourd'hui que l'atelier de frappe se trouvait dans un autre bâtiment et que ce bel immeuble servait probablement de lieu de change pour les monnayeurs.

L'hôtel de la Monnaie abrite les collections du **musée** qui présente des fragments de sculptures provenant d'anciens édifices religieux et civils de la ville (porte de l'ancien hôtel de Sully), des sarcophages, des mesures à grains, des monnaies anciennes, des sceaux de la ville au temps des sept consuls.

Prendre la rue Orthabadial et tourner à droite dans la rue Balène.

Rue Balène (2). — Au n° 7 le **château de Balène** dresse sa façade de forteresse médiévale percée d'une porte ogivale et des fenêtres rayonnantes de la chapelle. Construit au 14e s., cet édifice abrite aujourd'hui le Centre lotois d'Arts contemporains. A l'intérieur les salles, qui servent de cadre aux expositions, sont voûtées d'ogives.

Au n° 1, l'**hôtel d'Auglanat** du 15e s., qui fut la demeure de l'un des viguiers (représentant du roi), s'orne d'une belle porte en arc surbaissé et d'une échauguette.

Par la rue Gambetta et la place aux Herbes bordées d'intéressantes maisons, on parvient à la place Edmond-Michelet.

Église St-Sauveur. — Ancienne église abbatiale dont les parties les plus anciennes remontent au 11e s., elle a conservé dans l'ensemble son plan primitif en forme de croix latine. Elle comprend une haute nef à collatéraux sur lesquels s'ouvrent des chapelles construites au 14e s. Cette nef frappe par sa dissymétrie entre les côtés Nord et Sud. Ce dernier comprend, au-dessus des arcades en plein cintre, une tribune aux baies géminées inscrites dans un grand arc surmontée elle-même de fenêtres hautes du 14e s. Sur le côté Nord reconstruit au 17e s., ainsi que les voûtes, à la suite des démolitions subies pendant les guerres de Religion, la tribune a disparu.

Le chœur entouré d'un déambulatoire a été remanié au 18e s. Deux chapiteaux romans provenant de l'ancien porche servent de support aux bénitiers.

N.-D. de Pitié. — L'ancienne salle capitulaire du 13e s., qui prolonge le bras Sud du transept est intéressante par ses proportions et par sa décoration composée de grands panneaux de bois sculptés, peints et dorés du 17e s.

Entre l'église St-Sauveur et le Célé se trouve la place de la Raison, ancien cloître et jardin d'agrément des abbés, dominée par un obélisque dédié à Champollion.

Prendre la rue Tomfort, on passe devant la rue Roquefort où l'on voit la tourelle de la maison de Galiot de Genouillac (p. 39). Tourner à gauche dans la rue Clermont.

Rue Gambetta (20). — C'était l'artère principale de la cité. Aux nos 41 et 43 remarquer les fenêtres gothiques et les sculptures.

Place Carnot (7). — Autrefois place Basse elle était le cœur de cette partie de la ville. Une halle en pierre du 16e s. a été malheureusement démolie. Autour de la place remarquer quelques belles demeures dont la maison Cisteron (siège du Crédit Agricole) qui dresse sa tourelle d'angle.

Place Champollion (12). — Ou place Haute. L'ancienne commanderie des Templiers se reconnaît à ses fenêtres gothiques. Dans l'impasse Champollion la maison natale de l'égyptologue abrite le **musée Champollion (M1)**. Des documents évoquent la vie du célèbre Figeacois tandis que de nombreux objets inscrits retracent l'histoire de l'écriture. On y admire l'un des rares moulages de la pierre de Rosette dont l'original se trouve au British Museum à Londres.

Prendre à droite la rue Émile-Zola et à gauche la rue Delzhens.

Rue Delzhens (17). — Connue sous le nom de rue de la Viguerie, cette rue étroite en montée a gardé son aspect médiéval.

Au no 3 l'**hôtel du Viguier,** 14e s., a conservé son donjon carré et sa tourelle de vigie.

Église N.-D.-du-Puy. — Elle est située sur une hauteur d'où l'on a une belle vue sur la ville et ses environs.

Cet édifice roman très remanié aux 14e et 17e s. possède un vaste retable en noyer sculpté de la fin du 17e s. encadrant trois peintures célébrant l'Assomption.

Redescendre par la rue Pavée.

Elle aboutit en face de la mairie, installée dans l'ancien hôtel de Colomb (17e s.).

De la place Champollion, prendre la rue Séguier.

Rue Séguier (35). — Les maisons en encorbellement décorées de meneaux, rosaces, niches, ogives, tourelles…, donnent un aspect moyenâgeux à cette rue étroite.

Rue Caviale (9). — En face du no 35, une maison présentant des fenêtres à meneaux a été baptisée Maison Louis XI car le roi y aurait logé en 1463.

A la place Barthal, tourner à gauche pour revenir à l'hôtel de la Monnaie.

EXCURSIONS

Aiguilles de Figeac. — Ce sont deux obélisques de forme octogonale qui se dressent l'un au Sud, l'autre à l'Ouest de la ville et mesurent respectivement 14,50 m et 11,50 m avec leur socle.

Certaines interprétations, se fondant sur l'existence non établie de deux autres aiguilles, ont voulu y voir les limites de la sauveté du monastère.

L'**aiguille du Cingle** (ou du Pressoir) est visible du D 922 au Sud de Figeac.

Cardaillac. — 453 h. *11 km au Nord-Ouest de la ville. Quitter Figeac par ⑥ du plan, la N 140 et prendre à droite le D 15.*

Ce village est le berceau de la grande famille quercynoise, dont il porte le nom.

En haut du bourg se dresse le quartier ancien du fort bâti sur un éperon rocheux. De cette fortification du 12e s., de forme triangulaire, subsistent deux tours carrées, la tour de l'Horloge, ou tour des Barons, et la tour de Sagnes. Seule cette dernière se visite : elle possède deux hautes salles voûtées desservies par un escalier à vis. De la plate-forme s'offre une belle vue sur la vallée du Drauzou et la campagne environnante.

★ FOISSAC (Grottes de)

Carte Michelin no 79 pli 10 (10 km au Nord de Villeneuve).

Découvertes en 1959, les grottes de Foissac totalisent 8 km de galeries. Le ruisseau souterrain qui les draine se jette dans le Lot à hauteur de Balaguier.

Au cours de la visite, observer le plafond à stalactites fistulaires étincelantes de blancheur et les belles concrétions de la salle de l'Obélisque ; les reflets, les tours d'ivoire et les stalagmites de la salle Michel Roques. La salle de l'Éboulement présente un curieux plafond à champignons qui témoignent de l'existence de stalagmites bien antérieurs aux séismes qui bouleversèrent la physionomie de la grotte. Enfin d'originales stalactites bulbeuses ont été surnommées les « Oignons ».

Les grottes de Foissac ont conservé des témoignages de l'occupation humaine à l'âge de bronze : foyers de charbon de bois, ustensiles en bronze, poteries galbées de grandes dimensions, mais surtout des squelettes d'homme et de femme et l'empreinte fixée dans l'argile d'un pied d'enfant passé là il y a quelque 40 siècles.

GAVAUDUN

269 h.

Carte Michelin nº 79 pli 6 (11,5 km au Nord-Ouest de Fumel).

Dans l'étroite et sinueuse vallée de la Lède, Gavaudun occupe un site pittoresque.

ⓥ **Donjon.** — Dressant ses six étages au sommet d'un éperon rocheux dominant le village et la rivière, ce puissant donjon crénelé, à l'allure massive, date des 12e et 14e s. On y accède par un escalier creusé dans le roc.

EXCURSIONS

St-Sardos-de-Laurenque. — *2 km par la petite rouge signalée Laurenque.*
ⓥ L'**église** du 12e s. s'ouvre par un intéressant portail sculpté : les chapiteaux sont ornés d'animaux et de personnages et la frise est décorée de poissons.
La nef romane conserve quelques remarquables chapiteaux.

St-Avit. — *5 km par le D 150.* La route agréable, serpentant le long de la Lède, mène au hameau de St-Avit où se trouve la maison natale de Bernard Palissy.

★ GOURDON

5 076 h. (les Gourdonnais)

Carte Michelin nº 75 pli 18 — Lieu de séjour.

Capitale d'un frais pays vallonné appelé la Bouriane *(voir p. 50)*, Gourdon, à la limite du Quercy et du Périgord, s'étage au flanc d'une butte rocheuse qui portait autrefois un château seigneurial. Ses boulevards circulaires, tracés sur l'emplacement des anciens remparts, offrent d'agréables vues sur la Bouriane, ses coteaux et ses vallons.

GOURDON

Briand (Bd A.)	2
Cardinal-Farinié (R. du)	4
Cavaignac (Av.)	5
Dr-Cabanès (Bd)	7
Hôtel-de-Ville (Pl. de l')	9
Libération (Pl. de la)	12
Mainiol (Bd)	14
République (Allées)	17
Zig-Zag (R.)	18

En saison,
le nombre
de chambres vacantes
dans les hôtels
est souvent limité.

Nous vous conseillons
de retenir par avance.

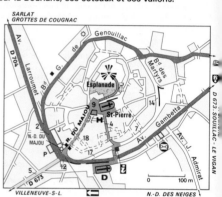

CURIOSITÉS

★ **Rue du Majou.** — La porte fortifiée du Majou et, à sa gauche, la chapelle N.-D. du Majou, autrefois adossée au rempart, donnent accès à la rue du même nom. L'ancienne artère principale, étroite et pittoresque, est bordée par des maisons anciennes à encorbellement dont les rez-de-chaussée s'ouvrent par de grands arcs en ogives. Peu après le nº 24, belle perspective, à droite, sur la rue Zig-Zag au caractère ancien. Au nº 17, l'ancienne maison d'Anglars a conservé de jolies fenêtres à meneaux.

Hôtel de ville (H). — Cet ancien consulat du 13e s., agrandi au 17e s., présente des couverts qui font office de halle.

ⓥ **Église St-Pierre.** — Commencée au début du 14e s., c'était autrefois une dépendance de l'abbaye du Vigan *(p. 89)*. Le chœur est flanqué de puissants contreforts. Elle présente sur sa façade Ouest un portail orné d'élégantes archivoltes qu'encadrent deux hautes tours assymétriques. La grande rosace est protégée par une ligne de mâchicoulis, témoins des anciennes fortifications.
La nef, voûtée d'ogives, est remarquable par son ampleur ; des panneaux de bois sculptés, peints et dorés, du 17e s., décorent le chœur et le croisillon droit.

Contourner l'église par la gauche, emprunter les escaliers puis la rampe qui mènent à l'esplanade où s'élevait le château.

Esplanade. — De cette terrasse *(table d'orientation)*, se développe un **panorama★** au-delà de la ville, dont on domine l'étagement des toits, avec au premier plan la masse de l'église St-Pierre, la vue se porte sur le cimetière, véritable forêt de cyprès, puis sur les plateaux qui bordent les vallées de la Dordogne et du Céou.

Revenir sur la place de l'Hôtel-de-Ville. Contourner l'église par la droite.

Face au chevet s'élèvent quelques maisons anciennes, parmi lesquelles celle du Conventionnel Cavaignac avec un beau portail du début du 17e s. Emprunter, face au portail latéral droit de l'église, la rue Cardinal-Farinié en descente, qui a conservé quelques maisons anciennes ornées de fenêtres à meneaux ou flanquées de tourelles. De là, on rejoint la place de la Libération.

ⓥ **Église des Cordeliers (D).** — En dépit du lourd clocher-porche ajouté au 19e s. l'église de l'ancien couvent des Cordeliers mérite une visite. On trouvera dans sa nef l'élan et la pureté première d'un gothique très dépouillé. Elle fut restaurée en 1971.
La belle abside à sept pans est éclairée par des vitraux du 19e s. A l'entrée, au milieu de la nef, magnifique **cuve baptismale★** : sur son pourtour s'inscrivent dans treize arcatures trilobées un Christ en majesté entouré des douze apôtres (14e s.).

EXCURSIONS

★Grottes de Cougnac. — *3 km au Nord par le D 704. Description p. 70.*

⊙**Chapelle de N.-D. des Neiges.** — *1,5 km par l'avenue Gambetta puis l'avenue Jean-Admirat.* Dans le vallon du Bléou, lieu de pèlerinage, cette chapelle du 14ᵉ s. restaurée au 17ᵉ s. possède un beau retable (17ᵉ s.).

Le Vigan. — 836 h. *5 km à l'Est par le D 673.* D'une abbaye fondée au 11ᵉ s., et qui
⊙ devint au 14ᵉ s. un chapitre régulier de chanoines, subsiste une **église** gothique dont le chevet est dominé par une tour coiffant le carré du transept. Belles voûtes d'ogives dans la nef et chœur à cinq absidioles.

★ GRAMAT (Causse de)

Cartes Michelin nᵒˢ 𝟟𝟧 plis 18, 19 et 𝟟𝟿 plis 8, 9 — Lieu de séjour.

Le Causse de Gramat qui s'étend entre la vallée de la Dordogne, au Nord, et celles du Lot et du Célé, au Sud, est le plus important des causses du Quercy. C'est un vaste plateau calcaire *(voir généralités p. 14)*, haut de 350 m, qui offre de nombreuses curiosités naturelles et des paysages inhabituels.

C'est en automne qu'il faut parcourir le causse, lorsque les arbres jaunissants jettent une note dorée sur la grisaille des pierres et des rochers et que les érables ajoutent des taches pourpres qui tranchent sur le reste de la végétation.

★LE PLATEAU

De Cahors à Souillac

101 km — compter une journée — schéma p. 90

★★Cahors. — *Page 57.*

Quitter Cahors par ② du plan.

Le D 653 longe la rive droite du Lot, passe par **Laroque-des-Arcs** et la chapelle de **N.-D. de Vêles** *(p. 98)*, puis remonte la charmante vallée du Vers, qui tantôt s'étale sur un fond de prairies, tantôt se resserre entre de hautes falaises grises.

St-Martin-de-Vers. — 112 h. Petit village dont les maisons à toits de tuiles brunes se pressent autour de l'église d'un ancien prieuré au clocher-tour barlong.

La route grimpe ensuite sur le causse qui déroule à perte de vue ses murs de pierres sèches et sa maigre végétation.

Labastide-Murat. — *Page 93.*

Le D 677 traverse la partie orientale du causse et descend vers Gramat.

Juste avant la gare de Gramat, tourner à droite et emprunter le D 14 sur 1 km.

⊙**Parc de vision de Gramat.** — Cet espace de 38 ha a été acquis par la municipalité de Gramat pour faire connaître aux visiteurs la réalité animale et végétale dans un cadre isolé. Un parc botanique comprenant arbres et arbustes du causse (chênes pubescents, cornouillers, frênes...) est en voie de réalisation.

Le parc animalier comprend une grande quantité d'espèces en majorité européennes qui vivent là en semi-liberté dans leur milieu naturel. Certains de ces animaux : l'aurochs, le cheval Tarpan, le bison d'Europe vivaient sur ces terres pendant l'époque préhistorique.

Un conservatoire de races de basse-cour présente des espèces très variées de gallinacés, de porcs etc.

Un parcours balisé de 3 km permet de découvrir ces animaux en faisant une agréable promenade.

Rejoindre le D 677 et gagner Gramat.

Gramat. — 3 838 h. (les Gramatois). Lieu de séjour. Capitale du causse qui porte son nom, Gramat est un centre de foires très importantes (ovins) et un excellent point de départ pour la visite de Padirac, de Rocamadour et de la région comprise entre le
⊙ Lot et la Dordogne. C'est à Gramat qu'est installé, depuis 1945, le **Centre de Formation des maîtres de chien de la Gendarmerie**, unique établissement dont dispose la Gendarmerie Nationale pour le dressage des chiens et la formation des éducateurs.

Revenir au D 677 et emprunter aussitôt, à droite, le D 39 jusqu'à son carrefour avec le D 32 où tourner à droite.

La route atteint le rebord du plateau offrant de belles **vues** sur Rocamadour et franchit le canyon de l'Alzou. On entre dans la ville par des portes ogivales étroites.

★★★Rocamadour. — *Page 121.*

Quitter Rocamadour au Nord-Est par le D 32 et gagner l'**Hospitalet** *(p. 124)* d'où s'offrent de belles **vues** sur le site de Rocamadour ; s'engager sur le D 36 en direction de Gramat. Aussitôt, à droite, on trouve la Forêt des singes.

Forêt des singes. — *Page 124.*

Faire demi-tour et prendre à l'Hospitalet le D 673 vers Calès.

La route, très agréable, descend la vallée de l'Ouysse, offrant à gauche des vues sur la vallée et le causse de Gramat. La quitter au bout de 9 km pour prendre à droite une petite route signalée.

⊙**Moulin de Cougnaguet.** — Au pied d'une falaise abrupte, ce moulin fortifié enjambe de ses arches en plein cintre une dérivation de l'Ouysse dans un **site** tout à fait charmant d'eaux vives et herbeuses. Il date du 15ᵉ s. mais fut précédé par un autre auquel le « droit des eaux » fut concédé en 1279. Il abrite quatre meules qui pouvaient produire 3 t de farine par jour ; l'une d'elles fonctionne et moud le grain sous les yeux des visiteurs.

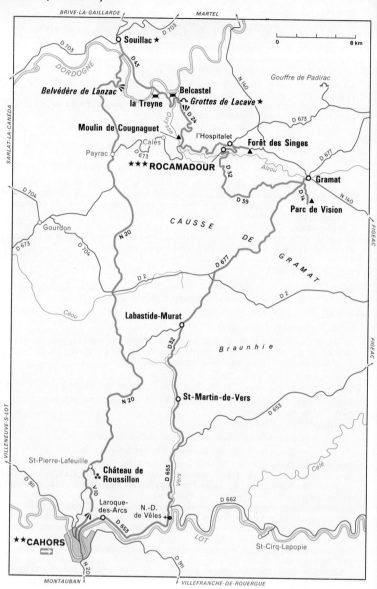

Continuer de suivre la petite route qui s'élève vers le D 247 où l'on tourne à gauche et qui offre des **vues**★ splendides sur la vallée de la Dordogne et le château de Belcastel dont le site apparaît ici sous son meilleur aspect.

★**Grottes de Lacave.** — *Page 94.*

Le D 43 qu'on prend à gauche passe au pied de Belcastel.

Château de Belcastel. — *Page 74.*

Château de la Treyne. — *Page 74.*

Aussitôt après le château, la route coupe un méandre de la Dordogne avant de gagner Souillac.

★**Souillac.** — *Page 138.*

LA N 20
De Souillac à Cahors
68 km — environ 2 h 1/2 — schéma ci-dessus

★**Souillac.** — *Page 138.*

Sortir de Souillac par la N 20 au Sud.

Après avoir franchi la Dordogne, la route s'élève au-dessus de la vallée.

Belvédère de Lanzac. — A gauche de la N 20 *(parc de stationnement aménagé)* se développe une vue étendue sur les sinuosités de la vallée de la Dordogne d'où surgissent la blanche silhouette du château de la Treyne à l'Est et celle du pigeonnier du Bastit au Sud-Est.

Au-delà du belvédère de Lanzac, la route agréable et pittoresque court sur le causse de Gramat qui s'étend à perte de vue. Suivre la route s'amorçant à St-Pierre-Lafeuille, à gauche de la N 20, d'où apparaissent, à 1 km environ, les ruines imposantes du château fort de Roussillon.

⊘ **Château de Roussillon.** — Au-dessus d'un vallon se dressent les puissantes tours rondes de cette forteresse médiévale qui appartint à la famille de Gontaut-Biron.

Faire demi-tour et reprendre la N 20 que l'on quittera 3 km après St-Pierre-Lafeuille pour emprunter à gauche le V 10. Cette agréable route de crête procure de belles vues sur un paysage de collines et la vallée du Lot, et permet de découvrir le **site★** de Cahors.

★★**Cahors.** — *Page 57.*

★★ HAUTEFORT

Carte Michelin n° 75 pli 7.

Le château de Hautefort (17e s.), propriété depuis 1929 de la famille de Bastard, rappelle, par sa fière silhouette, les demeures royales du Val de Loire plus que les forteresses périgourdines. Il fut en grande partie dévasté par un incendie dans la nuit du 30 au 31 août 1968. La restauration, entreprise dès 1969 et menée avec attachement et fidélité à la demeure ancienne, a rendu au château sa physionomie primitive.

Bertrand le troubadour. — Élevé par la famille limousine des Las Tours, le premier château de Hautefort passe par mariage, au 12e s., dans la maison des Born, dont Bertrand, celui-là même dont parle Dante dans la « Divine Comédie », est le représentant le plus illustre.

Bertrand de Born, célèbre troubadour apprécié dans les cours d'amour *(voir p. 25)*, sait à l'occasion se métamorphoser en guerrier pour disputer le château familial à son frère Constantin. Obtenant l'appui de Henri Court-Mantel, il réussit à faire reconnaître ses droits par Henri II Plantegenêt, en 1185, malgré tous les efforts de Constantin, que soutient Richard Cœur de Lion ; mais dès 1186, son frère revient à Hautefort et ravage le château. Renonçant à tout, Bertrand se retire sous l'habit monastique.

Marie de Hautefort. — Fille du premier marquis de Hautefort, demoiselle d'honneur d'Anne d'Autriche, la belle et vertueuse Marie, surnommée « Aurore », est restée célèbre par la profonde admiration qu'elle inspira à Louis XIII et l'amour platonique dont il l'honora. Devenue, en 1646, la femme du duc d'Halluin, elle régna dans les cercles littéraires et les salons des Précieuses.
Elle mourut en 1691, âgée de 75 ans.

★★LE CHÂTEAU

La construction. — Le site d'Hautefort, une butte au centre d'un immense cirque, fut certainement utilisé très tôt pour son caractère défensif. Dès le 9e s., une forteresse des vicomtes de Limoges est mentionnée à cet endroit, et, vers l'an mil, un Lastours en est propriétaire. Plusieurs châteaux se succédèrent durant le Moyen Age, dont il subsiste quelques traces (tour de l'angle Ouest de la cour). La capacité défensive du château fut renforcée au 16e s. (châtelet d'entrée flanqué de deux échauguettes crénelées et précédé d'un pont-levis) dans les temps troublés des guerres de Religion. Une reconstruction complète fut décidée par Jacques-François de Hautefort vers 1630. Elle dura une quarantaine d'années et ses plans sont attribués à l'architecte Nicolas Rambourgt : sans renier les dispositions anciennes du corps de logis, on procéda à des transformations considérables ; les pavillons situés aux extrémités ne furent achevés qu'au 18e s. L'ensemble est une réussite harmonieuse qui confère à cet édifice mi-Renaissance mi-classique, une élégance originale.

(Photo J. D. Sudres/Scope)

Hautefort. — Le château.

Promenade. — Après avoir longé en partie le très beau parc de 40 ha aux allées bien entretenues, on atteint les terrasses : amples, fleuries et garnies de tonnelles de buis, elles dominent le village et offrent des perspectives sur le parc.

Au fond de l'esplanade, un pont-levis signalant l'entrée du château franchit les douves, à l'emplacement desquelles ont été disposés des parterres de buis et de fleurs, et donne accès à la cour d'honneur : ouverte sur le village blotti au pied du château, elle forme un vaste quadrilatère dont trois des côtés délimitent le corps de logis principal. Au Sud se dressent deux tours rondes surmontées de dômes et de lanternons.

Intérieur. — Une réfection complète a permis de remettre en valeur plusieurs pièces ainsi que l'escalier d'honneur, très endommagé en 1968. La galerie est ornée de deux bustes de marbre des 16ᵉ s. (Sénèque) et 18ᵉ s. (Marc-Aurèle) et de deux vases de pierre de Toro ; les portes ont été refaites à l'identique. Le salon des tapisseries présente trois tentures flamandes du 16ᵉ s. et une de Bruxelles, figurant des scènes de l'Ancien Testament. La salle à manger renferme des peintures du 17ᵉ s. tandis que la chambre d'honneur, aux murs revêtus de cuir de Cordoue, est décorée d'une tapisserie d'Aubusson de la série de la vie d'Alexandre.

La tour du Sud-Est renferme une chapelle du 17ᵉ s. qui conserve l'autel du sacre de Charles X et des tableaux du 16ᵉ s. peints sur cuir.

La tour du Sud-Ouest présente une très belle **charpente★★** de châtaignier, œuvre des Compagnons du Tour de France : elle abrite le musée Eugène Le Roy, romancier né à Hautefort dans le château même, et la salle du souvenir où sont exposés des objets sauvés des flammes.

Église. — Édifiée sur une vaste place au Sud du château, c'est l'ancienne chapelle d'un hospice fondé par les Hautefort. Elle présente un beau dôme recouvert d'ardoises et surmonté d'un haut lanternon.

L'HERM (Château de)

Carte Michelin nº 75 Sud du pli 6.

Au cœur de la forêt Barade en plein Périgord Noir se dressent les ruines du château de l'Herm.

Une histoire sanglante. — Il fut construit en 1512 par Jean III de Calvimont, président du parlement de Bordeaux, ambassadeur auprès de Charles Quint en 1526. Une succession de crimes jette une ombre sanglante sur l'histoire du château : Jean III de Calvimont est tué, puis sa propre fille Marguerite connaît le même sort en 1605 et son meurtrier n'est autre que son mari François d'Aubusson qui se remarie aussitôt avec Marie de Hautefort. Ce couple commet une dizaine de meurtres. En 1682 le château est racheté par une autre Marie de Hautefort, nièce de la première, qui inspira un grand amour platonique à Louis XIII. Ensuite le château est laissé à l'abandon.

Le souvenir des tragiques événements qui avaient marqué l'histoire du château ont incité Eugène Le Roy à le choisir pour cadre de son célèbre roman « Jacquou le Croquant ».

Visite. — Les ruines du château montrant de puissantes tours crénelées émergent de la forêt qui l'entoure.

La tour de l'escalier, hexagonale, s'ouvre par un portail d'esprit flamboyant mais déjà influencé par la Renaissance. La deuxième archivolte décorée de choux frisés lance très haut son pinacle. De chaque côté les personnages sculptés représentant des hommes d'armes ont été très mutilés. Cette porte donne accès à un remarquable **escalier à vis★** dont le noyau central dessine une torsade moulurée. Sans palier, d'un seul élan, cet escalier s'achève par une voûte en étoile, croisée d'ogives avec liernes et tiercerons, formant un véritable palmier de pierre.

Des fenêtres de cette tour s'offrent des vues plongeantes sur les cheminées monumentales qui décoraient les trois étages. Elles portent les armoiries de la famille de Calvimont. Le blason de la cheminée supérieure est soutenu par deux anges.

ISSIGEAC

686 h. (les Issigeacois)

Carte Michelin nº 75 pli 15.

Bâtie dans la vallée de la Banège, au Sud-Est de l'important vignoble de Monbazillac, la petite cité d'Issigeac a conservé une église et un château intéressants ainsi que de pittoresques maisons à pans de bois ou à encorbellement.

Église. — Construite dans les premières années du 16ᵉ s. par Armand de Gontaut-Biron, évêque de Sarlat, c'est un bel exemple de l'architecture gothique finissante. Un clocher-porche, épaulé par de puissants contreforts, abrite le portail dont le tympan est orné de voussures torsadées.

Château des Évêques. — Édifié par un autre évêque de Sarlat, François de Salignac, dans la seconde moitié du 17ᵉ s., il est occupé par la mairie. C'est un vaste bâtiment flanqué de deux tours carrées : du côté Nord, elles portent en encorbellement des tourelles en brique et en pierre.

Fénelon y séjourna en 1681.

EXCURSION

Château de Bardou. — _7 km à l'Est par le D 25 et, à 5,5 km, tourner à droite._
Cet intéressant château, restauré, construit du 15ᵉ au 17ᵉ s., se dresse au milieu d'un beau parc.

LABASTIDE-MURAT

Carte Michelin n° 🔢 Sud du pli 18 — Schéma p. 90 — Lieu de séjour.

Bâtie sur l'un des points les plus élevés du causse de Gramat, Labastide-Fortunière a pris le nom de Murat pour honorer la mémoire du plus glorieux de ses fils.
L'humble maison natale de Joachim Murat et, au Sud-Ouest de la localité, le château qu'il fit bâtir pour son frère André, perpétuent le souvenir de l'un des plus vaillants soldats de l'Empire.

Le prodigieux destin de Joachim Murat. — Né en 1767 de parents aubergistes et voué à l'état ecclésiastique, Murat se sent attiré, à l'âge de 21 ans, par la carrière des armes. Les champs de bataille d'Italie et d'Égypte lui permettent de gravir rapidement tous les grades, dans l'ombre de Bonaparte dont il devient le beau-frère par son mariage avec Caroline, sœur du Premier Consul. Désormais, il cumule les honneurs, devient maréchal d'Empire, grand-duc de Berg et de Clèves et roi de Naples. La folle bravoure dont il fait preuve sur tous les champs de bataille de l'Europe, son ascendant sur ses cavaliers à la tête desquels il n'hésite pas à charger font de lui un héros de légende. Son étoile pâlit avec celle de son maître qu'il abandonne aux jours sombres de l'Empire. Sa fin misérable, en 1815, illustre cette vie toute de contrastes : après le retour des Bourbons à Naples, il tente de reconquérir son royaume, mais il est fait prisonnier et fusillé.

ⓥ **Musée Murat.** — Ce musée a été installé dans la maison natale de Murat (petite rue à gauche de l'église). On peut y voir la cuisine du 18ᵉ s., la salle d'auberge, un grand tableau généalogique où sont représentées plus de dix nations européennes et de nombreuses familles royales. Au premier étage, différents souvenirs du roi de Naples et de sa mère.

EXCURSIONS

Soulomès. — 128 h. *3 km au Sud-Est par le D 17.* Ce petit village du causse de Gramat possède une église de style gothique à chevet carré et à clocher-porche roman, ayant appartenu à une commanderie de Templiers.
Dans le chœur, ont été dégagées d'intéressantes fresques du 14ᵉ s. représentant divers épisodes de la vie du Christ. On reconnaît, entre autres scènes, le Christ et Marie-Madeleine, l'incrédulité de saint Thomas, la Mise au tombeau, l'apparition de Jésus ressuscité à un chevalier.

Vaillac. — 105 h. *5 km au Nord-Ouest par le D 17.* La silhouette d'un puissant château féodal domine ce modeste village du causse. Construit aux 14ᵉ et 16ᵉ s., il se compose d'un vaste corps de logis flanqué de cinq tours et d'un donjon. Un autre bâtiment, faisant partie des communs, était utilisé comme écuries et pouvait abriter 200 chevaux.

*Avec votre **guide Michelin** il vous faut des **cartes Michelin**. Ça va de soi !*

LACAPELLE-MARIVAL

Carte Michelin n° 🔢 plis 19, 20 — Lieu de séjour.

De l'ancienne et importante seigneurie de Lacapelle-Marival qui appartint du 12ᵉ au 18ᵉ s. à la famille de Cardaillac, la localité a conservé d'importants témoins.

Château. — Le massif donjon carré, à mâchicoulis et flanqué d'échauguettes à chacun de ses angles, remonte au 13ᵉ s., tandis que le corps de logis, cantonné de grosses tours rondes, qui s'y appuie, a été ajouté au 15ᵉ s.

L'église, de style gothique, une ancienne porte de ville et des halles du 15ᵉ s., soutenues par des piliers de pierre et couvertes de tuiles rondes, forment avec le château un ensemble charmant.

EXCURSION

Circuit de 27 km. — *Environ 1 h. Quitter Lacapelle-Marival par le D 940 au Sud.*

Le Bourg. — 222 h. Unique vestige d'un ancien prieuré, l'église comprend un transept et un chœur décoré d'arcatures romanes supportées par de beaux chapiteaux.

Tourner à droite dans la N 140.

Rudelle. — 155 h. Fondée au 13ᵉ s. par Bertrand de Cardaillac, seigneur de Lacapelle-
ⓥ Marival, l'**église** présente l'aspect d'un donjon féodal couronné d'une plate-forme au parapet crénelé. Du vieux cimetière qui entoure cette église-forteresse *(accès par un passage public à droite de l'église)*, on a une vue sur le chevet et l'ensemble du monument.
Au rez-de-chaussée, une salle voûtée d'ogives sert d'église paroissiale. L'accès à la chambre haute se fait successivement par l'escalier de bois montant à la tribune, une échelle, une trappe, un escalier de pierre. D'étroites meurtrières éclairent ce refuge qui abrite les cloches. Pour arriver à la terrasse qui servait également de refuge, il faut encore emprunter une échelle, puis un escalier de pierre ; du chemin de ronde à mâchicoulis, on domine le village.

Suivre la N 140, à Thémines prendre à droite le D 40.

Aynac. — 689 h. Dans un cadre de bois et de prairies, le château d'Aynac, centre de loisirs équestres, presse autour de son donjon, ses tours d'angles crénelées couvertes de dômes.

Le D 940 ramène à Lacapelle-Marival.

★ LACAVE (Grottes de)

Carte Michelin nº 75 pli 18 — Schémas p. 74 et 90.

Près de la vallée de la Dordogne qui creuse dans le causse de Gramat une profonde entaille, se développe, sous les falaises bordant la rivière, un important système de grottes découvert en 1902 par Armand Viré, disciple de E.-A. Martel.

Les galeries, aménagées pour la visite proprement dite, représentent un trajet à pied de 1,6 km AR et se divisent en deux ensembles que l'on parcourt successivement. Les formes des concrétions que l'on y rencontre évoquent des personnages, des animaux, des monuments, voire des cités entières. Des plafonds, pendent des stalactites finement découpées.

La première partie est riche en stalactites et stalagmites. La seconde est le domaine des eaux souterraines qui ruissellent de gour en gour et s'étendent en lacs où jouent de beaux reflets.

La fluorescence naturelle de certaines concrétions a permis, dans la salle du Lac, le jeu de la lumière noire qui rend luminescente la partie vivante des stalactites.

La salle des Merveilles est ornée de belles excentriques. Des outils et des armes préhistoriques, en os et en corne, des silex ont été découverts lors des travaux d'aménagement des grottes.

★ LANQUAIS (Château de)

Carte Michelin nº 75 centre du pli 15 (20 km à l'Est de Bergerac) — Schéma p. 77.

La construction du château s'est échelonnée sur des périodes très différentes, ce qui explique la juxtaposition d'un corps de logis du 15e s. offrant toutes les possibilités de défense d'un château fort, et d'un palais à l'italienne, de style Renaissance.

A partir de la tour polygonale abritant un escalier à vis, le corps de logis attenant à la partie féodale a été bâti à la Renaissance. Soudé à ce corps de logis, le pavillon Renaissance fut élevé par Marguerite de la Cropte et Gilles de La Tour de Limeuil, mais l'ensemble des travaux envisagés ne furent pas menés à leur terme. C'est un bâtiment de belles proportions. Les fenêtres sont surmontées de frontons triangulaires. Les lucarnes à meneaux sont remarquables avec leurs bossages, leurs pignons ajourés, sculptés de médaillons.

Le corps de logis Renaissance a conservé un mobilier en grande partie d'époque Louis XIII, deux superbes **cheminées** en pierre au très beau décor sculpté, des plafonds à la française et une salle à manger aux murs tendus de toile de Jouy.

La collection de silex réunie par le vicomte Alexis de Gourgue, pionnier de la préhistoire est exposée dans la salle de billard.

LARAMIÈRE

240 h.

Carte Michelin nº 79 Nord du pli 19.

Situé sur le causse de Limogne parsemé de dolmens et de « caselles » *(p. 34)* aux coupoles de pierre sèche, Laramière possède de beaux vestiges d'un ancien prieuré.

Prieuré de Laramière. — Il fut fondé en 1148 par le moine Bertrand de Grifeuille, de l'ordre des Augustins, fonda-teur du prieuré d'Espagnac-Ste-Eulalie *(voir p. 81)*.

Les bâtiments élevés aux 12e et 13e s. formaient un quadrilatère mais une partie des bâtiments fut démolie pendant les guerres de Religion. Au milieu du 17e s. les jésuites s'y installèrent et sur-élevèrent la maison du régisseur.

La visite des bâtiments restaurés permet de voir les voûtes de la chapelle, la salle romane qui ac-cueillait les pèlerins de St-Jac-ques-de-Compostelle et surtout la **salle capitulaire** avec ses murs et voûtes peints de décors géo-métriques et les chapiteaux à l'effigie de Saint Louis et de Blanche de Castille. Sur le mur Sud de l'église, des enfeus abri-tent les tombeaux des donateurs Hugues de la Roche et sa femme.

(Photo J. L. Nespoulos)

Laramière. — La salle capitulaire.

EXCURSION

Beauregard. — *Prendre le D 55, après 3 km au signe dolmen, s'arrêter et suivre à pied un petit chemin à gauche de la route.*

Dolmen de la Borie du Bois. — Bien dégagé, c'est l'un des plus beaux dolmens du Quercy.

Poursuivre le D 55.

Beauregard. — 167 h. Cette bastide a conservé le tracé de ses rues à angle droit. Sa **halle** du 17e s., couverte de lauzes, présente des mesures à grains creusées dans la pierre. Sur le parvis de l'église, belle croix du 15e s.

LARROQUE-TOIRAC (Château de)

Carte Michelin nº 79 pli 10 (14 km au Sud-Ouest de Figeac) — Schéma p. 97.

Accroché au flanc de la falaise, le château dresse sa haute silhouette au-dessus du village et de la vallée du Lot. Bâtie au 12ᵉ s., cette forteresse appartint à la famille de Cardaillac qui, au cours de la guerre de Cent Ans, se posa en championne de la résistance quercynoise à la domination anglaise : le château, pris et repris par les Anglais, fut finalement incendié à la fin du 14ᵉ s. et relevé de ses ruines sous Louis XI. De la place de l'église *(parc de stationnement)*, un chemin revêtu mène au château. On atteint une tour ronde construite au début de la guerre de Cent Ans pour résister à l'artillerie alors à ses débuts, puis la partie du château qui servait de communs et, de là, la cour. L'énorme donjon, autrefois haut de 30 m et rasé jusqu'à 8 m en 1793 sur l'ordre des commissaires de la Convention, est de forme pentagonale ce qui lui permettait de mieux supporter le choc des rochers précipités sur lui du sommet de la falaise. Un escalier à vis situé dans une tour romane accolée au bâtiment principal en dessert les différents étages. La salle des Gardes a conservé une belle cheminée romane, la salle d'honneur une cheminée gothique : les étages supérieurs ont un mobilier et une décoration allant du style Louis XIII au style Directoire.

Les églises ne se visitent pas pendant les offices.

LAUZERTE   1 697 h. (les Lauzertins)

Carte Michelin nº 79 pli 17.

Dans cette région vallonnée du Bas-Quercy où les collines calcaires sont séparées par des plaines fertiles, Lauzerte occupe un **site**★ pittoresque.
Cette ancienne bastide, couronnant une butte, fut fondée en 1241 par le comte de Toulouse et connut l'occupation anglaise.

Ville haute. — Elle presse ses maisons de pierre, d'un gris clair, couvertes de toits presque plats, autour de l'église St-Barthélemy et de la place des Cornières.
Cette place à « cornières » a conservé une maison à colombages. Rue du Château s'élèvent plusieurs maisons anciennes, les unes à pans de bois, certaines de style gothique avec des fenêtres géminées, d'autres d'époque Renaissance, ornées de fenêtres à meneaux. Larges échappées sur un doux paysage de collines et de vallons.

EXCURSIONS

Le Quercy Blanc. — *Circuit de 24 km — environ 3/4 h. Prendre, au Sud-Est de Lauzerte, le D 81 qui s'amorce sur le D 953.* Cet itinéraire permet de découvrir de nombreuses échappées sur Lauzerte et de parcourir cette pittoresque région. Le contraste est très net entre le plateau assez pauvre, où des rideaux de cyprès et des maisons aux toits très plats couverts de tuiles rondes rose pâle donnent au paysage un caractère méridional, et les vallons et les coteaux, domaine de riches cultures très diversifiées par suite de la nature des terrains ; le paysan, dans le cadre de son exploitation, peut réaliser une véritable autonomie économique. On trouve la même opposition entre les fonds de la vallée, où les prairies bordées de peupliers cèdent peu à peu la place aux cultures céréalières et les collines où la moindre parcelle de terrain est cultivée et où dominent la vigne (chasselas de Moissac), les champs de melons et les arbres fruitiers.

Montcuq. — 1 082 h. *13 km au Nord-Est, par le D 953.* Chef-lieu d'une châtellenie à qui Raymond VI, comte de Toulouse, octroya une charte de coutumes au 12ᵉ s., Montcuq fut l'objet de luttes sanglantes pendant la croisade des Albigeois, puis de nouveau pendant la guerre de Cent Ans et lors des guerres de Religion. De ses puissantes fortifications, il ne reste que le haut donjon du 12ᵉ s. campé en haut d'une butte dominant le cours de la Barguelonnette. Vue sur les coteaux et les vallons environnants.

LOC DIEU (Abbaye de)

Carte Michelin nº 79 Nord du pli 20 (9 km à l'Ouest de Villefranche-de-Rouergue).

Aux confins du Rouergue et du Quercy, l'ancienne abbaye de Loc Dieu (Locus Dei) fut construite en 1123 par des moines cisterciens venant des abbayes de Dalon et Pontigny. Restaurés et rénovés au 19ᵉ s. par Paul Goût, les bâtiments monastiques ont été transformés en un château d'allure mi-féodale mi-Renaissance.
Le cloître et la salle capitulaire détruits pendant la guerre de Cent Ans furent reconstruits au 15ᵉ s. Le cloître n'a conservé que trois galeries, restaurées au 19ᵉ s. La salle capitulaire, de la même époque, est soutenue par deux élégantes colonnes octogonales à fines moulures.

★ **Église.** — Bâtie de 1159 à 1189, en grès de nuances diverses où dominent l'ocre et le jaune, c'est un magnifique exemple du plan cistercien fait de sobriété, d'harmonie des proportions et de pureté. La nef, haute de plus de 20 m, est flanquée d'étroits collatéraux ; le chœur se termine par une abside à cinq pans, contrairement à la plupart des édifices cisterciens qui ont un chevet plat. Sur le transept, dont la croisée est surmontée d'une lanterne carrée, s'ouvrent quatre absidioles ; l'une d'elles *(1ʳᵉ à droite)* abrite un **triptyque**★ du 15ᵉ s. en bois sculpté et peint encadrant une Vierge à l'Enfant. L'église est voûtée sur croisées quadripartites, mais son élévation demeure romane.

Carte Michelin n° 79 plis 5 à 10.

C'est à travers les causses du Quercy que le Lot se fraie la plus belle partie de son cours. Il coule au pied d'escarpements, couverts de châtaigneraies, et de promontoires portant d'archaïques villages, ou enserre dans ses boucles de pittoresques cités.

Des Cévennes à l'Agenais. — Le Lot est l'un des principaux affluents de la Garonne. Né dans les Cévennes, sur les pentes de la montagne du Goulet, à 1 400 m d'altitude, il traverse toute la partie méridionale du Massif Central. Son cours très sinueux est une suite ininterrompue de méandres ou « cingles » dont certains pédoncules ont seulement 200 m de largeur. Entre les hautes falaises des causses quercynois, le Lot aux mille courbes offre toujours des perspectives splendides et changeantes. Sa vallée, tantôt sauvage, tantôt riante et plantureuse, est toujours pittoresque.
Avant Libos, il quitte le Quercy et, après un parcours total de 480 km, va rejoindre la Garonne.

Images du passé. — Avant l'établissement des chemins de fer, le Lot était une très importante voie navigable. Déjà améliorée par Colbert, cette belle et calme rivière fut plus tard pourvue de barrages et de canaux coupant les isthmes des plus grands méandres, ainsi à Luzech *(voir p. 99)*.
Le Lot portait autrefois une importante flotte de barques, appelées sapines ou gabares *(voir p. 73)*, qui amenaient à Bordeaux les fromages d'Auvergne, les charbons de Decazeville et les vins de Cahors.

Le vignoble du Lot. — Les côtes de la vallée d'Olt — nom occitan du Lot qu'on retrouve encore dans St-Vincent-Rive-d'Olt et Balaguier-d'Olt — ont été longtemps célèbres par leurs vignobles. Les vins du Quercy, très riches en alcool, ont été pour beaucoup dans la renommée de Cahors et du val d'Olt. Dès le 1er s. après J.-C., pour punir Cahors d'une révolte, l'empereur romain Domitien fait arracher son vignoble ; après deux siècles de régime sec, Probus rapporte heureusement cette sentence.
En dépit du boycottage de Bordeaux par où il est exporté, le vin du Lot est durant des siècles le préféré des Anglais : en 1287, après qu'Éléonore d'Aquitaine eut apporté le Quercy en dot au roi d'Angleterre, celui-ci accorde des lettres patentes pour favoriser le commerce des vins des côtes du Lot. Le vin du Lot est expédié en Pologne, en Russie (seul, le vin de Cahors fait oublier au tsar Pierre le Grand les dangereux charmes de la vodka) et même en Italie : ne rapporte-t-on pas que les papes n'en veulent pas d'autre comme vin de messe ?
Deux Quercynois, Clément Marot, le poète, et Galiot de Genouillac, grand maître de l'Artillerie de France, le font goûter à François Ier et ce velours ravit le palais du monarque ; plus tard, ce sont des ceps des côtes du Lot qui, à grands frais, sont transportés à Fontainebleau pour créer la célèbre treille du Roi.

★★ FALAISES ET PROMONTOIRES

De Figeac à Cahors

115 km — compter une journée — schéma ci-dessous et p. 97

Dans la traversée du Quercy, le Lot coule au pied de versants souvent escarpés. Quittant le Rouergue il se heurte à l'éperon qui porte le vieux bourg de Capdenac, et s'enfonce entre les parois du causse. Parfois les falaises enserrent la rivière et, du haut des escarpements, se déroulent sur la vallée de très beaux panoramas.

★**Figeac.** — *Page 85.*

> Quitter Figeac par ② du plan, N 140. A 5 km, prendre à gauche la route en forte montée conduisant à Capdenac.

Capdenac. — *Page 62.*

> Regagner la N 140 que l'on suit à gauche vers Capdenac-Gare.

Le D 86, sur la rive gauche, ménage ensuite de jolies vues sur Capdenac. La rivière décrit un beau méandre, au milieu d'une plaine alluviale jalonnée de cultures. Au-delà de St-Julien, la route, pittoresque, révèle un beau point de vue sur le cirque de Capdenac. Après le pont de la Madeleine, elle longe le Lot dans un cadre de rochers envahis par les broussailles. Peu après Balaguier-d'Olt, gagner St-Pierre-Toirac.

St-Pierre-Toirac. — 161 h. Sur la rive droite, ce village a conservé une intéressante **église** des 11e et 14e s. L'abside romane vient seule rompre le caractère fortifié de l'édifice, énorme donjon crénelé dont l'étage supérieur constituait un réduit pour la défense. La nef très courte, voûtée en berceau, est décorée de chapiteaux à facture primitive. Le chœur est orné sur les côtés d'arcs trilobés et, autour des vitraux éclairant l'abside, d'arcs en dents de scie. Des sarcophages mérovingiens mis au jour récemment ont été disposés derrière l'église.

Château de Larroque-Toirac. — *Page 95.*

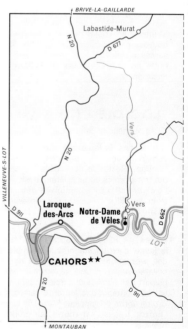

Sur la rive droite, dominée par des rochers ou des falaises à pic, se pressent de charmants villages ; dès que les versants s'écartent, le Lot, bordé de peupliers, s'étale en un vaste plan d'eau près duquel alternent des cultures de tabac et de céréales.

Montbrun. — 61 h. Face au saut de la Mounine, dans un cadre de falaises abruptes, le village de Montbrun s'étage sur un promontoire rocheux dominant le Lot : couronnant le village, se dressent les ruines d'un château fort qui appartint à l'un des frères du pape Jean XXII, puis à la puissante famille des Cardaillac.

Cajarc. — 1 184 h. Lieu de séjour. Village rendu célèbre par le président Pompidou qui y avait une propriété.
Près de l'église la maison de l'Hébrardie avec ses fenêtres gothiques est un vestige du château du 13e s.
Un beau plan d'eau sur le Lot a été aménagé.

Franchir la rivière et remonter la rive gauche, en suivant le D 127 jusqu'au saut de la Mounine : la route passe en encorbellement au-dessus du Lot et, aussitôt après Saujac, s'élève, sinueuse, dominant une gorge boisée avant d'atteindre le sommet du causse.

★**Saut de la Mounine.** — Du sommet de cette falaise abrupte, on découvre une très belle **vue**★ sur la vallée. De l'extrémité de l'éperon, on domine un large méandre du Lot enserrant un damier de cultures. A gauche, sur l'autre rive, apparaît le château de Montbrun.
Ce nom « saut de la Mounine » évoque une curieuse légende. Voulant punir sa fille pour l'amour qu'elle portait au fils d'un autre châtelain, le sire de Montbrun donna l'ordre de la précipiter du haut de la falaise ; ému par cette cruauté, un ermite déguisa avec des vêtements de femme une petite guenon (« mounine » en langue d'oc) aveugle et la jeta dans le vide. A ce spectacle, le père regretta son acte criminel et sa joie de revoir sa fille saine et sauve fut telle qu'il lui pardonna.

Revenir à Cajarc et reprendre la rive droite.

Très vite, la route s'élève et passe près d'une chapelle des 12e et 13e s. dite « la capellette » dont seule l'abside a été conservée : de là, vue étendue sur la vallée.

A Larnagol, franchir le Lot vers Calvignac.

Calvignac. — 203 h. Ce village ancien, qui possède encore quelques vestiges d'un château fort, s'accroche à un éperon de la rive gauche du Lot.

Du même côté de la rivière, le D 8 permet ensuite d'atteindre Cénevières.

★**Château de Cénevières.** — Page 68.

Regagner ensuite le D 662. Dans Tour-de-Faure franchir la rivière.

De là, on peut admirer le site remarquable de St-Cirq-Lapopie qui apparaît brusquement, accroché à une falaise de la rive gauche du Lot.

★★**St-Cirq-Lapopie.** — Page 130.

Au-delà de St-Cirq, le D 40, taillé dans la falaise au milieu de boqueteaux de chênes, est aménagé en route touristique. D'un petit belvédère, se développe une très belle **vue**★ sur le confluent du Lot et du Célé : un large méandre du Lot s'inscrit dans un cadre de falaises tantôt ocre, tantôt blanches ; de magnifiques peupliers, des prairies ajoutent à l'attrait du paysage.

Aussitôt après Bouziès, franchir le Lot et reprendre le D 662 qui le suit de près dans un cadre pittoresque de falaises en partie boisées. La route a été souvent taillée à même le roc qui la domine parfois en surplomb. Au-delà de Vers la vallée s'élargit, les falaises font place à des collines boisées et le fond alluvial est consacré aux cultures.

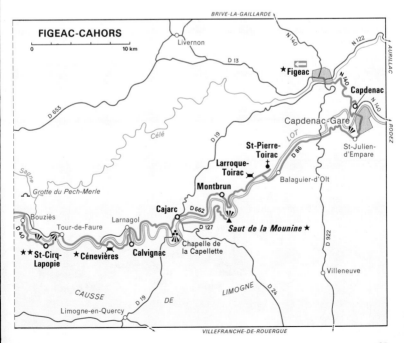

N.-D. de Vêles. — Cette petite chapelle de pèlerinage, du 12e s., a un beau clocher carré et une abside romane. Fréquentée autrefois par les mariniers du Lot, son nom signifie N.-D. des Voiles.

Laroque-des-Arcs. — 379 h. Son nom évoque l'aqueduc qui traversait le vallon de Francoulès et alimentait Cahors *(p. 57)* en eau. Un pont de trois étages supportait l'aqueduc qui transportait sur 20 km l'eau de Vers à Divona (l'antique Cahors). Les consuls de Cahors l'ont fait démolir en 1370. Une tour perchée sur un rocher, en bordure du Lot, permettait de surveiller le trafic et de percevoir les péages.

★★**Cahors.** — *Page 57.*

LES « CINGLES » DU BAS PAYS

De Cahors à Bonaguil

85 km — environ 5 h — schéma ci-dessous

De Cahors à Puy-l'Évêque, le Lot décrit de nombreux méandres ou « cingles » à travers les causses du Quercy ; au-delà, il pénètre dans une région au relief moins tourmenté et sa vallée s'étale largement.

★★**Cahors.** — *Page 57.*

Quitter Cahors par ① du plan, D 911 qui domine le Lot.

Mercuès. — Lieu de séjour. Autrefois propriété des comtes-évêques de Cahors, le château est aujourd'hui transformé en hôtel. Il occupe un site remarquable au-dessus de la rive droite du Lot. Château fort en 1212, agrandi au 14e s., assiégé à plusieurs reprises au cours de la guerre de Cent Ans et pendant les guerres de Religion, remanié au 15e s., devenu château de plaisance au 16e s. avec la création de terrasses et jardins, il n'a été complètement restauré qu'au siècle dernier. Du château la **vue**★ sur la vallée est remarquable.

De Mercuès prendre le D 911 puis le D 6 à droite.

Ⓥ**Catus.** — 775 h. Attenant à l'église, la **salle capitulaire** de l'ancien prieuré abrite de très beaux chapiteaux romans, dont l'un représentant l'apparition du Christ aux apôtres, et des fragments de sculptures.

Revenir à Mercuès et prendre le D 145.

Cette route abandonne un instant la vallée pour traverser une région où abondent la vigne et les arbres fruitiers ; puis la route épouse les courbes de la rivière.

Luzech. — *Page 99.*

On emprunte ensuite la rive gauche et l'on découvre d'agréables perspectives sur la vallée.

Albas. — 545 h. Cette bourgade a conservé des rues étroites bordées de maisons anciennes.

Anglars. — 182 h. Le portail de l'église, d'époque Renaissance, est orné d'une Crucifixion.

Bélaye. — 204 h. Ancien fief des évêques de Cahors, Bélaye occupe le sommet d'une colline. De l'extrémité de l'éperon et de la place supérieure de ce petit village, se révèle une **vue**★ étendue sur la vallée du Lot.

Grézels. — 263 h. Le village est dominé par le **château féodal de La Coste** plusieurs fois détruit et reconstruit. Les évêques de Cahors possédaient la vallée du Lot de Cahors à Puy-l'Évêque et Grézels marquait une limite de leur fief. Ils avaient donc construit au 12e s. un « repaire » pour défendre l'entrée de leur territoire. Pendant la guerre de Cent Ans, il fut transformé par les Guiscard en château fort. Ayant beaucoup souffert des guerres, il fut très restauré au 14e et au 16e s. puis il tomba à l'abandon après la Révolution. En 1960 un nouveau propriétaire entreprit une restauration importante. L'enceinte et les tours d'angle crénelées forment la partie la plus ancienne du château.

Ⓥ A l'intérieur le **musée Terroir et Vin** est consacré à deux thèmes : « De la vigne au vin » et « les arts culinaires du Quercy ».

Puy-l'Évêque. — *Page 120.*

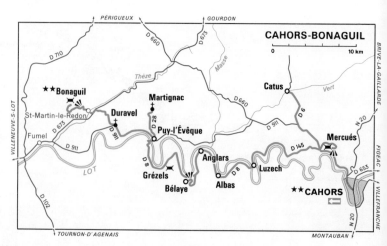

De Puy-l'Évêque, on gagne Martignac par le D 28, qui s'élève rapidement au-dessus de la vallée, puis par un chemin communal.

Martignac. — Ce petit village possède une église rustique, bâtie en belle pierre jaune et surmontée d'un haut clocher barlong à pans de bois. La nef et le chœur sont décorés de **fresques** du 15ᵉ s. Les tons jaune et ocre dominent ; malgré la raideur des attitudes, l'expression des physionomies et la composition des scènes donnent à cet ensemble un intérêt certain. Dans la nef, un personnage monté sur un homme figure la paresse, un autre, un jambon sous le bras, la gourmandise, tandis qu'une femme chevauchant un bouc symbolise la luxure. Face à cette fresque, se déroulent le Couronnement de la Vierge et l'entrée des Élus au Paradis, conduits par saint Michel et accueillis par saint Pierre. Dans le chœur, on distingue une Mise au tombeau, des anges et, à la voûte, un Christ en majesté, la main levée dans un geste de bénédiction.

Revenir à Puy-l'Évêque et prendre le D 911.

Le fond alluvial s'élargit considérablement, terrasses et collines sont couvertes de vignes, tandis que la plaine est tapissée de cultures.

Duravel. — 875 h. Dans l'église, édifiée au 11ᵉ s., le chœur est décoré de chapiteaux historiés ; des colonnes ornées de chapiteaux très frustes soutiennent la crypte archaïque. Les corps des saints Hilarion, Poémon et Agathon sont conservés au fond de l'abside. L'exposition solennelle de leurs reliques, appelée « ostension », a lieu tous les 5 ans.

De Duravel, prendre une petite route vers St-Martin-le-Redon puis la « Route touristique de Bonaguil ».

★★**Château de Bonaguil.** — *Page 48.*

LUZECH

Carte Michelin nº **79** pli 7 — Schéma p. 98.

C'est dans la boucle d'un méandre du Lot dont l'isthme, dans sa partie la plus resserrée, atteint à peine 100 m, que s'est développée Luzech. Couronnée par le donjon de son ancien château, la bourgade est bordée au Nord par l'oppidum de l'Impernal, au Sud par le promontoire de la Pistoule que la rivière contourne en décrivant une boucle. Un vaste plan d'eau a été créé par la construction d'un barrage en amont de la presqu'île et une base nautique y a été aménagée.

La colline de l'Impernal. — Habitée dès les temps préhistoriques, la colline de l'Impernal constitue une défense naturelle appréciée par les Gaulois qui en font une puissante place forte. Au Moyen Âge est édifiée une citadelle dont il subsiste le donjon carré. Richard Cœur de Lion est maître de Luzech en 1118. Siège de l'une des quatre baronnies du Quercy, Luzech est convoitée par les Anglais au cours de la guerre de Cent Ans, mais elle résiste à tous leurs assauts et devient un important centre fortifié. Pendant les guerres de Religion, elle demeure un fidèle bastion du catholicisme en restant aux mains des évêques de Cahors.
Des fouilles pratiquées sur la colline de l'Impernal ont permis de mettre au jour des murailles et des vestiges de constructions des époques gauloise et romaine.

★**Point de vue.** — Du haut de l'Impernal, la vue embrasse Luzech ramassé au pied de son pech et, derrière, le cingle quadrillé de champs.

Ville ancienne. — Près de la chapelle des Pénitents, du 12ᵉ s., quelques maisons ont conservé un aspect archaïque dont la maison des Consuls qui s'orne de belles fenêtres géminées de la fin du 12ᵉ s. et d'une grande ogive au rez-de-chaussée. Dans l'ancien faubourg du Barry, de l'autre côté de la place du Canal, sont aussi groupées des maisons pittoresques, particulièrement dans les ruelles aboutissant à la rue du Barry-del-Valat : rue du Port, rue Antoine-de-Luzech (on y voit une fenêtre du 14ᵉ s.), rue des Balcons aux curieuses demeures.

Donjon. — 13ᵉ s. Il domine la ville aux toits bruns, tandis que cultures et prairies occupent le fond alluvial et que des collines cernent l'horizon.

MARCILHAC-SUR-CÉLÉ

Carte Michelin nº **79** pli 9 — Schéma p. 67.

Dans la riante vallée du Célé, Marcilhac est pittoresquement bâtie au milieu d'un cirque de falaises. D'intéressantes maisons anciennes enserrent les ruines d'une abbaye bénédictine.

Dans le maquis de la procédure. — Au 11ᵉ s., l'abbaye de Marcilhac possède l'humble sanctuaire de Rocamadour, mais le laisse à l'abandon ; profitant de cette négligence, des moines de Tulle s'y installent. En 1166, la découverte du corps de saint Amadour *(voir p. 121)* en fait un riche et célèbre lieu de pèlerinage. Marcilhac se souvient alors de son droit et fait chasser les moines de Tulle. Peu après, l'abbé de Tulle s'empare à nouveau de Rocamadour et met à la porte les gens de Marcilhac ; les procès succèdent aux procès. L'affaire est épineuse, l'évêque de Cahors, le légat, l'archevêque de Bourges, le pape lui-même, appelés à se prononcer, évitent de prendre une décision ; enfin, après un siècle de chicanes, Marcilhac accepte une indemnité de 3 000 sols et abandonne Rocamadour. Jusqu'au 14ᵉ s., l'abbaye de Marcilhac jouit d'une remarquable prospérité, mais, pendant la guerre de Cent Ans, les bandes anglaises et les grandes compagnies l'anéantissent. Après les troubles de la Réforme, Marcilhac, qui est passé aux mains des Hébrard de St-Sulpice *(voir p. 66)*, n'est plus qu'un fantôme de monastère ; il disparaît à la Révolution.

CURIOSITÉS

Ancienne abbaye. — Elle se compose de deux parties bien distinctes.

Partie romane. — Le porche, à l'Ouest, et les trois premières travées de la nef sont à ciel ouvert et flanqués d'une haute tour carrée, vraisemblablement fortifiée au 14e s. Au Sud, une porte en plein cintre est surmontée d'éléments sculptés formant **tympan** et représentant le Jugement dernier : le Christ en majesté, entouré de deux emblèmes figurant, croit-on, le Soleil et la Lune, est placé au-dessus de deux anges trapus aux ailes déployées et de saint Pierre et saint Paul. Ces sculptures, d'un style archaïque, semblent remonter au 10e s. Franchir cette porte et pénétrer à droite dans l'église.

Partie gothique. — Fermée à l'Ouest au-delà de la 4e travée, la partie de l'église relevée au 15e s. est de style flamboyant. Le chœur, voûté en étoile, est entouré d'un déambulatoire. La chapelle de droite est décorée de boiseries relatant des épisodes de la Vie du Christ ; celle de gauche offre des fresques du 15e s. : le Christ bénissant est entouré des 12 apôtres, sous chaque apôtre on peut lire son nom et une phrase qui le caractérise. Le blason au centre est celui des Hébrard de St-Sulpice.

En sortant de l'église, prendre sur la droite, dans la 2e travée romane, un sentier qui conduit à l'ancienne salle capitulaire, dont les baies sont décorées de chapiteaux romans d'une grande finesse d'exécution.

Gagner une esplanade ombragée de platanes : une tour ronde indique l'emplacement de la maison de l'abbé. Suivre le Célé, sur la droite, en longeant les vestiges des remparts, face à la falaise qui domine la rive gauche de la rivière. Franchir la poterne et revenir au point de départ en contournant l'église.

★**Grotte de Bellevue.** — *1,5 km au Nord-Ouest.* La route d'accès s'élève en corniche au-dessus de la vallée du Célé, offrant de beaux **aperçus** du village et de l'abbaye. Après les quatre lacets en forte montée, prendre à la première bifurcation la route à gauche vers le hameau de Pailhès. *Parc de stationnement à 200 m à gauche.*

La grotte fut découverte en 1964 et ouverte au public deux ans plus tard. Elle possède des concrétions d'une richesse remarquable : stalactites, stalagmites, draperies, colonnes effilées ou massives, immense coulée de calcite au blanc immaculé strié d'ocre ou de carmin. Bellevue a aussi la spécialité de déployer dans sa grande salle la variété de ses excentriques, concrétions qui telle une floraison de corail semblent pousser en tous sens, épousant des formes variées. Les stalagmites particulièrement belles évoquent de longs cierges. La « Colonne d'Hercule », frappante de régularité, mesure 4 m de hauteur pour une circonférence de 3,50 m, sa partie supérieure étant formée d'un disque incliné à 45°.

MAREUIL
1 215 h.

Carte Michelin n° 72 Sud-Est du pli 14 — Schéma p. 101.

Située entre les vastes espaces du Ribéracois et un pays plus rude et élevé au Nord, Mareuil-sur-Belle est une ancienne baronnie, l'une des quatre du Périgord, et a conservé son château du 15e s.

Château. — Après avoir été le domaine des Mareuil, il passa aux Talleyrand-Périgord puis aux Montebello, descendants du Maréchal Lannes.

Cette forteresse construite en plaine était protégée par un imposant système de défense dont il ne reste que le mur d'enceinte et les tours. Les douves qui étaient alimentées par la Belle ont presque totalement disparu.

Du châtelet, poterne fortifiée, une rampe mène à l'entrée proprement dite du château qui comportait un pont-levis protégé par deux tours cylindriques couronnées d'un chemin de ronde à mâchicoulis. Dans la tour de gauche se trouve la chapelle fin gothique endommagée sous la Révolution : de beaux réseaux de nervures soulignent les voûtes. Le corps de logis restauré, dont les bâtiments en équerre, coiffés de tuiles roses, sont réunis par un donjon barlong, est percé de fenêtres à croisillons de pierre. Il donne sur un jardin clos par les remparts.

On visite les prisons souterraines et les appartements. Dans le Grand salon sont exposées des peintures de Nattier, de Rigaud, d'Horace Vernet et de Carolus Duran ainsi qu'un beau mobilier Louis XV.

Une salle entièrement meublée Empire est consacrée au maréchal Lannes, duc de Montebello : lettres, épée d'honneur, buste de Napoléon par Canova, portraits du maréchal, pastel représentant le prince impérial, dessiné par l'impératrice Marie-Louise et peint par Isabey, lettres de Napoléon et Marie-Louise, etc...

Circuit au départ de Mareuil *61 km — environ 2 h*
Cartes Michelin n° 72 plis 14, 15 et n° 75 plis 4, 5

Quitter Mareuil par le D 708 vers le Nord-Est.

St-Sulpice-de-Mareuil. — 128 h. L'église romane du 12e s. possède un beau portail. Le porche à trois voussures, supportées par de fines colonnes, est décoré d'animaux fabuleux, de personnages et de volutes. A l'intérieur : coupole sur pendentifs reposant sur des chapiteaux historiés.

Prendre le D 93 vers le Sud.

Vieux-Mareuil. — 395 h. Lieu de séjour. L'église bien qu'édifiée au 13e s. présente toutes les caractéristiques du style roman périgourdin : nef couverte de trois coupoles sur pendentifs, chœur de deux travées voûté en berceau brisé et terminé par un chevet plat. Les créneaux ajoutés au 16e s. lui donnent l'aspect d'une forteresse.

Reprendre le D 93 vers le Sud.

Léguillac-de-Cercles. — 319 h. L'église est un édifice roman dont la nef est couverte de deux coupoles.

Prendre le D 100 puis le D 84 à gauche. À un calvaire tourner de nouveau à gauche.

Cercles. — 137 h. D'un ancien prieuré roman subsiste l'église dont la nef fut remontée au 13e s. Le portail présente six beaux chapiteaux finement sculptés.

La Tour-Blanche. — 441 h. En venant de Cercles on arrive au pied d'une motte dominée par un donjon du 13e s. et les restes d'une forteresse qui fut le fief des comtes d'Angoulême puis celui des La Tour et des Bourdeille. Le château domine le bourg qui a conservé quelques belles maisons anciennes et le manoir Renaissance de Nanchapt.

Prendre le D 84 vers Verteillac.

La route passe au pied du **donjon** du château de Jovelle.

A Verteillac tourner à droite dans le D 708 puis à gauche vers Cherval.

Cherval. — 295 h. Ce village possède l'une des plus jolies églises à coupoles de la région, récemment restaurée par les Monuments historiques. Quatre coupoles en file, trois sur la nef, une sur le chœur, sont portées par de grands arcs brisés qui épousent la courbure des pendentifs. La voûte du chœur est ornée d'une couronne de pointes de diamant.

Reprendre le D 708 vers Mareuil puis le D 12.

La route traverse une région très boisée et offre de beaux points de vue sur le Périgord Blanc.

2 km avant la Rochebeaucourt-et-Argentine, prendre à droite vers Argentine.

Argentine. — Ce curieux village perché sur un plateau calcaire truffé de carrières et de grottes, possède une jolie chapelle romane du 12e s.

La Rochebeaucourt-et-Argentine. — 408 h. La Rochebeaucourt a conservé une église construite au 13e s. par les moines de Cluny.

Bâtie en pierre grise, elle offre une façade sévère qu'égaye seulement une rose divisée en sept compartiments. A droite de la façade s'élève un clocher carré à deux étages.

Le souvenir de Pauline de Tourzel, compagne de captivité de Louis XVI et de la famille royale au Temple ainsi que celui de sa mère, gouvernante des enfants royaux, sont évoqués dans le **parc de l'ancien château** des comtes du Béarn incendié en 1941 et dans la chapelle du cimetière de la Rochebeaucourt.

Prendre le D 939 jusqu'à Mareuil, prendre à droite le 708 et à gauche le D 99.

St-Pardoux-de-Mareuil. — Sur le versant d'un vallon, ce hameau regroupe ses maisons autour d'une charmante église romane présentant une façade de style saintongeais avec ses arcades et arcatures superposées.

Revenir à Mareuil par le D 99 et le D 708.

★ MARTEL

1 441 h. (les Martelais)

Carte Michelin nº 75 pli 18 — Lieu de séjour.

Bâtie sur un causse du Haut-Quercy auquel elle a donné son nom, Martel, « la ville aux sept tours », possède plusieurs monuments du Moyen Âge. C'est un centre actif du commerce des noix et de l'industrie des conserves de produits régionaux.

Les trois marteaux. — Après avoir arrêté les Arabes à Poitiers en 732, **Charles Martel** les poursuit en Aquitaine. Quelques années plus tard, il leur livre un nouveau combat et les anéantit. Pour commémorer cette victoire sur les infidèles et remercier Dieu, il fait édifier en ce lieu une église, près de laquelle s'élève bientôt une ville — cette cité reçoit le nom de Martel, en souvenir de son fondateur — et met sur son blason trois marteaux, armes favorites du sauveur de la chrétienté.

Martel et la vicomté de Turenne. — La fondation de Martel par le vainqueur des Arabes tient probablement plus de la légende que de l'histoire. Par contre, on sait que les vicomtes de Turenne en firent une communauté urbaine importante dès le 12e s. En 1219, le vicomte Raymond IV octroie à Martel une charte la reconnaissant comme ville libre et lui accorde l'exemption d'impôts vis-à-vis du roi et le droit de frapper monnaie. La ville reste cependant fidèle au roi de France. Très vite Martel s'organise avec un conseil communal et un consulat et devient le siège du bailliage royal et de la sénéchaussée. Véritable cour d'appel où se traitaient toutes les affaires juridiques de la région, elle occupait plus de 50 magistrats, juges et avocats. Son apogée se situe à la fin du 13e s. et au début du 14e s. ; ensuite, comme tout le pays, elle connaît les

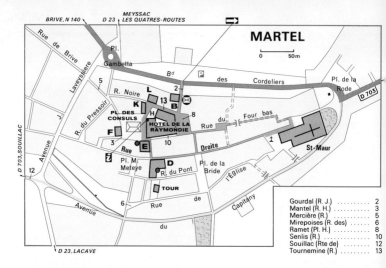

vicissitudes de la guerre de Cent Ans qui la voit ballotée entre Français et Anglais, puis celles des guerres de Religion, pendant lesquelles elle est saccagée par les bandes huguenotes. En 1738, la vente de la vicomté de Turenne au roi *(p. 140)* fait perdre ses privilèges à Martel qui devient simple châtellenie.

Le fils rebelle. — A la fin du 12e s., Martel est le théâtre d'un épisode des tragiques discordes qui mettent aux prises le roi d'Angleterre **Henri Plantagenêt,** maître de tout l'Ouest de la France, sa femme, Éléonore d'Aquitaine, et ses quatre fils. Le ménage royal est un royal enfer. Henri ne peut plus supporter Éléonore, déjà répudiée par le roi de France : il l'enferme dans une tour. Les fils prennent alors les armes contre le père et l'aîné, **Henri Court-Mantel,** ravage la vicomté de Turenne et le Quercy. Pour le punir, Henri Plantagenêt donne ses terres à son troisième fils, Richard Cœur de Lion, et suspend la pension qu'il sert à son aîné. Il confesse ses crimes, tandis qu'on court chercher le roi Henri ;

Henri Court-Mantel, sans ressources, traqué, est dans une situation désespérée : aussi, pour payer ses soldats, va-t-il piller les trésors des abbayes de la province. A Rocamadour, il enlève la châsse et les pierreries de saint Amadour dont le corps est profané et il vend la célèbre épée de Roland, « Durandal ». Mais, comme il quitte Rocamadour, après ce sacrilège, la cloche miraculeuse tinte : c'est un avertissement de Dieu. Henri s'enfuit jusqu'à Martel où il arrive fiévreux ; il sent venir la mort et le remords l'étreint. Il confesse ses crimes, tandis qu'on court chercher le roi Henri ; occupé au siège de Limoges, le souverain envoie le pardon paternel. Lorsque arrive le messager, Henri Court-Mantel agonise sur un lit de cendres, une lourde croix de bois sur la poitrine. Bientôt il expire, adressant à sa mère Éléonore un suprême adieu.

VISITE 1 h

Ancienne enceinte. — Des boulevards — fossé des Cordeliers, fossé des Capitani — ont été aménagés à l'emplacement des anciens remparts des 12e et 13e s. La **tour de Tournemire (B),** couronnée de mâchicoulis (tour de la Prison), la porte de Souillac et la porte de Brive évoquent l'époque où Martel était une ville forte, protégée par une double enceinte. La deuxième enceinte édifiée au 18 s. englobait les faubourgs.

Laisser la voiture au parking aménagé le long des remparts du Nord. Passer entre la poste et la tour de Tournemire pour pénétrer dans la vieille ville. Sur la place, prendre à gauche la rue du Four-bas.

Église St-Maur. — Cet édifice gothique présente d'intéressants caractères défensifs : aux angles du chevet plat s'élèvent deux tours à échauguettes et la grande baie est surmontée d'une rangée de mâchicoulis. La tour-clocher, haute de 48 m et flanquée à sa base de puissants contreforts, est un véritable donjon avec ses étroites meurtrières. Sous le porche s'ouvre un beau **tympan** historié, d'époque romane, représentant le Jugement dernier : le Christ assis, la tête entourée du nimbe crucifère, écarte les bras et montre ses plaies ; deux anges tiennent les instruments de la Passion, deux autres sonnent les trompettes de la Résurrection.

La nef ne manque pas d'ampleur ; le chœur, à chevet plat, couvert d'une savante voûte en étoile, est éclairé par une grande **verrière** du 16e s. qui représente Dieu le Père, les quatre évangélistes et diverses scènes de la Passion.

Rue droite. — Elle est bordée de vieux hôtels dont l'hôtel Vergnes-de-Ferron **(D)** qui s'orne d'une belle porte Renaissance.

Tourner à droite dans la rue suivante.

★**Place des Consuls.** — Le centre en est occupé par la **halle,** qui date du 18e s. La charpente repose sur de gros piliers de pierre. On remarque sur l'un des côtés les anciennes mesures de Martel.

★**Hôtel de la Raymondie.** — Commencé vers 1280 par le vicomte de Turenne et terminé vers 1330, ce bel édifice que domine un beffroi crénelé, est flanqué d'une tourelle à chacun de ses angles. Au 14e s. cette forteresse médiévale fut transformée en palais gothique. La cour d'honneur est ornée d'élégantes fenêtres à rosaces quadrilobées. Cette ancienne maison de justice abrite l'hôtel de ville. Dans les salles du 1er étage, remarquer les deux cheminées en bois sculpté et le bas-relief Renaissance.

Ⓥ Dans le haut du donjon, un petit **musée** local présente des pièces provenant des fouilles du Puy d'Issolud *(voir p. 103).*

Maison Fabri (E). — Flanqué d'une tour ronde, au Sud de la place, cet hôtel est également connu sous le nom de maison de Henri Court-Mantel, qui y mourut en 1183.

Hôtel de Chauffour (F). — Côté Ouest, maison de magistrats des 16e et 17e s.

Rue Tournemire. — Cette pittoresque petite rue s'ouvre à gauche de l'hôtel de la Raymondie, longeant l'hôtel de la Monnaie (**K**) (13e s.) et d'autres maisons anciennes, dont la curieuse maison grise du 16e s. (**L**) portant sur l'un de ses écussons les 3 marteaux, armes de la ville.

EXCURSION

★**Puy d'Issolud.** — *14 km. Quitter Martel par le D 703 à l'Est. A Vayrac, prendre à gauche le D 119 menant au puy.*
Le plateau proche de Vayrac, dont le point le plus élevé, appelé Puy d'Issolud, atteint 311 m, est bordé de falaises abruptes surplombant de petits affluents de la Dordogne. Entouré à l'époque gauloise de solides retranchements en terre et en pierres sèches qui en faisaient l'un des « oppida » les plus redoutables du Quercy, ce puy passe pour être l'ancien Uxellodunum qui fut le théâtre de l'ultime résistance gauloise à César après Alésia. Certains auteurs situent Uxellodunum à Capdenac *(p. 62)*. La lutte, menée par les légions romaines avec un acharnement inouï, se solde par une nouvelle défaite gauloise, à la suite du détournement d'une source. César, irrité de la longue résistance des assiégés, aurait fait couper la main droite de tous les prisonniers.
Les divers objets découverts au cours des fouilles ont été rassemblés au petit musée de l'hôtel de la Raymondie, à Martel *(voir p. 102)*.
Du plateau : **vue**★ étendue, bien que fragmentée, en direction de la Dordogne.

★ MONBAZILLAC (Château de)

Carte Michelin n° 75 plis 14, 15 — Schéma p. 45.

Émergeant d'un océan de vignes *(voir p. 35)*, le château de Monbazillac est fièrement campé sur le rebord d'un plateau calcaire dominant la vallée de la Dordogne. Il est la propriété de la Cave Coopérative de Monbazillac qui l'a restauré et aménagé.

⊙**VISITE** *3/4 h*

Extérieur. — Le château séduit par sa silhouette élégante, compromis entre l'architecture militaire et l'architecture Renaissance. Construit vers 1550, c'est un édifice de petites dimensions, entouré de douves sèches. Un chemin de ronde crénelé et des mâchicoulis enserrent le corps de bâtiment que flanquent aux angles de grosses tours rondes. La façade est percée d'une double rangée de fenêtres à croisillons et d'une porte d'entrée ornée dans le style Renaissance. Deux rangées de lucarnes superposées surmontent les mâchicoulis. La patine grise de la pierre s'harmonise avec les tons bruns des tuiles des tourelles et des pavillons.
De la terrasse Nord se développe une vue sur le vignoble et sur Bergerac qui s'étale dans la vallée de la Dordogne.

Intérieur. — Couverte d'un plafond à la française décoré de rinceaux dorés, la **« Grand Salle »** s'orne d'une cheminée monumentale Renaissance, de deux belles tapisseries des Flandres du 17e s. et de meubles de la même époque. Dans une pièce voisine sont exposés des meubles rustiques du Périgord. Une « salle protestante » présente d'intéressants documents sur l'histoire du protestantisme en France.
A l'étage plusieurs salles se visitent ; on remarque surtout la reconstitution de la **chambre** de la vicomtesse de Monbazillac, meublée en style Louis XIII.
Les anciennes caves du château abritent un petit **musée du vin** consacré aux instruments anciens de la récolte et de la vinification.

★ MONPAZIER   533 h. (les Monpaziérois)

Carte Michelin n° 75 pli 16 — Lieu de séjour.

Monpazier est une des bastides créées pour commander les routes allant de l'Agenais aux rives de la Dordogne. Sa place à arcades, ses maisons, son église, les vestiges de ses fortifications en font le type le mieux conservé des bastides du Périgord.

Des débuts difficiles. — Le 7 janvier 1284, la bastide de Monpazier est fondée par **Édouard Ier**, roi d'Angleterre et duc d'Aquitaine, désireux de compléter la zone de défense et de colonisation déjà entreprise en Périgord depuis 1267 avec la fondation de Lalinde, Beaumont, Molières et Roquépine. A cet effet, il s'associe à Pierre de Gontaut, seigneur de Biron. Mais des difficultés surgissent bientôt : retards dans la construction, conflits entre le seigneur de Biron et les habitants de Monpazier, reprise des hostilités entre le roi d'Angleterre et Philippe le Bel. La situation devient rapidement difficile et, au cours de la guerre de Cent Ans, la bastide est plusieurs fois envahie et pillée tant par les Anglais que par les Français.

Monpazier reçoit... — La Réforme, dont le maréchal de Biron est un des chefs de file, marque le début d'une ère de violence. Le 21 juin 1574, la ville est livrée par trahison au célèbre chef huguenot Geoffroi de Vivans, qui plus tard s'illustre en prenant Domme par ruse *(voir p. 71)*.
Jeanne d'Albret, qui se rend au mariage de son fils Henri de Navarre avec Marguerite de Valois, s'arrête à Monpazier : en son honneur, « on nettoie places et rues et l'on oste les fumiers ». Cet hommage à la plus militante des calvinistes n'empêche pas la cité de se mettre en frais pour recevoir, peu de temps après, le duc d'Anjou — futur Henri III —, chef des catholiques.

Buffarot le croquant. — Après les guerres de Religion, les paysans se soulèvent en une nouvelle jacquerie.

Les révoltés, appelés « croquants », tiennent leur grande assemblée à Monpazier en 1594. L'insurrection se rallume en 1637 : conduits par Buffarot, un tisserand du bourg voisin de Capdrot, 8 000 paysans se répandent dans la campagne et pillent tous les châteaux. Les troupes du duc d'Épernon les pourchassent et, non sans peine, s'emparent de Buffarot. Ramené à Monpazier, le chef de la rébellion subit le supplice de la roue sur la place.

CURIOSITÉS

De la bastide, subsistent le plan d'ensemble *(voir p. 32)* et trois des six portes fortifiées. Plusieurs maisons ont conservé leur caractère original.

(D'après photo D. Cauchoix/Pix)
Monpazier. — La place.

La ville forme un quadrilatère de 400 m sur 220 m, le grand axe étant orienté Nord-Sud. Des rues courent d'une extrémité à l'autre, parallèlement aux grands côtés. Quatre rues transversales les croisent, décomposant ainsi la cité en compartiments rectangulaires. Toutes les habitations présentaient à l'origine la particularité d'être d'égales dimensions et séparées les unes des autres par d'étroits intervalles ou « androns », prévus pour éviter la propagation des incendies.

★**Place centrale.** — Elle est rectangulaire comme la bastide elle-même. Du côté Sud s'élève une halle abritant les anciennes mesures. Sur le pourtour, les galeries couvertes, supportées par des arceaux, ont conservé leurs « cornières ».

Église St-Dominique. — Elle présente une façade remaniée à différentes époques : le portail, orné d'archivoltes, la rose et le pignon ont été reconstruits vers 1550. La nef unique, très large, est voûtée d'ogives et se prolonge par un chevet polygonal.

Maison du chapitre. — Située près de l'église, cette maison du 13e s. fut utilisée comme grange aux dîmes. Elle est éclairée, à son étage supérieur, par des fenêtres géminées.

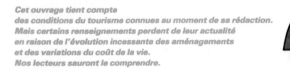

*Cet ouvrage tient compte
des conditions du tourisme connues au moment de sa rédaction.
Mais certains renseignements perdent de leur actualité
en raison de l'évolution incessante des aménagements
et des variations du coût de la vie.
Nos lecteurs sauront le comprendre.*

★★ MONTAL (Château de)

Carte Michelin n° 75 pli 19 (3 km à l'Ouest de St-Céré) — Schéma p. 130.

Sur les pentes d'un coteau, près de la riante vallée de la Bave, le château de Montal dresse sur un tertre boisé la masse harmonieuse de ses bâtiments, coiffés de toits en poivrières.

Un miracle d'amour maternel. — Pour son fils aîné Robert, qui guerroie en Italie au service de François Ier, **Jeanne de Balsac d'Entraygues,** veuve d'Amaury de Montal, gouverneur de Haute-Auvergne, fait construire en 1523 un manoir de « plaisance » à l'emplacement d'un château féodal. Des rives de la Loire, la châtelaine fait venir les meilleurs artistes et, en 1534, s'élève ce chef-d'œuvre dû au tendre orgueil d'une mère.

« Plus d'espoir ». — Tout est prêt pour recevoir le fier chevalier. Cependant les jours, les ans s'envolent. Marignan, Pavie, Madrid sont loin ; la mère attend toujours le retour du fils aîné. Hélas, seul le cadavre de Robert revient au castel. Le beau rêve s'écroule. Jeanne fait sceller la lucarne à laquelle elle s'accoudait pour guetter l'arrivée de son fils et sous elle, graver ce cri déchirant : « Plus d'espoir ». Son second fils, Dordé de Montal, dignitaire de l'Église, reçoit alors l'autorisation du pape de se démettre de ses fonctions afin de perpétuer le nom de sa race.

Agonie... et résurrection. — Proclamé bien national et devenu inhabitable à la suite des déprédations commises au cours de la Révolution, Montal échoit en 1879 à un certain Macaire. Cet aventurier, sans cesse à court d'argent, entre en rapport avec une bande de démolisseurs et met le château en pièces ; 120 tonnes de pierres sculptées sont débitées et expédiées à Paris. Vendus à l'encan, les chefs-d'œuvre de Montal sont dispersés dans les musées et les collections privées d'Europe et d'Amérique. En 1908, sur l'initiative d'un nouvel acquéreur, M. Fenaille, s'accomplit la résurrection de Montal. Avec un zèle et une piété admirables, il rend au château tous ses joyaux, rachetés à prix d'or, et, après l'avoir meublé entièrement, en fait don à l'État, en 1913.

⊙ **VISITE** *environ 3/4 h*

Extérieur. — Par ses toits à forte pente couverts de lauzes, ses grosses tours rondes à meurtrières, le château présente l'aspect d'une forteresse. Cette sévérité fait mieux ressortir, par contraste, le charme de la cour intérieure, parée des sourires de la Renaissance. Montal se compose de deux corps de logis en équerre reliés par la tour carrée qui abrite l'escalier. Une double galerie également en équerre devait fermer le carré de la cour d'honneur ; elle ne fut jamais construite. Cette façade, d'une grande richesse décorative, est une des gloires du château.

La frise. — Au-dessus des ouvertures du rez-de-chaussée, court une frise de 32 m de longueur, merveille d'ornementation aux sujets les plus divers : amours, oiseaux, chimères voisinent avec des écussons et une énorme tête humaine ; on y remarque les initiales de la fondatrice et de ses fils : I (Jeanne), R (Robert), D (Dordé).

Les bustes. — Au 1er étage, les fenêtres à meneaux alternent avec de fausses lucarnes à frontons très ouvragés, encadrant sept bustes en haut-relief, chefs-d'œuvre d'un réalisme et d'un goût parfaits. On reconnaît, de gauche à droite, les effigies des membres de la famille de Montal : Amaury, l'air hautain, coiffé d'un bonnet ; Jeanne, sa femme, la fondatrice du château, dont le visage, presque monacal, semble figé dans un deuil éternel ; Robert, le fils aîné, tué en Italie, qui porte un chapeau à panache à la mode de François Ier ; Dordé, le second fils, à la figure de jeune page ; Robert de Balsac, père de Jeanne de Montal, coiffé d'un bonnet de l'époque Louis XII ; Antoinette de Castelnau, mère de Jeanne ; le dernier descendant de cette génération, Dordé de Béduer, qui fut abbé régulier de Vézelay.

Les lucarnes. — Au nombre de quatre, elles rappellent par leur décoration celles de Chambord : de part et d'autre des pignons sont accolés de petits personnages et leurs niches abritent des figures.

Intérieur. — On y accède par une porte, placée à l'angle des deux corps de bâtiment, flanquée de pilastres et surmontée d'un linteau supportant plusieurs niches.

★★**Escalier Renaissance.** — Construit en belle pierre blonde de Carennac, il est magnifique de proportions et d'ornementation. L'évidement du mur central permet d'admirer le dessous des marches, très finement sculpté ; rinceaux, coquillages, oiseaux fantastiques, initiales, petits personnages forment un plafond dont la décoration complète celle des voûtes à clefs des vestibules. Ce chef-d'œuvre de sculpture allie la grâce à la féerie.

Appartements. — La salle des Gardes, voûtée d'arcs surbaissés et ornée d'une magnifique cheminée, la salle du Cerf et le reste des appartements, où voisinent meubles anciens (surtout Renaissance et Louis XIII), retables, tableaux, plats attribués à Bernard Palissy et tapisseries des Flandres et de Tours, se complètent harmonieusement et constituent un ensemble particulièrement digne d'admiration.

MONTIGNAC
3 165 h. (les Montignacois)

Carte Michelin n° 75 Sud du pli 7 — Schémas p. 112 et 142 — Lieu de séjour.

Bâtie sur les bords de la Vézère, Montignac présente un ensemble de maisons anciennes au pied d'une tour qui rappelle le souvenir d'un château fort ayant appartenu aux comtes du Périgord.

Cette paisible ville devint en quelques années un centre touristique important à la suite de la découverte de la grotte de Lascaux.

Eugène Le Roy, le célèbre écrivain périgourdin *(voir p. 25)* a vécu à Montignac.

⊙ **Musée Eugène-Le-Roy.** — Installé dans le syndicat d'initiative, ce musée est en partie consacré à l'auteur de Jacquou le Croquant ; on y voit entre autres la reconstitution du bureau où l'auteur écrivit ce roman.

Il présente d'autre part des collections d'arts et traditions populaires évoquant des métiers disparus et des scènes historiques locales.

Une petite collection d'objets préhistoriques complète cet ensemble.

LA GROTTE DE LASCAUX

La grotte de Lascaux se place au premier rang des sites préhistoriques de l'Europe pour le nombre et la qualité de ses peintures.

Découverte, visite et fermeture. — Elle fut découverte le 12 septembre 1940 par quatre jeunes gens partis à la recherche de leur chien disparu dans un trou provoqué par le déracinement d'un arbre. A l'aide d'un éclairage de fortune, ils aperçurent sur les parois de la galerie où ils s'étaient introduits une extraordinaire fresque de peintures polychromes. L'instituteur de Montignac, averti de cette découverte, alerta aussitôt l'abbé Breuil qui vint sur place et fit une étude minutieuse des peintures de cette grotte qu'il baptisa la « chapelle Sixtine du Périgordien ».

En 1948, la grotte aménagée pour la visite, est inaugurée. L'affluence des visiteurs est telle qu'un 15 ans plus d'un million de personnes sont venues admirer les peintures. Mais malgré les précautions prises (éclairage très faible, climatisation, sas d'entrée), l'effet du gaz carbonique et la pénétration de l'humidité ont entraîné le développement de deux maladies : la « verte » qui se traduit par la poussée de mousses et d'algues, et la « blanche » moins visible mais beaucoup plus grave puisqu'elle consiste en un dépôt de calcite blanchâtre.

En 1963 pour préserver ce trésor, il est décidé de fermer la grotte au grand public.

Dix ans plus tard le projet d'un fac-similé est émis qui aboutira à l'ouverture de Lascaux II en 1983 *(voir p. 106)*.

Un ensemble exceptionnel. — La grotte, creusée dans le calcaire du Périgord Noir, est une cavité relativement modeste puisqu'elle s'étend seulement sur 150 m. Elle comprend quatre galeries dont les parois sont couvertes de plus de 1 500 dessins et gravures. Ces œuvres ont été exécutées pendant la période magdalénienne, il y a 17 000 ans. A l'époque, la grotte était ouverte sur l'extérieur. Quelque temps après le passage des artistes l'auvent de l'entrée s'est écroulé et une coulée d'argile a achevé de colmater l'éboulis. Cette fermeture hermétique explique la parfaite conservation des peintures de Lascaux. L'état de fraîcheur de ces peintures était d'ailleurs tel qu'au moment de leur découverte, il y eut des polémiques passionnées au sujet de leur authenticité.

(Photo J. Bénazet/Pix)
Grotte de Lascaux. — Détail dans la salle des Taureaux.

Le plan de la grotte est relativement simple. Il se compose de la salle des Taureaux qui se poursuit par le diverticule axial (*voir description de Lascaux II*). Sur la droite de la salle des Taureaux le diverticule de droite donne accès à l'abside qui se prolonge par la nef et le diverticule des Félins. A droite de l'abside s'ouvre la galerie du puits entièrement décorée d'une scène représentant un bison blessé chargeant un homme, l'une des rares représentations humaines, extrêmement schématique *(reproduction au centre d'initiation à la préhistoire du Thot)*.

Toute une faune se développe sur les parois dont les artistes ont utilisé les saillies pour donner à leur sujet plus de modelé. On y retrouve les espèces courantes du quaternaire chassées par l'homme : taureaux ou aurochs, vaches, chevaux, cerfs, bisons, bouquetins se juxtaposent ou se superposent dans des compositions extraordinaires, certaines atteignant des dimensions impressionnantes. Ils sont accompagnés de symboles : flèches, grilles, points, bâtonnets, dont le sens reste mystérieux.

Style de Lascaux et exécution. — Les figures sont stylisées, représentées selon l'expression de l'abbé Breuil, en « perspective tordue ». Sur un animal dessiné de profil, certains éléments sont figurés comme s'ils étaient vus de face. Les animaux paraissent intentionnellement déformés : ventre ballonné, pattes courtes, têtes petites et effilées. Ils sont composés soit d'un large trait noir formant le pourtour, soit d'aplats de couleurs. Les peintures employées, allant du jaune au noir en passant par les ocres et les rouges, d'origine minérale, ont été mélangées avec de la graisse animale servant de liant et souvent vaporisées à l'aide d'os creux. Les artistes utilisaient aussi le procédé du pochage ou appliquaient les pigments directement avec leurs doigts. On a retrouvé dans la grotte des os et des tubes végétaux ayant servi à projeter les poudres de couleur ainsi que des plaquettes calcaires creusées qui faisaient office de lampes et des résidus ligneux qui devaient servir aux échafaudages.

L'absence d'ustensiles usuels dans cette grotte laisse à penser que Lascaux, comme la plupart des grottes ornées, n'a pas été habitée. Elle aurait été plutôt une sorte de sanctuaire.

★★Lascaux II. — Situé à 200 m de la grotte originale, le fac-similé est une reconstitution remarquable de la partie supérieure de la caverne comprenant la salle des Taureaux et le diverticule axial.

Une prouesse technique. — *La description détaillée de la réalisation du fac-similé se trouve au Thot (p. 139) dont la visite complète bien celle de la grotte.*
Dès 1966 l'Institut Géographique National avait effectué des relevés photographiques de la grotte de Lascaux par stéréophotogrammétrie, procédé qui permet d'obtenir l'illusion du relief. Ces relevés donnant les mesures de la cavité au millimètre près permettaient d'entreprendre la réalisation d'un fac-similé extrêmement fidèle à l'original. Un premier projet mis en chantier en 1972 fut vite abandonné. Il fut repris par le département de la Dordogne en 1980.

On réalise alors une énorme coque en ferro-ciment, armature métallique sur laquelle est projeté du béton, dans une ancienne carrière à ciel ouvert. Cette armature reconstitue la forme de la caverne. Sur sa face interne est posé un mortier spécial imitant la texture du calcaire. A ce moment entrent en scène des équipes de scuplteurs qui retravaillent la voûte centimètre carré par centimètre carré reproduisant la plus petite cavité ou aspérité, en s'aidant des milliers de points de repère des relevés de l'IGN. Sur la paroi ainsi façonnée, le peintre Monique Peytral a recopié les peintures murales en s'aidant des nombreux relevés qu'elle avait effectués et de projection de diapositives. Elle a utilisé les mêmes colorants naturels et les mêmes procédés que les artistes préhistoriques.

Visite. — Avant d'entrer dans la grotte proprement dite, on pénètre dans deux petites salles, reproduisant les sas de l'original, où sont présentés l'historique de la grotte de Lascaux et les problèmes des maladies « verte » et « blanche ». Dans les vitrines sont exposés des objets provenant de la couche archéologique de la grotte : les lampes à suif, les poudres colorées, les silex des graveurs, une maquette d'échafaudage...

On pénètre dans la **salle des Taureaux.** Une seule corniche a été utilisée sur laquelle est représenté un troupeau important composé de plusieurs espèces. Le premier animal, seule représentation imaginaire de Lascaux, a été surnommé la « licorne » à cause des deux étranges antennes qui surmontent un mufle d'ours et un corps évoquant un rhinocéros. Le reste du troupeau est constitué par d'admirables taureaux noirs d'un dessin vigoureux et d'un modelé remarquable, dont l'un atteint plus de 5 m de longueur, et au-dessus d'une frise de six petits chevaux à robe noire et de cerfs.

Dans le prolongement de cette vaste salle, une étroite galerie, le **diverticule axial,** présente une voûte et des parois couvertes de vastes compositions où se juxtaposent chevaux, bovidés, bouquetins, bisons. Une charmante frise de poneys à longs poils, un grand taureau noir semblant flairer une sorte de branche témoignent d'un art très évolué.

En sortant de Lascaux II, on peut voir 200 m au-dessus l'entrée de la grotte originale. En poursuivant cette route sur 1 km, on parvient au gisement préhistorique du Régourdou.

Ⓥ **Régourdou.** — Dans le gisement préhistorique découvert en 1954, de nombreux objets et ossements ont été mis au jour dont le squelette de l'homme du Régourdou, daté de 70 000 ans et exposé au musée du Périgord à Périgueux *(p. 119)*. Toutes ces découvertes sont représentatives de l'industrie moustérienne. Dans la grotte, aujourd'hui à ciel ouvert, à côté de la sépulture de l'homme du Régourdou, se trouvaient des sépultures d'ours qui laissent à penser que cette population végétarienne pratiquait un culte de l'ours.

Un petit musée rassemble les ossements (dont une mâchoire d'homme) et les outils qui venaient des sépultures.

EXCURSIONS

★ **Circuit du Périgord Noir.** — *De Montignac à Sarlat, 56 km. Description p. 112.*

★ **St-Amand-de-Coly.** — *9 km par le D 704 et une petite route à gauche. Description p. 125.*

★ **Le Pays d'Ans.** — *Circuit de 101 km. Description p. 38.*

La Grande Filolie. — *4 km par le D 704 et une petite route à droite. Description p. 112.*

★ MONTPEZAT-DE-QUERCY   1 412 h. (les Montpezatais)

Carte Michelin n° **79** pli 18 — Lieu de séjour.

En lisière du causse de Limogne, cette pittoresque petite ville du Bas-Quercy, qui a conservé une place à couverts et de nombreuses maisons anciennes à pans de bois ou en pierres, doit son renom et ses trésors artistiques à la magnificence de la famille Des Prés.

La famille Des Prés. — Originaire de Montpezat, cette famille a donné à l'église cinq éminents prélats. Pierre Des Prés, cardinal de Préneste (aujourd'hui Palestrina en Italie), est le fondateur de la collégiale St-Martin qu'il consacra en 1344 ; son neveu, Jean Des Prés, mort en 1351, fut évêque de Coïmbra au Portugal, puis de Castres.

Trois autres membres de la même famille montèrent successivement sur le siège épiscopal de Montauban : ce furent Jean Des Prés (1517-1539), qui offrit à la collégiale de Montpezat ses célèbres tapisseries flamandes, Jean de Lettes (1539-1556) et Jacques Des Prés (1556-1589). Ce dernier fut un évêque guerrier, grand pourfendeur de huguenots. Il batailla pendant 25 ans, son diocèse étant l'un des plus ardents foyers de protestantisme : il fut tué dans une embuscade à Lalbenque, à une quinzaine de kilomètres de Montpezat.

COLLÉGIALE ST-MARTIN   visite : 1/2 h

Dédiée à saint Martin de Tours, cette église fut construite en 1337 par un architecte de la Cour papale d'Avignon. Elle présente les caractéristiques des édifices du Languedoc : nef unique et chapelles séparées par les contreforts intérieurs de la nef.

Vaisseau. — Voûté d'ogives dont les clefs de voûtes sont peintes aux armes du fondateur, il frappe par son unité, sa simplicité et l'harmonie de ses proportions. Dans la 1re chapelle à droite, on verra une belle Vierge de Pitié, en grès polychrome du 15e s. Dans la chapelle opposée, Vierge aux colombes (14e s.), statue en albâtre.

★★ **Tapisseries.** — Elles proviennent d'ateliers du Nord de la France et comportent cinq panneaux de trois tableaux, spécialement adaptés au plan du sanctuaire, longs de près de 25 m et hauts de 2 m environ. L'excellent état de conservation de ces tapisseries datant du 16e s., l'éclat et la richesse de leurs coloris, l'existence d'une telle série placée dans le cadre même pour lequel elle a été conçue, leur donnent un intérêt exceptionnel.

Seize scènes retracent les épisodes historiques et légendaires les plus fameux de la vie de saint Martin : on reconnaît, entre autres, le partage du manteau, diverses guérisons obtenues par le saint, sa lutte victorieuse contre le diable ; chaque scène est commentée par un quatrain en ancien français, placé à la partie supérieure de chaque panneau.

★ **Gisants.** — Si le corps du cardinal Pierre Des Prés repose sous le pavement en avant du chœur, le mausolée en marbre de Carrare qui le représente fut placé en 1778 à l'entrée du chœur, à droite. En face, lui faisant pendant, le gisant, en pierre, de son neveu Jean Des Prés est un chef-d'œuvre de la statuaire tombale.

(Photo R. Lanaud/Explorer)

Montpezat-du-Quercy. — Tapisserie représentant Saint Martin partageant son manteau.

★**Trésor.** — Voir dans les chapelles des reliquaires et deux coffrets en bois avec application de pâtes dorées, trois panneaux d'origine anglaise en albâtre ayant pour thème la Nativité, la Résurrection et l'Ascension, plusieurs aumônières, dont l'une porte, brodées en or, douze scènes figurant les mois de l'année.

De l'esplanade proche de la collégiale, la vue s'étend au Sud, sur un cirque de collines et, au-delà, sur tout le Bas-Quercy.

EXCURSION

Saux. — *4 km. Quitter Montpezat par le D 38 à l'Ouest, à 2 km tourner à droite (direction gare de Montpezat), puis à gauche pour atteindre l'église de Saux. La route mène à 400 m de l'église, que l'on atteint ensuite par un chemin carrossable.*

Cette église, jadis centre d'une importante paroisse, se trouve isolée au milieu des bois. L'intérieur, très simple, composé de trois travées à coupoles, est décoré de belles **fresques** des 14e et 15e s. Les mieux conservées, dans le chœur, représentent le Christ en majesté entouré des attributs des quatre évangélistes, la Crucifixion et des scènes de l'enfance de Jésus. Dans la chapelle de droite, légende de sainte Catherine ; dans celle de gauche, légende de saint Georges.

MUSSIDAN
3 236 h.

Carte Michelin n° 75 Sud du pli 4 — Schéma p. 78.

Située au bord de l'Isle, cette ancienne cité huguenote vit aujourd'hui de ses industries.

Musée des arts et traditions populaires du Périgord André-Voulgre. — Présentées dans la belle chartreuse périgourdine où demeurait le docteur Voulgre, les collections de meubles, objets, outils, que celui-ci avait réunies au cours de sa vie, sont riches et variées. Plusieurs salles reproduisent un intérieur bourgeois du 19e s. : cuisine, salle à manger, salon, chambres, meublés de belles armoires, de vaisseliers etc. Des ateliers d'artisans ont été reconstitués (du tonnelier, du sabotier, du forgeron) tandis qu'une grange abrite une importante collection de matériel agricole. On remarquera la locomotive à vapeur en service en 1927, l'alambic à distiller, le tracteur de 1920 qui avait emprunté les chenilles des chars d'assaut de la guerre 1914-1918, la moisson-neuse-lieuse. Dans une grande salle d'exposition : collection de cuivres, d'étains, de faïences, d'animaux empaillés.

EXCURSION

Circuit de 43 km. — *Environ 1 h 1/2. De Mussidan, prendre le D 38 qui longe la vallée de la Crempse.*

Château de Mont-Réal. — Cet édifice mi-féodal, mi-Renaissance, entouré de beaux communs, se dresse au sommet d'une colline dominant la Crempse.

Selon la tradition, ce serait au sire de Montréal, Claude de Pontbriand, compagnon de Jacques Cartier pendant son second voyage au Canada, que la ville bâtie sur le Saint-Laurent devrait son nom.

Une chapelle fut construite au 16e s. pour abriter le reliquaire de la Sainte Épine prise sur le corps de Talbot à la bataille de Castillon qui mit fin à la guerre de Cent Ans.

Reprendre le D 38 puis prendre à gauche dans le D 4.

Villamblard. — 824 h. Dans le bourg se dressent les ruines d'une forteresse du 15e s. Elle présente encore de belles fenêtres moulurées à croisillons et un intéressant portail surmonté d'un arc en accolade.

Poursuivre le D 4 puis prendre à gauche le D 107.

Château de Grignols. — Cette forteresse, qui appartint aux Grignols puis aux Talleyrand, défendait la route entre Périgueux et Bordeaux. Elle est campée sur une crête rocheuse dominant la vallée du Vern. La demeure est aménagée sur une terrasse triangulaire entre deux douves. Les logis édifiés des 13ᵉ au 17ᵉ s. s'imbriquent les uns dans les autres, dominés par un donjon carré. La plupart des bâtiments furent démantelés pendant la Fronde. La salle des seigneurs du 13ᵉ s., bien qu'en partie ruinée, présente de très belles cheminées décorées de rosaces. D'autres salles du château, meublées, se visitent.

Traverser le Vern puis prendre le D 44 vers Neuvic.

La route longe le Vern bordé de peupliers, puis parvient à Neuvic-sur-l'Isle, bourgade industrielle où est installée une importante usine de chaussures du groupe Bata.

La N 89 ramène à Mussidan.

★★★ PADIRAC (Gouffre de)

Carte Michelin n° 75 pli 19 — Lieu de séjour.

Le gouffre de Padirac donne accès à de merveilleuses galeries creusées par une rivière souterraine dans la masse calcaire du causse de Gramat *(p. 89)*. La visite du puits vertigineux, de la mystérieuse rivière et des vastes cavernes ornées de concrétions calcaires, laisse au touriste une saisissante impression du monde souterrain.

De la légende à l'exploration. — Jusqu'au 19ᵉ s., le gouffre a causé l'effroi des habitants de la région. L'origine de cette énorme cavité était attribuée à une intervention du diable. Saint Martin, revenant d'une tournée sur le causse à la recherche d'âmes à sauver et n'en ayant pas trouvé, vit brusquement sa mule refuser d'avancer : Satan, portant un grand sac plein d'âmes destinées à l'enfer, se trouvait devant lui. Se moquant du saint, il lui propose un marché ; les âmes qu'il emporte, il les lui donnera, à condition que saint Martin fasse franchir à sa mule un obstacle qu'il crée sur-le-champ. Il frappe le sol du pied et aussitôt apparaît un gouffre béant. Le saint sollicite sa mule. L'animal fit un tel bond de l'autre côté de l'abîme que les empreintes de ses sabots y sont encore visibles ; dépité, Satan regagne l'enfer par le trou qu'il a créé.

Le gouffre sert de refuge aux habitants du causse pendant la guerre de Cent Ans et au cours des guerres de Religion, mais il semble que ce soit seulement vers la fin du 19ᵉ s., à la suite d'une violente crue de la rivière, qu'une communication praticable se soit ouverte entre le fond du puits et les galeries souterraines. Le spéléologue **Édouard-A. Martel,** le premier, découvre ce passage en 1889. De 1889 à 1900, il entreprend 9 expéditions, atteignant dès 1890 la salle du Grand Dôme. En 1898, Padirac est inauguré et reçoit ses premiers touristes.

Depuis lors, de nombreuses expéditions spéléologiques ont permis de porter la longueur du réseau reconnu à ce jour à 22 km. Celle de 1947 a permis de déterminer, par une expérience de coloration à la fluorescéine, que les eaux de Padirac réapparaissent à l'air libre à 11 km de là, à la source du Lombard et à la fontaine de St-Georges, au **cirque de Montvalent,** près de la Dordogne. Au cours des expéditions de 1984 et 1985, les spéléologues accompagnés de paléontologues, de préhistoriens et de géologues ont mis au jour, à 9 km de l'orifice sur l'affluent du Joly, un gisement qui renferme de nombreux ossements de mammouths, de rhinocéros, de bisons, d'ours, de lions des cavernes, de cerfs, etc. qui datent de 150 à 200 000 ans. Parmi les ossements ont aussi été découverts des silex taillés datant de 30 à 50 000 ans. (Certaines copies de ces ossements sont exposées dans le hall d'entrée du gouffre).

⊙VISITE *environ 1 h 1/2*

A la descente, deux ascenseurs, que doublent des escaliers, conduisent à l'intérieur du gouffre de 99 m de circonférence, jusqu'au cône d'éboulis formé par l'effondrement de la voûte primitive. De là, à 75 m de profondeur, la vue est saisissante sur les parois couvertes de coulées de stalagmites et de végétation et sur le coin du ciel qui se détache au-dessus de l'orifice. Des escaliers mènent jusqu'au niveau de la rivière souterraine, à 103 m au-dessous du sol. Après la descente au fond du gouffre, on parcourt environ 2 000 m sous terre, dont 700 m en barque.

Galerie de la Source. — Elle est aménagée au fond d'un canyon souterrain dont la voûte s'élève peu à peu. Longue de 300 m, elle emprunte le tracé de la rivière qui l'a creusée et conduit à l'embarcadère.

Rivière Plane. — Une flotille de bateaux plats insubmersibles permet d'effectuer une féerique promenade sur la « rivière plane » aux eaux étonnamment limpides ; la profondeur de la rivière varie de 50 cm à 4 m, la température de l'eau est constante à 10°5, celle de la grotte est toujours de 13°. La hauteur de la voûte s'élève progressivement jusqu'à atteindre 78 m. Au cours de cette promenade en barque, remarquer

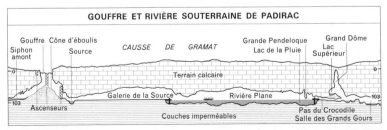

GOUFFRE ET RIVIÈRE SOUTERRAINE DE PADIRAC

(D'après doc. Société du Gouffre de Padirac)

les niveaux d'érosion correspondant aux cours successifs de la rivière. En fin de parcours, on admire la **Grande Pendeloque** du **lac de la Pluie ;** cette gigantesque stalactite dont la pointe atteint presque la surface de l'eau n'est que le pendentif final d'un chapelet de concrétions de 78 m de hauteur.

Pas du Crocodile. — Un passage resserré entre de hautes parois sépare le lac souterrain des salles vers lesquelles se poursuit la visite : à gauche, le **Grand Pilier,** haut de 40 m.

Salle des Grands Gours. — Une série de bassins séparés par des gours, barrages naturels de calcaire, partagent la rivière et le lac en superbes vasques au-delà desquelles une cascade haute de 6 m marque l'extrémité du parcours aménagé pour les touristes.

Lac Supérieur. — Alimenté seulement par les eaux d'infiltration tombant de la voûte, il est situé à 20 m au-dessus de la rivière plane, et limité par une série de gours aux formes arrondies. Ses eaux sont d'un beau vert émeraude.

Salle du Grand Dôme. — Cette salle impressionnante par la hauteur de son plafond (91 m) est la plus belle et la plus vaste du gouffre. Le belvédère établi à mi-hauteur permet d'observer les formations rocheuses et les coulées de calcite qui décorent ses parois.

Au cours de la descente vers l'embarcadère, vues intéressantes sur le Grand Pilier et la Grande Pendeloque. De l'extrémité de la galerie de la Source, près du gouffre, 4 ascenseurs, évitant la montée de 455 marches, ramènent au pavillon d'entrée.

AUTRE CURIOSITÉ

ⓥ**Zoo le Tropicorama.** — Installé dans un reposant cadre de verdure où l'on peut admirer un jardin « Bonzaï », des cactées et des plantes tropicales rares, le zoo renferme une importante collection d'oiseaux tropicaux : perroquets, calaos, toucans, rapaces, etc., et une intéressante sélection de mammifères : singes rares, lémuriens, ocelots, coatis. Certains de ces animaux sont présentés en totale liberté.

PARCOUL   377 h.

Carte Michelin nº 𝟟𝟝 pli 3 (9,5 km à l'Ouest de St-Aulaye).

Situé aux confins du Périgord et de l'Angoumois, ce village possède une église intéressante par son abside romane de style charentais, très ornée.

ⓥ**Parc de loisirs du Paradou.** — *2 km au Sud sur le D 674 vers la Roche-Chalais.* S'étendant sur 15 ha autour d'un plan d'eau, le parc de Paradou offre de nombreux divertissements (golf miniature, train far-west, tennis…) dont les plus spectaculaires sont les toboggans aquatiques géants.

PAUNAT   217 h.

Carte Michelin nº 𝟟𝟝 pli 16 (7 km au Nord-Est de Trémolat).

Niché dans un petit vallon à proximité du confluent de la Dordogne et de la Vézère, Paunat a conservé une imposante église qui dépendait d'un monastère autrefois rattaché à la puissante abbaye St-Martial de Limoges.

Église St-Martial. — Construite en belle pierre ocre, cette église du 12e s. a été remaniée au 15e s. De l'extérieur elle offre un aspect sévère avec ses murs nus et ses hauts contreforts plats montant jusqu'au toit couvert de petites tuiles. Le puissant clocher-porche comporte au niveau supérieur une salle voûtée d'une coupole à pendentifs d'un type rare en Périgord. Il donne accès au vaisseau, étonnant par ses dimensions. La longue nef voûtée d'ogives d'une belle envolée se prolonge par la croisée du transept recouverte d'une coupole reposant sur des arcs brisés. Une campagne de travaux de restauration a été entreprise en 1977. Les fouilles dans le sol ont permis de dégager au pilier Nord les assises du 12e s. mais aussi d'autres, antérieures, qui dateraient des 9e et 10e s.

★★ PECH-MERLE (Grotte du)

Carte Michelin nº 𝟟𝟝 pli 9 — Schéma p. 67.

Cette grotte, connue de l'homme de la préhistoire qui y accomplissait les rites de sa religion, a été redécouverte 200 siècles plus tard, en 1922. Intéressante par sa décoration naturelle, elle présente des gravures et des sculptures rupestres qui constituent des documents de grande valeur pour les préhistoriens.

Les « Robinsons » souterrains. — Deux garçons de 14 ans ont été les héros de la découverte du Pech-Merle. Mis en goût par les excursions et les recherches effectuées dans toute la région par l'abbé **Lemozi,** curé de Cabrerets, préhistorien et spéléologue, ils explorent une petite faille connue seulement pour avoir servi de refuge pendant la Révolution. Les deux amis s'aventurent en rampant dans un boyau étroit et gluant coupé de puits et obstrué par des concrétions calcaires. Après plusieurs heures d'efforts, ils contemplent de merveilleuses peintures.

L'abbé Lemozi, qui en fait peu après l'exploration rationnelle, reconnaît l'intérêt du temple souterrain et son aménagement est décidé. En 1949, la découverte d'une nouvelle salle a permis de retrouver l'accès primitif, celui qu'utilisaient les hommes il y a 20 000 ans pour pénétrer dans cette caverne.

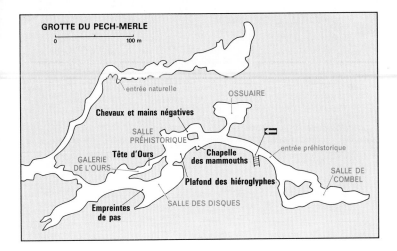

GROTTE DU PECH-MERLE

0   100 m

entrée naturelle

OSSUAIRE

Chevaux et mains négatives

SALLE
PRÉHISTORIQUE

entrée préhistorique

Tête d'Ours

**Chapelle
des mammouths**

GALERIE
DE L'OURS

SALLE DE
COMBEL

Plafond des hiéroglyphes

**Empreintes
de pas**

SALLE DES DISQUES

Ⓥ**VISITE** *environ 1 h 3/4*

A l'intérêt que présentent pour les amateurs de spéléologie des salles de vastes dimensions communiquant largement entre elles et décorées de très belles concrétions, la grotte du Pech-Merle ajoute celui qu'offrent aux préhistoriens le spectacle de gravures et de peintures témoignant d'une technique déjà éprouvée et les traces matérielles du passage des hommes préhistoriques.

1 200 m de salles et de galeries sont actuellement accessibles aux visiteurs.

La salle préhistorique dans son niveau supérieur est ornée de dessins de bisons et de mammouths, exécutés au trait noir, formant une frise longue de 7 m et haute de 3 m. Cet ensemble baptisé **« la chapelle des mammouths »** semble dater de la période aurignacienne *(voir p. 20)*. La salle des Disques est ornée de nombreuses et curieuses concrétions, évoquant des disques, dont la formation est encore inexpliquée pour les spécialistes. Dans un gour se remarquent, pétrifiées, des empreintes de pas faites dans l'argile humide par un homme de la préhistoire.

On monte ensuite dans une galerie intéressante pour ses concrétions naturelles : colonnes aux dimensions impressionnantes, excentriques dont les fines protubérances défient les lois de la pesanteur, perles des cavernes qui retiennent l'attention par leurs couleurs allant du blanc étincelant de la calcite pure à l'ocre rouge dû à la présence dans le calcaire d'argile et d'oxyde de fer.

On redescend par un boyau, où est gravée une tête d'ours, dans la partie inférieure de la salle préhistorique. Là un panneau est décoré de **deux silhouettes de chevaux** surchargées et entourées de points, de signes mystérieux et d'empreintes de mains, dites « mains négatives », obtenues en contournant les doigts posés à plat sur le roc, à l'aide de couleurs. Les chevaux des silhouettes déformées avec un corps énorme et une tête minuscule. Ces peintures et le plafond des hiéroglyphes décoraient un sanctuaire plus ancien que celui de la chapelle des mammouths. Dans la dernière salle visitée, la salle de Combel, on voit des ossements d'ours des cavernes et la racine particulièrement développée d'un chêne venant chercher l'humidité.

Ⓥ**Musée Amédée-Lemozi.** — C'est un centre de recherches et de vulgarisation pour la préhistoire du Quercy. L'étage inférieur ouvert au public comporte une salle où sont présentés de façon attrayante et didactique les ossements, les outils, les armes, les ustensiles, les œuvres d'art trouvés dans 160 gisements préhistoriques différents : les objets couvrent toute la période du paléolithique ancien à l'âge de fer. Une salle voisine évoque, au moyen de photos en couleurs, les grottes ornées de la région (principalement Pech-Merle et Cougnac). Enfin dans une salle de cinéma est projeté un film sur l'art paléolithique du Quercy.

PENNE

507 h. (les Pennols)

Carte Michelin n° 🔴🔴 pli 19 — Schéma p. 127.

S'accrochant à un piton rocheux qui surplombe la rive gauche de l'Aveyron, dans la partie la plus pittoresque de son cours *(voir p. 126)*, le vieux bourg de Penne, dominé par les ruines de son château, occupe un **site★** remarquable. On en a une bonne vue du D 33, au Nord du village, et du D 133 au Sud.

Au-dessus des maisons aux toits plats, se découpe la silhouette tourmentée de la puissante forteresse médiévale, dont certains pans de murs déchiquetés, posés à l'extrême pointe du rocher, semblent défier les lois de l'équilibre.

Village. — *Laisser la voiture sur le D 9, à l'entrée du village.*
Une rue étroite mène aux ruines. Elle est bordée de maisons anciennes, dont certaines à pans de bois. On remarque çà et là un portail sculpté ou un écusson, puis l'on contourne l'église qui s'ouvre par un portail de style classique et dont la tour servait de beffroi. Un sentier conduit au pied des tours en ruines.

Château. — Sa situation exceptionnelle lui a permis de jouer un rôle de premier plan dans l'histoire du Quercy. Lors de la croisade des Albigeois, il est l'enjeu de guerres sanglantes entre le seigneur de Penne, rallié à l'hérésie, et les partisans de Simon de Montfort. Plus tard, pendant la guerre de Cent Ans, Anglais et routiers s'emparent tour à tour de la forteresse qui n'est tombée en ruines qu'au siècle dernier.

De l'extrémité du promontoire, se dégage une belle **vue★** sur les tours et les pans de murs déchiquetés du château, sur Penne et la vallée de l'Aveyron.

★ Le PÉRIGORD NOIR

Carte Michelin n° 75 plis 7, 17.

Vaste plateau crétacé entaillé par la Vézère à l'Ouest et la Dordogne au Sud, le Périgord Noir confond en partie ses limites avec le Sarladais. Le qualificatif de noir évoque sa couverture forestière de chênes pédonculés, de châtaigniers et de pins maritimes.

L'architecture traditionnelle des maisons, châteaux, manoirs et églises, dont les murs construits dans le beau calcaire doré de la région sont couverts de toits pentus en lauzes ou en petites tuiles plates au chaud coloris brun, est en parfaite harmonie avec ces paysages vallonnés et boisés. Une partie du Périgord Noir est décrite dans l'itinéraire de la Dordogne, de Souillac à Limeuil *(p. 75 et 76)*, et une autre dans celui de la Vézère, de Montignac à Limeuil *(p. 142 et 143)*.

L'itinéraire ci-dessous parcourt le triangle entre Vézère et Dordogne.

De Montignac à Sarlat

56 km — environ 3 h — schéma ci-dessous

Montignac. — *Page 105.*

> *Quitter Montignac par le D 704 vers Sarlat. Après 4 km, prendre à droite un chemin vers la Grande Filolie.*

La Grande Filolie. — Au creux d'un vallon, ce pittoresque château présente un ensemble de bâtiments et de tours imbriqués les uns dans les autres, datant des 14e et 15e s., construits en calcaire ocre et recouverts de superbes toits de lauzes. C'est un exemple intéressant d'une résidence mi-château, mi-ferme, comprenant un repaire noble du 15e s., de forme quadrangulaire flanqué à chaque extrémité d'une tour carrée couronnée de mâchicoulis, un logis Renaissance, un pavillon d'entrée surmonté d'une bretèche et une chapelle dont l'extrémité est une tour ronde au toit très pointu.

> *Reprendre le D 704 et tourner dans la première route à gauche vers St-Amand.*

★**St-Amand-de-Coly.** — *Page 125.*

> *De St-Amand rejoindre le D 64 et le prendre vers le Sud.*

★**St-Geniès.** — 710 h. Lieu de séjour. Avec son église, son manoir et de nombreuses maisons couvertes de toits de lauzes, ce village forme l'un des plus beaux ensembles du Périgord Noir.

La **chapelle du Cheylard,** petite construction gothique située au sommet d'une butte, est ornée de belles fresques du 14e s. montrant des personnages (cavalier, artisan) en costume médiéval.

> *Prendre une petite route qui passe par Plamont et le Poujol, puis à un calvaire tourner à gauche.*

La route descend dans un frais vallon vers St-Crépin.

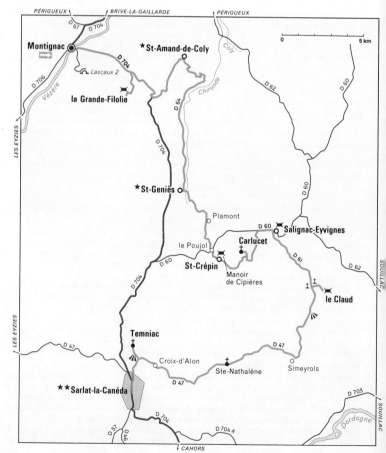

(Photo D. Repérant/Scope)

Périgord Noir. — La Grande Filolie.

St-Crépin. — On aperçoit d'abord le ravissant **manoir de Cipières,** gentilhommière bâtie à la fin du 16e s. à l'emplacement d'une ancienne demeure fortifiée. Le logis rectangulaire est conforté de deux tourelles. L'ensemble est recouvert de lauzes.
En contrebas, l'**église** romane a été remaniée à l'époque gothique.

En continuant sur cette petite route qui serpente dans le vallon, on arrive à Carlucet.

Carlucet. — 310 h. St-Crépin-et-Carlucet ne forment en fait qu'une seule commune.
L'église de Carlucet est accompagnée d'un curieux cimetière du 17e s. dont une partie des tombes se trouvent dans des enfeus creusés dans le mur d'enceinte.

Rejoindre le D 60 et tourner à droite.

Salignac-Eyvignes. — *Page 134.*

Prendre le D 61. A un croisement où se trouvent deux calvaires, tourner à gauche dans un chemin.

Château du Claud. — Ce fut le berceau des Salignac aux 11e et 12e s. mais il reste peu de vestiges du château du Moyen Âge. C'est aux 15e et 16e s. que fut bâti cet ensemble de corps de logis flanqués de tours couronnées de mâchicoulis, le tout couvert de beaux toits de lauzes.

La route descend vers la vallée de la Dordogne et offre des vues étendues.

A Simeyrols, prendre le D 47 vers Sarlat.

La route traverse **Ste-Nathalène** dont l'église romane présente un aspect sévère.

Poursuivre le D 47 et après la Croix-d'Alon continuer vers Temniac.

Temniac. — Située sur une colline au-dessus de Sarlat d'où s'offre un beau **point de vue★** sur la ville, la chapelle Notre-Dame fut le but d'un pèlerinage fréquenté.
L'édifice du 12e s. présente les caractéristiques du style roman périgourdin avec sa nef voûtée de deux coupoles et son chœur à cinq pans.
A côté s'élève l'enceinte du château, aujourd'hui en ruines, qui fut une commanderie des Templiers avant de devenir la résidence des évêques de Sarlat.

Suivre la route qui descend sur Sarlat.

★ PÉRIGUEUX

35 392 h. (les Périgourdins)

Carte Michelin n° 75 pli 5 — Schéma p. 80.

Bâtie dans la fertile vallée de l'Isle, Périgueux est une ville très ancienne dont l'histoire peut se lire dans sa structure urbaine et ses deux quartiers distincts : d'une part la Cité dominée par les coupoles de St-Étienne, d'autre part le Puy St-Front auquel les blanches coupoles de la cathédrale confèrent une physionomie très particulière. On a un bon aperçu général de la ville du pont qui franchit la rivière dans le prolongement du cours Fénelon au Sud-Est.

La superbe Vésone. — La source sacrée de Vésone est à l'origine de Périgueux. C'est près d'elle que les Gaulois Petrocores (le terme Petrocorii, signifiant en celtique « les quatre tribus », a donné son nom à Périgueux et au Périgord) établissent, sur la rive gauche de l'Isle, leur principal oppidum. Après avoir pris fait et cause pour la résistance de Vercingétorix contre César, les Petrocores doivent accepter la domination romaine mais profitent largement de la « paix romaine » qui fait de la ville l'une des plus belles cités de la province d'Aquitaine. Vésone s'étend au-delà de la boucle de l'Isle, tandis que s'élèvent temples, forum, basiliques, arènes et que l'eau est amenée jusqu'aux thermes par un aqueduc long de 7 km.
Cette prospérité est brutalement ruinée au 3e s. par les Alamans qui détruisent la ville ainsi que 70 autres bourgades de la Gaule.

La malheureuse cité. — Pour éviter un nouveau désastre, les Vésoniens s'enferment dans une étroite enceinte ; les pierres des temples servent à élever un puissant rempart, les arènes sont transformées en donjon. Malgré ces précautions, la ville subit les sévices des envahisseurs barbares : Wisigoths, Francs et Normands la pillent et la brûlent tour à tour. Dans cette cascade de malheurs, Vésone, devenue humble bourgade, perd jusqu'à son nom. On ne l'appelle plus que la cité des Petrocores, ou plus simplement la Cité. Au 10e s., siège d'un évêché fondé par saint Front, la Cité devient la modeste capitale du comté de Périgord.

L'ambitieuse Puy St-Front. — Non loin de la Cité s'élevait un petit sanctuaire abritant le tombeau de saint Front, apôtre du Périgord. Objet d'un pèlerinage, ce lieu saint devient un centre monastique autour duquel se groupe un bourg actif : Puy St-Front, dont l'importance éclipse bientôt celle de la Cité.

Ses bourgeois participent aux ligues féodales contre les rois anglais, établissent le régime émancipateur du consulat puis prennent parti pour Philippe Auguste contre Jean sans Terre.

Peu à peu, l'envahissante St-Front s'adjuge les prérogatives de la Cité, les escarmouches se multiplient entre les deux rivales. La Cité, ne pouvant triompher d'une voisine protégée par le roi de France, doit accepter l'union. Le 16 septembre 1240, un acte d'union décide que la Cité et le Puy St-Front ne formeront qu'une seule communauté sous le gouvernement d'un maire et de 12 consuls.

La constitution municipale fut établie en 1251 et les deux villes s'assemblent sous le vocable de Périgueux. Chaque quartier garde cependant sa personnalité, la Cité est celui des clercs et des aristocrates, Puy St-Front celui des commerçants et des artisans.

Périgueux, la loyale. — « Je puise ma force dans la fidélité de mes concitoyens », telle est la devise de Périgueux. Séparée de la France à la suite du traité de Brétigny en 1360, la ville répond la première à l'appel de Charles V et prend les armes contre les Anglais. C'est dans les murs de Périgueux que Du Guesclin prépare ses campagnes qui lui permettront de chasser l'envahisseur.

Peu après, le comte Archambaud V, soudoyé par les Anglais, trahit ouvertement le roi et maltraite les consuls. Une longue guerre s'ouvre entre les bourgeois patriotes et le suzerain félon ; à l'arrivée des troupes royales, Archambaud V s'enfuit et le Parlement confisque le Périgord au profit de la Couronne.

Pendant la Fronde, la bonne foi de Périgueux est surprise par Condé. Les frondeurs mettent la ville en état de siège, les églises St-Front et St-Étienne subissent de graves dommages. A bout de patience, les notables entraînent le peuple à la révolte ; la garnison est réduite à l'impuissance et, peu après, les troupes royales font une entrée triomphale.

Périgueux, préfecture. — En 1790, lors de la création du département de la Dordogne, Périgueux est choisie comme préfecture, de préférence à Bergerac. Cette ville qui s'était peu à peu endormie et n'avait connu comme bouleversement au 18e s. que la création des allées de Tourny par l'intendant du même nom, fut soudain l'objet d'un nouvel essor. Des avenues, de nouvelles places furent aménagées entre les quartiers anciens.

Périgueux aujourd'hui. — Petite capitale régionale au centre d'une région agricole, Périgueux joue surtout un rôle de marché. Ses spécialités gastronomiques, parmi lesquelles la truffe et le foie gras occupent des places de choix, ont acquis une renommée universelle. Ses fonctions sont essentiellement administratives et commerciales, cependant quelques industries se sont installées, les principales étant les ateliers de réparation de matériel ferroviaire et l'imprimerie des timbres-poste.

★LES ÉGLISES À COUPOLES *visite : 1 h*

★**St-Étienne-de-la-Cité** (BZ). — Construite au 12e s. à l'emplacement de l'antique temple de Mars, cette église, premier sanctuaire chrétien de la ville, fut consacrée par saint Front au martyr saint Étienne et resta cathédrale jusqu'en 1669.

Elle comprenait une file de quatre travées à coupoles précédés d'un imposant clocher-porche. Les protestants ne laissèrent debout après l'occupation de la ville en 1577 que les deux travées orientales. Le palais épiscopal tout proche fut aussi démoli. Restaurée au 17e s., mutilée à nouveau pendant la Fronde, St-Étienne fut désaffectée à la Révolution et rendue au culte sous le Premier Empire.

Telle qu'elle nous est parvenue, cette église reste un exemple très pur du style roman périgourdin.

A l'extérieur on voit encore l'amorce d'une travée ruinée et les vestiges d'une coupole démolie.

A l'intérieur il est intéressant de comparer l'architecture des deux travées construites à un demi-siècle d'intervalle. La première élevée au début du 12e s. est archaïque, fruste, trapue, obscure. Les grands arcs jouent le rôle de formerets et la coupole est éclairée par de petites fenêtres ouvertes dans la calotte hémisphérique elle-même. La seconde est plus élancée et lumineuse. La coupole cursive repose sur des arcs brisés à rouleau retombant sur des piliers carrés allégés dans leur aspect par des colonnes jumelées. Une élégante arcature aveugle à colonnes supporte la galerie de circulation au-dessus de laquelle les fenêtres moulurées à colonnettes dispensent leur lumière. Cette partie fut très endommagée par les Huguenots et rebâtie au 17e s. avec une scrupuleuse volonté de recopier ce qui existait avant.

Contre le mur Sud de la première travée se trouve un beau **retable**★ du 17e s. en chêne et noyer exécuté pour le Grand Séminaire. En face l'arcade sculptée qui faisait partie du tombeau de Jean d'Astide, évêque de Périgueux de 1160 à 1169, encadre aujourd'hui des fonts baptismaux du 12e s.

★**Cathédrale St-Front** (DZ). — Dédiée à saint Front, premier évêque de Périgueux, cette église est l'une des plus vastes du Sud-Ouest et l'une des plus originales de France. Elle serait un magnifique témoignage de l'art roman périgourdin si elle n'avait été souvent remaniée et pratiquement « refaite » au 19e s. par Abadie qui s'inspira de cette restauration pour établir ensuite les plans du Sacré-Cœur de Paris.

Dès le 6e s. est élevée une chapelle à l'emplacement du tombeau de saint Front et en 1047 une église plus vaste est consacrée. Ce second édifice est ravagé par un incendie en 1120 et l'on décide alors la construction d'une église encore plus grande, dans le prolongement de l'église endommagée.

Périgueux. — Les coupoles de St-Front.

Achevée vers 1173, cette troisième basilique, de type byzantin, rappelle par ses coupoles et son plan en croix grecque, rare en France, St-Marc de Venise et les Saints-Apôtres de Constantinople : c'est la première des églises à coupoles élevée le long de la voie romaine, encore fréquentée au Moyen Âge, allant de Rodez à Cahors et à Saintes. En 1575, au cours des guerres de Religion, St-Front est pillée par les protestants, le trésor dispersé, le tombeau du saint détruit. Les restaurations successives menées sans tenir compte du plan original enlèvent à l'édifice son caractère initial. Une réfection complète est effectuée de 1852 à 1901 sous la direction des architectes Abadie et Boeswillwald.

Extérieur. — *Se placer place de la Clautre pour avoir une vue d'ensemble.* Avant la restauration, les coupoles étaient couvertes de pierres et de tuiles et les clochetons n'existaient pas. Seul le clocher du 12ᵉ s. a été à peu près conservé tel quel. Il est bâti à la jonction des deux églises qui constituent l'édifice actuel, celle du 11ᵉ s. à l'Ouest qui a conservé deux travées à coupole et celle du 12ᵉ s. revue par Abadie.
La façade de l'église du 11ᵉ s. existe toujours et donne sur la place de la Clautre.

Intérieur. — Pénétrer dans la cathédrale par le porche latéral Nord. Pour respecter l'ordre chronologique de la construction de l'édifice, on verra d'abord les vestiges de l'ancienne église qui se trouvent à l'Ouest. Quelques marches qui accusent la différence d'axe et de niveau des deux églises mènent à deux travées du 11ᵉ s., surmontées de coupoles octogonales montées sur de hauts tambours.
L'intérêt de la « nouvelle » église réside dans ses dimensions, la hardiesse de ses coupoles sur pendentifs et dans la puissance de ses curieux piliers creusés de passages en forme de croix.
Dans la travée orientale se trouve un somptueux **retable** ★ baroque en noyer représentant la Dormition et l'Assomption de la Vierge. Il provient du collège des Jésuites.
Les lampadaires dessinés par Abadie servirent pour le mariage de Napoléon III à N.-D. de Paris. Les stalles de l'abside du 17ᵉ s. proviennent de l'abbaye de Ligueux.

ⓥ **Cloître.** — Il date des 12ᵉ, 13ᵉ et 16ᵉ s. et présente une architecture mi-romane, mi-gothique. La salle capitulaire est recouverte de voûtes d'arêtes retombant sur des colonnes. L'énorme « pomme de pin », au centre du cloître, coiffait autrefois le sommet du clocher. Un coq la remplaça à la Révolution puis ce fut l'ange placé par Abadie.
Dans les galeries du cloître sont présentés des éléments architecturaux de St-Front avant la restauration : colonnes, chapiteaux, statues... ainsi que des sarcophages.

★ QUARTIER DU PUY ST-FRONT *visite : 2 h*

L'ancien quartier des artisans et des commerçants a retrouvé un nouveau visage. Déclaré secteur sauvegardé, il fait l'objet d'importantes restaurations. Ses façades Renaissance, ses cours, ses escaliers, ses maisons nobles, ses échoppes ont été sauvés de la ruine et remis en valeur. Les rues piétonnes ont retrouvé leur fonction d'artères commerçantes ; les places du Coderc, de l'Hôtel-de-Ville s'animent le matin avec le marché aux fruits et aux légumes tandis que la place de la Clautre sert de cadre aux grands marchés du mercredi et du samedi. En hiver, les prestigieuses ventes de truffes et de foie gras attirent des foules de connaisseurs. En été les tables des restaurants débordent sur le pavé et l'on peut savourer la prestigieuse cuisine périgourdine dans un cadre d'une autre époque.
Partir de la tour Mataguerre.

ⓥ **Tour Mataguerre** (CZ B). — Cette tour ronde, couronnée d'un parapet à mâchicoulis et percée d'archères, date de la fin du 15ᵉ s. et faisait partie du système de fortifications qui protégeait Puy St-Front. Son nom lui viendrait d'un Anglais qui y fut emprisonné.
Du sommet de cette tour s'offre une vue intéressante sur les toits de tuiles du vieux quartier de Périgueux, les tours des maisons nobles, les coupoles de St-Front et les collines environnantes dont la fameuse colline d'Écornebœuf qui était si raide que les bêtes s'y rompaient le cou... et y perdaient leurs cornes.
Monter la rue de la Bride et la rue des Farges.

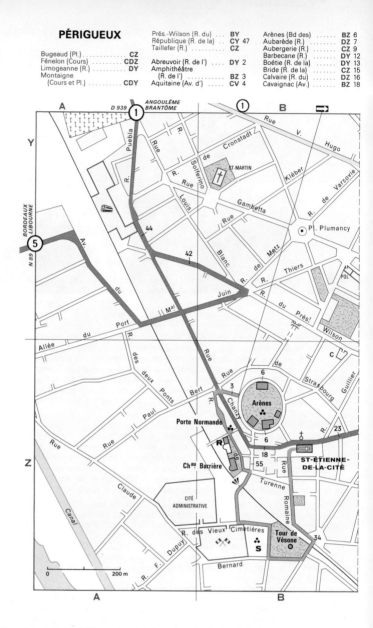

PÉRIGUEUX

Rue des Farges (CZ). — Au n° 4, la **maison des Dames de la Foi,** demeure romane du 12ᵉ s., montre des baies en arc brisé. Elle aurait accueilli Du Guesclin pendant la guerre de Cent Ans.

Après le musée militaire (voir p. 119), tourner à droite dans l'étroite rue Aubergerie.

Rue Aubergerie (CZ 9). — Au n° 16, l'**hôtel d'Abzac de Ladouze** se compose d'un logis soudé à une tour octogonale et à une tourelle en encorbellement, architecture caractéristique du 15ᵉ s. Aux n°s 4 et 8, l'**hôtel de Sallegourde,** également du 15ᵉ s., présente une tour polygonale et un chemin de ronde à mâchicoulis.

La rue St-Roch mène à la rue du Calvaire.

Rue du Calvaire (DZ 16). — Les condamnés qui étaient exécutés place de la Clautre, gravissaient cette rue qui était leur « calvaire ». On y voit de belles portes cloutées. Remarquer la porte Renaissance au n° 3.

Place de la Clautre (DZ 26). — Une intéressante perspective s'offre sur l'imposante cathédrale St-Front. Son sous-sol renferme des sarcophages.

Longer la cathédrale jusqu'à la place Daumesnil et là prendre la rue de la Clarté.

Maison natale de Daumesnil (DYZ D). — *7 rue de la Clarté.* Dans cette demeure présentant une façade du 18ᵉ s. naquit le 27 juillet 1776 le **général Pierre Daumesnil** qui suivit Napoléon à Arcole, en Égypte, puis à Wagram où il perdit une jambe. En 1815 alors qu'il était gouverneur du fort de Vincennes, il répondit à l'ennemi qui le sommait de quitter la place « Je rendrai Vincennes quand on me rendra ma jambe ».

Place de l'Hôtel-de-Ville (CZ 37). — La mairie est installée dans l'**hôtel de Lagrange-Chancel** (H) datant des 17ᵉ et 18ᵉ s. Au n° 7 une demeure du 15ᵉ s. présente une tour polygonale avec mâchicoulis.

Place du Coderc (DY 27). — Autrefois le consulat se trouvait à l'emplacement des halles.

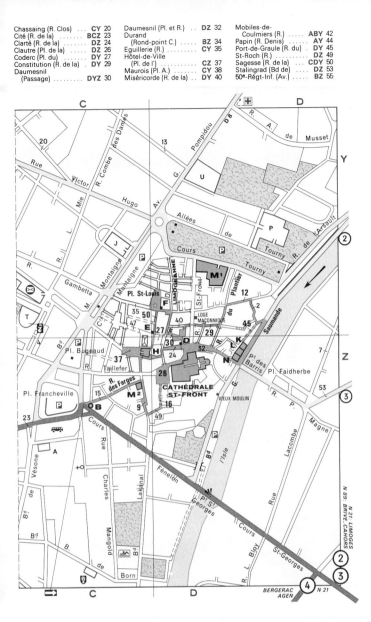

Ⓥ **Rue de la Sagesse** (CDY 50). — Au n° 1, la **maison Lajoubertie (E)** abrite un très bel **escalier Renaissance★** de plan carré, décoré de caissons au plafond représentant des scènes de la mythologie, dont Vénus déposant les armes. Le H et le S entremêlés sont les initiales des Hautefort et des Solminihac.

Place St-Louis (CDY). — C'est l'un des plus beaux ensembles du secteur sauvegardé. Elle s'orne d'une fontaine moderne décorée d'un bronze de Ramon : la Source.

Maison Tenant ou maison du Pâtissier (DY F). — Cet ancien hôtel des Talleyrand est constitué de deux logis en équerre et d'un mur percé d'un arc et d'un portail, sous une trompe d'angle, portant une inscription latine datée de 1518.

★ **Rue Limogeanne** (DY). — Cette rue menait autrefois à la porte Limogeanne qui s'ouvrait sur la route de Limoges. Grande artère piétonne du quartier sauvegardé, elle est bordée de nombreux magasins et de quelques beaux hôtels Renaissance.

Au n° 12, l'**hôtel de Méredieu** possède dans sa cour intérieure une porte sculptée du 15ᵉ s., ornée d'un blason rajouté au 17ᵉ s.

Au n° 5, la **maison Estignard** présente une élégante façade Renaissance avec lucarnes et frontons, fenêtres à meneaux, pilastres à chapiteaux décorés de têtes d'hommes, d'animaux et autres motifs.

Au n° 3, dans sa cour intérieure une belle **porte** surmontée de rinceaux s'orne de la salamandre de François Iᵉʳ et d'un blason martelé.

Au n° 1, la **maison Lapeyre**, qui fait l'angle avec la place du Coderc, présente une tourelle d'angle en encorbellement.

Passage Daumesnil (DYZ 30). — Il s'ouvre en face de n° 3 rue Limogeanne. C'est un ensemble de cours et de petites places reliées les unes aux autres par des passages. Les demeures parasites qui s'étaient construites au fil des siècles ont été rasées, laissant des dégagements permettant d'admirer les belles façades des 15ᵉ-16ᵉ-17ᵉ s.

Le passage débouche sur la rue de la Miséricorde.

En traversant la rue St-Front percée au 19e s., on peut voir à gauche le curieux bâtiment de la loge maçonnique.

Rue de la Constitution (DY 29). — Au n° 3, **porte** décorée d'un arc à choux frisés.
Au n° 7, l'**hôtel de Gamançon** abrite le siège de la Conservation des Monuments historiques. Appelé aussi logis St-Front, il comprend deux corps de logis du 15e s. en retour d'équerre réunis par une tour d'escalier avec tourelle en encorbellement et fenêtres à meneaux. Un puits s'orne d'une jolie ferronnerie.

Rue du Plantier (DY). — Les demeures qui se trouvent à droite de la rue possèdent de beaux jardins dégringolant en terrasses jusqu'à l'Isle.

Rue Barbecane (DY 12). — Au n° 14, l'**hôtel de Fayolle** présente une porte du début du 17e s.

La petite rue de l'Abreuvoir en escaliers descend jusqu'à la rue du Port-de-Graule.

Rue du Port-de-Graule (DY 45). — Elle a un aspect encore moyenâgeux avec ses gros pavés inégaux et ses échoppes.

Les quais (boulevard Georges-Saumande) (DYZ). — Le long de l'Isle quelques belles maisons se côtoient.
La **maison Lambert** (K), dite maison aux colonnes à cause de sa galerie, est un bel hôtel Renaissance avec deux logis en équerre éclairés par des baies à meneaux.
A côté la **maison Cayla** (L), dite maison des Consuls, fut construite au 15e s. sur le rempart. La toiture est décorée de lucarnes de style flamboyant.
Faisant l'angle avec l'avenue Daumesnil, la **maison de Lur** (N) date du 16e s.
Sur les quais se poursuivant de l'autre côté de l'avenue Daumesnil, on aperçoit les restes du grenier du chapitre de St-Front, nommé le Vieux Moulin, qui surplombait autrefois la rivière.

L'avenue Daumesnil conduit à la cathédrale St-Front.

QUARTIER DE LA CITÉ : CIRCUIT ANTIQUE *visite : 1 h*

Situé à l'emplacement de l'ancienne Vésone, ce quartier possède encore de nombreux vestiges gallo-romains.

Partir du jardin des Arènes.

Les arènes (BZ). — Un agréable jardin public occupe aujourd'hui l'espace des arènes. Construit au 1er s. cet amphithéâtre elliptique, l'un des plus vastes de la Gaule avec ses 153 m sur 125, pouvait contenir 20 000 personnes. D'énormes blocs de maçonnerie font encore apparaître des cages d'escalier, des vomitoires et des voûtes, mais toute la partie inférieure reste enfouie dans le sol. La démolition des arènes commença dès le 3e s., lorsqu'elles furent aménagées en bastions et incorporées aux remparts de la cité. Au 11e s., un comte du Périgord y installa une forteresse qui fut démantelée en 1391 après la trahison d'Archambaud V. Transformées en carrières, les arènes servirent à l'édification de certains immeubles de la ville.

Prendre la rue de l'Amphithéâtre et après avoir traversé la rue Chanzy, tourner à gauche dans la rue de Turenne.

Porte normande (BZ). — Elle faisait partie d'un rempart ou plutôt d'un mur de défense de 5 m d'épaisseur qui avait été construit à la hâte au 3e s. pour protéger la ville des invasions barbares. Les éléments qui le composent avaient été récupérés dans les temples et monuments de Vésone. On y voit des chapiteaux, des fûts de colonnes... C'est ici que fut découvert l'autel taurobolique exposé au musée du Périgord *(voir p. 119)*.

Maison romane (BZ R). — Située à l'entrée du jardin aménagé sur le rempart, ce bâtiment rectangulaire du 12e s. abrite dans sa partie inférieure une crypte voûtée.

Château Barrière (BZ). — Construit aussi sur l'enceinte, le donjon du 12e s. surmonte l'une des tours des remparts. Remanié à la Renaissance, le château montre des fenêtres à meneaux et une belle porte à pinacle et choux frisés rappelant celle du château de l'Herm *(voir p. 92)*.

Revenir sur ses pas, prendre la rue de Turenne à droite, puis franchir le pont de chemin de fer qui donne accès à la rue des Vieux-Cimetières.

Du pont, une vue intéressante s'offre sur le mur d'enceinte antique.

Tourner à gauche dans la rue des Vieux-Cimetières...

Villa de Pompeïus (BZ S). — Les vestiges de cette villa furent découverts en 1959 alors que l'on s'apprêtait à construire un immeuble.
Les fouilles ont permis de dégager les bases de cette riche demeure gallo-romaine qui ordonnait ses pièces d'habitation et de service autour d'une cour carrée bordée d'un péristyle. Construite au 1er s. elle fut remaniée et rehaussée au siècle suivant à cause des inondations. La partie inférieure des murs de la plus ancienne villa était ornée de fresques à motifs géométriques, végétaux et d'animaux aquatiques. Cette villa était dotée de tout le confort avec son chauffage par hypocauste (l'air chaud circulait dans des conduits de brique), ses bains : le tepidarium, le sudotarium et le caldarium. Une piscine et des baignoires individuelles complétaient cet ensemble ainsi que des ateliers d'artisans (forgeron, potier).

Tour de Vésone (BZ). — Cette tour de 20 m de haut et de 17 m de diamètre est le seul vestige de la cité dédié à la déesse tutélaire de Vésone. Élevé au cœur du forum de la cité antique sous le règne des Antonius au 2e s. ap. J.-C., ce temple comprenant à l'origine un péristyle, était entouré de portiques et encadré par deux basiliques. La tour reste imposante malgré ses mutilations et la brèche qui la déchire.

Retraverser la voie ferrée et prendre la rue romaine qui mène à l'église St-Étienne-de-la-Cité (voir p. 114) bâtie à l'emplacement de l'ancien temple de Mars.

AUTRES CURIOSITÉS

★ Musée du Périgord (DY M¹). — Situé sur les allées de Tourny à l'emplacement de l'ancien couvent des Augustins, ce musée a d'abord été créé autour des antiquités gallo-romaines de l'ancienne Vésone auxquelles s'ajoutèrent au fil des découvertes de riches collections provenant des nombreuses stations préhistoriques de la région. C'est aujourd'hui l'un des plus importants musées de préhistoire de France. Une collection d'ethnographie exotique, témoin d'une récente « préhistoire », complète cette présentation.

Nous décrivons les collections selon l'ordre de la visite.

Section d'ethnographie exotique. — Provenant essentiellement d'Océanie et d'Afrique, les armes, bijoux, masques, statuettes exposés témoignent de coutumes et de civilisations dont certains aspects se rattachent à la préhistoire. Remarquer l'herminette des îles Cook dont le manche en bois a été sculpté avec un ciseau de pierre, les outils provenant d'Australie.

Section de préhistoire. — Le passage C constitue une introduction à la préhistoire initiant le visiteur aux techniques de fabrication de l'outillage.

La salle Maurice-Féaux est consacrée au paléolithique inférieur et présente surtout des bifaces en silex et des outils de pierre. Dans une vitrine on voit le squelette de l'homme du Régourdou (70 000 ans av. J.-C.) trouvé près de Montignac *(voir p. 107)*.

La salle Michel-Hardy évoque le paléolithique moyen et inférieur à travers les gros blocs sculptés de Castel-Merle, les galets peints de Mas d'Azil et surtout le squelette de l'homme de Chancelade, daté d'il y a 15 000 ans, trouvé dans l'abri sous roche de Raymonden avec tout le mobilier qui l'accompagnait.

La salle Henri-Breuil montre l'évolution du néolithique à l'âge du fer à travers les polissoirs en grès, les haches polies, les poteries, les haches en bronze et des bijoux.

Section d'archéologie gallo-romaine. — Provenant pour la plupart des fouilles de l'antique Vésone, les collections sont riches en mosaïques, en stèles, en cippes funéraires, en verreries et en poteries. On remarquera l'**autel taurobolique** trouvé près de la porte Normande *(p. 118)*. Dédié à Cybèle cet autel qui servait aux sacrifices d'animaux porte sur une de ses faces une tête de taureau ceinte d'une bandelette avec le couteau de sacrifice et le crochet pour arracher les entrailles ainsi que l'aiguière et la coupe des libations.

Dans une autre salle un panneau de fresques murales reconstitué évoque le décor pompéien au temps d'Auguste.

Section d'arts et traditions populaires. — Dans la chapelle de l'ancien couvent des Augustins ont été rassemblés quelques émaux limousins, des statues, des gisants, des épis de faîtage en terre cuite émaillée de Thiviers dont un homme d'armes.

Département des peintures. — On remarquera le **dyptique de Rabastens,** enluminures du 13ᵉ s. sur parchemin de grand format, ainsi que le portrait de Fénelon par F. Bailleul, un Canaletto et, parmi les œuvres régionales, les caricatures du joyeux humoriste Sem, né à Périgueux.

Le cloître. — Ses galeries abritent les collections lapidaires de toutes les époques : inscriptions gallo-romaines, stèles funéraires, sculptures de la Renaissance, éléments architecturaux provenant de St-Front dont un retable représentant la Mort de la Vierge (12ᵉ s.).

Musée militaire du Périgord (CZ M²). — Une multitude d'armes, de drapeaux, d'uniformes, évoque le passé militaire du Périgord du Moyen Âge à aujourd'hui et ses grands hommes d'armes tels Bugeaud, député de la Dordogne, et le général Daumesnil né à Périgueux. Le 50ᵉ Régiment d'Infanterie basé à Périgueux depuis 1876 y est particulièrement à l'honneur. Ce musée conserve un drapeau de ce régiment que le colonel Ardouin s'enroula autour du corps lors de la capitulation de Sedan pour ne pas le livrer à l'ennemi.

(Photo musée du Périgord, Périgueux)
Périgueux. — Épis de faîtage au musée de Périgord.

EXCURSIONS

★ Abbaye de Chancelade. — *3 km à l'Ouest par le D 939 et le D 710. Description page 68.*

Château de Caussade. — *10 km. Quitter Périgueux par le D 8 au Nord-Est. A 8,5 km tourner à droite pour atteindre le château de Caussade.*
Dans une clairière de la forêt de Lanmary, cette noble forteresse reproduit à petite échelle toutes les caractéristiques d'une maison forte du 15ᵉ s. Son enceinte polygonale, entourée de douves à demi comblées, est flanquée de tours carrées.

★ Vallée de la Dronne. — *Circuit de 110 km au départ de Périgueux. Description page 79.*

---

*Les **cartes Michelin** sont constamment tenues à jour.*
Ne voyagez pas aujourd'hui avec une carte d'hier.

★ PUYGUILHEM (Château de)

Carte Michelin n° 75 Nord-Est du pli 5 (10 km à l'Ouest de St-Jean-de-Côle) — Schéma p. 80.

Construit au début du 16e s. par Mondot de la Marthonie, premier Président aux Parlements de Bordeaux et de Paris, le château de Puyguilhem présente les caractères des châteaux du Val de Loire du temps de François Ier. Racheté par les Beaux-Arts en 1939, il a été restauré et remeublé après la dernière guerre.

ⓥ VISITE

Le corps de logis est flanqué, d'un côté, d'une grosse tour ronde accolée à une tourelle octogonale, de l'autre, d'une tour barlongue, aux pans coupés, renfermant l'escalier d'honneur. La décoration de l'ensemble, très homogène, offre beaucoup d'harmonie. La balustrade ajourée qui court à la base du comble du corps de logis, les lucarnes et les cheminées finement sculptées, les fenêtres à meneaux, les mâchicoulis délicatement décorés de la grosse tour ronde, contribuent à l'élégance de cet édifice de la première Renaissance.

A l'intérieur, admirer les **cheminées★** sculptées, en particulier celle de la salle des Gardes au manteau orné de rinceaux et de médaillons et surtout celle de la grande salle des Travaux d'Hercule, au 1er étage, dont les piédroits s'ornent de niches à coquilles et dont l'entablement représente six des travaux du dieu antique.

La charpente de châtaignier de la grande salle du 2e étage et les sculptures du grand escalier retiendront également l'attention.

PUY-L'ÉVÊQUE   2 333 h. (les Puy-l'Évêquois)

Carte Michelin n° 79 Sud du pli 7 — Schéma p. 98 — Lieu de séjour.

La petite ville prit ce nom lorsqu'elle passa sous la suzeraineté de l'évêque de Cahors. Étagées sur la rive droite du Lot, dans l'un des sites les plus pittoresques de la vallée en aval de Cahors, ses vieilles maisons aux belles pierres ocre sont dominées par le donjon et l'église.

De la rive opposée, à l'entrée du pont suspendu, l'on découvre la meilleure **vue** d'ensemble sur la ville.

ⓥ **Église.** — Située au Nord-Est de la ville, à l'extrémité du système de défense dont elle faisait partie, elle est précédée d'un puissant clocher-porche flanqué d'une tourelle et de contreforts.

Le portail, couronné d'un fronton en accolade, est décoré de statues où l'on reconnaît, aux pieds d'un Christ en Croix, la Vierge et saint Jean. La nef, des 14e et 15e s., se termine par une abside polygonale.

Dans le cimetière, nombreuses tombes très anciennes ; à gauche de l'église, une croix de calvaire est ornée de sculptures de facture archaïque.

Donjon. — Seul vestige de l'ancien château épiscopal, il remonte au 13e s.

De l'esplanade de la Truffière, attenante au donjon et à la mairie, on découvre une vue étendue sur la vallée du Lot.

PUYMARTIN (Château de)

Carte Michelin n° 75 pli 17 (7 km au Nord-Ouest de Sarlat).

Fait d'une belle pierre jaune et couvert de lauzes, le château s'élève sur une colline abrupte au cœur du Périgord Noir. Construit aux 15e et 16e s. (restauré au 19e), il est formé de plusieurs corps de logis reliés à des tours rondes et cernés de courtines. Durant les guerres de Religion, ce fut une base catholique face aux protestants établis à Sarlat.

ⓥ VISITE

L'intérieur offre un **décor★** et un **mobilier★** de qualité. La chambre d'honneur est ornée de verdures d'Aubusson (18e s.) aux tons restés très frais. La chambre voisine est intéressante par ses peintures murales : scènes mythologiques traitées en grisaille. Dans la grande salle, dont la cheminée est habillée en trompe-l'œil et le plafond fait de poutres peintes au 17e s., on peut notamment admirer une suite de 6 tapisseries flamandes relatant la guerre de Troie, une table et des sièges Louis XIII, une commode Régence, un secrétaire Louis XV.

La pièce la plus ancienne du château est la chapelle hexagonale avec voûte en étoile. On peut encore visiter l'ancienne salle d'armes qui contient des peintures, des tapisseries et des meubles remarquables. On appréciera enfin la magnifique charpente de chêne et de châtaignier qui supporte le toit.

★★★ **ROCAMADOUR** — 795 h. (les Amadouriens)

Carte Michelin n° 🔲 plis 18, 19 — Schéma p. 90 — Lieu de séjour.

Surmontée par le fin donjon de son château, Rocamadour accroche un extraordinaire entassement de vieux logis, d'oratoires, de tours et de rocs en surplomb aux flancs escarpés d'une falaise dominant de 150 m le canyon de l'Alzou. Son site, dont la réputation est bien établie, est l'un des plus extraordinaires de France.

★★★ **Le site.** — C'est par la route de l'Hospitalet *(p. 124)* qu'il faut arriver à Rocamadour. D'une terrasse formant belvédère, on découvre une **vue** remarquable sur Rocamadour : tandis que l'Alzou, au fond d'une gorge, serpente au milieu des prairies, se détache à 500 m environ, agrippé à la falaise du causse, l'extraordinaire profil du village dont l'élévation, d'une hardiesse invraisemblable, est un défi à l'équilibre ; au-dessus du bourg s'étage la cité religieuse couronnée par les remparts du château. C'est le matin, quand le soleil éclaire violemment le rocher, le moment le plus favorable pour découvrir cette vue d'ensemble.

Du D 32, route de Couzou, on découvre également, en descendant du plateau à hauteur d'un chemin prenant sur la gauche, une vue saisissante sur Rocamadour.

UN PEU D'HISTOIRE

L'énigmatique saint Amadour. — Son identité n'a pu être établie d'une façon formelle. Un chroniqueur rapporte qu'en 1166, « un habitant de la localité ayant manifesté le désir d'être enterré sous le seuil de la chapelle élevée à la Vierge, on trouva en creusant la terre un corps intact, que l'on déposa auprès de l'autel pour l'exposer à la vénération des fidèles et que de nombreux miracles se produisirent depuis lors en ce lieu ».

Quel était ce personnage mystérieux dont la sépulture semblait très ancienne ? On a soutenu sur ce point les thèses les plus contradictoires. Certains auteurs en font un ermite égyptien, d'autres l'identifient à saint Sylvain. La légende la plus souvent répandue (à partir du 15e s.) est qu'il s'agit du publicain Zachée, disciple du Christ et mari de sainte Véronique, celle-là même qui, rencontrant le Christ montant au calvaire, aurait essuyé avec un voile le visage couvert de sueur et de sang de Jésus. Tous deux seraient venus s'établir en Limousin et, à la mort de Véronique, Zachée se serait retiré dans cette vallée de l'Alzou, alors désertique et sauvage. C'est là pure légende ; une seule chose est certaine : il s'agissait d'un ermite, familier du rocher qui souvent lui servait d'abri ; la traduction de l'expression occitane « roc amator » = « qui aime le rocher » décida du nom de ce village sanctuaire, qui devint par la suite Roc Amadour, puis Rocamadour.

La renommée de Rocamadour. — Dès les premiers miracles et jusqu'à la Réforme, le pèlerinage de Rocamadour est l'un des plus célèbres de la chrétienté. Les foules y accourent. Les jours de grands pardons où l'indulgence plénière est accordée, 30 000 personnes se pressent à Rocamadour. Comme le village est trop exigu, la vallée de l'Alzou est transformée en un vaste campement. Henri Plantagenêt, roi d'Angleterre, miraculeusement guéri, est l'un des premiers à s'agenouiller devant la Vierge et son exemple est suivi, au cours du Moyen Âge, par les plus illustres personnages : saint Dominique, saint Bernard, Saint Louis et Blanche de Castille, Philippe IV le Bel, Philippe VI et Louis XI. Le culte de N.-D.-de-Rocamadour, s'établit à Lisbonne, à Porto, à Séville et même en Sicile ; l'étendard de Rocamadour, déployé à la bataille de Las Navas de Tolosa, met en fuite les musulmans et donne la victoire aux Rois catholiques d'Espagne.

Le pèlerinage et les pénitents. — Les tribunaux ecclésiastiques, et parfois les tribunaux civils, ont fréquemment imposé le pèlerinage de Rocamadour. C'était une grande pénitence, infligée surtout aux hérétiques albigeois qui passaient pour haïr la Mère de Dieu. Le jour de son départ, le pénitent entendait la messe et, vêtu d'un costume orné de grandes croix, coiffé d'un vaste chapeau, il partait bourdon en main et besace au dos. Arrivé au terme de son voyage, le pèlerin se dépouillait de ses vêtements et, en chemise, gravissait à genoux les fameux degrés. On lui attachait alors des chaînes aux bras et au cou. Conduit devant l'autel de la Vierge noire, il prononçait l'amende honorable dans cette posture humiliante. Le prêtre récitait les prières purificatrices et enlevait ses fers au pénitent qui, désormais sanctifié, recevait une attestation du recteur et une **« sportelle »**, sorte de médaille de plomb à l'image de la Vierge miraculeuse.

Mais les pèlerinages n'étaient pas toujours un but d'actions pieuses : les seigneurs, les consuls des villes aimaient à se placer sous la protection de Notre-Dame pour conclure un traité ou signer une charte. On venait aussi à Rocamadour par curiosité, pour rencontrer nombre de gens ou éventuellement traiter des affaires.

Déclin et renaissance. — Au 13e s., Rocamadour atteint son apogée. On y obtient des grâces refusées à Jérusalem ; les donations affluent sans cesse. Mais les richesses accumulées suscitent de nombreuses convoitises. Pendant un siècle, les abbayes de Marcilhac et de Tulle se disputent la possession de l'église de Rocamadour ; après arbitrage, Tulle l'emporte. Au cours du Moyen Âge, la ville est plus d'une fois saccagée : Henri Court-Mantel, révolté contre son père Henri Plantagenêt, dévaste l'oratoire en 1183 *(voir p. 102)* ; pendant la guerre de Cent Ans, les bandes anglaises et les routiers pillent à plusieurs reprises le trésor ; au cours des guerres de Religion, le capitaine protestant Bessonies s'empare de Rocamadour qu'il profane et dévaste : seules, la Vierge et la cloche miraculeuse échappent à la destruction. Le corps toujours intact de saint Amadour est livré aux flammes : il ne brûle pas ! De rage, Bessonies le brise à coups de marteau. Rocamadour ne se relève pas de ses ruines, le sanctuaire végète jusqu'à la Révolution qui lui porte le coup de grâce. Au 19e s., les évêques de Cahors essaient de faire renaître le pèlerinage ; les sanctuaires sont restaurés. Avec une partie de sa splendeur passée, Rocamadour a retrouvé la ferveur des pèlerins et c'est encore aujourd'hui le centre d'un pèlerinage très suivi.

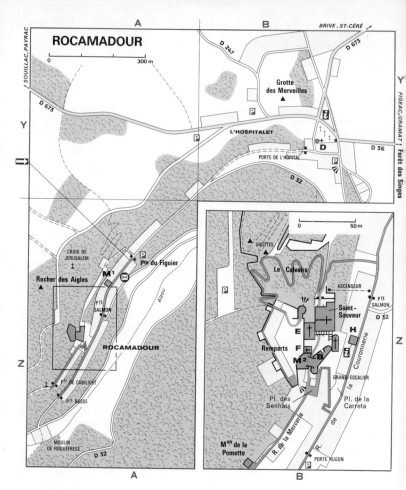

VISITE

Partir de la porte du Figuier et suivre l'itinéraire tracé sur le plan.

Les personnes qui trouveraient trop pénible l'itinéraire que nous conseillons pourront faire la visite en sens contraire en allant en voiture, par l'Hospitalet, près du château (parking), et en empruntant l'ascenseur à la montée. En saison, il est préférable de se garer à l'Hospitalet, le bourg devenant vite impraticable.

Le bourg *visite : 1/2 h*

Ancienne ville forte, Rocamadour a conservé de nombreux témoins de ce passé. Par la **porte du Figuier (AZ)**, qui existait déjà au 13e s., on pénètre dans la rue principale du village, encombrée de magasins de souvenirs, rue étroite accrochée au rocher, et que domine en surplomb l'étagement des maisons, des sanctuaires et du château. On passe devant le **musée Roland-le-Preux (AZ M¹)** où l'histoire de Rocamadour et de son pèlerinage est retracée à travers des personnages en cire.

Au-delà de la porte Salmon, surmontée d'une tour à deux étages, se dresse à droite l'hôtel de ville.

Hôtel de ville (BZ H). — Il est installé dans une maison du 15e s., restaurée, appelée la Couronnerie ou maison des Frères. Dans la salle du Conseil sont exposées deux belles **tapisseries★** dues à Jean Lurçat représentant la flore et la faune du causse.

En continuant de suivre la rue de la Couronnerie, on passe sous la porte Hugon, du 13e s. Jusqu'à la porte Basse, la rue traverse un pittoresque quartier dont les petites maisons dévalent la pente jusqu'à l'Alzou, près duquel se dresse le vieux moulin fortifié dit « de Roquefrège ».

Revenir à la place de la Carreta où s'amorce le Grand Escalier qui mène aux sanctuaires.

Cité religieuse *visite : 1 h 1/2*

Gravir les 223 marches du Grand Escalier (« Via Sancta ») dont les pèlerins font souvent l'ascension en s'agenouillant à chaque degré. Les 141 premières marches conduisent en cinq paliers à une plate-forme où s'élevaient les habitations des chanoines, aujourd'hui converties en magasins et en hôtelleries.

Le Fort (BZ B). — Ancien palais des évêques de Tulle, c'est un vaste bâtiment d'aspect militaire, que surplombe l'énorme rocher de la falaise. Il abritait les pèlerins illustres. Construit au 14e s., il a été très restauré au 19e s. par un élève de Viollet-le-Duc. Sur cette plate-forme, dite place des Senhals parce qu'on y fabriquait des insignes de pèlerinage appelés « senhals » ou « sportelles », débouche la petite rue de la Mercerie.

Rue de la Mercerie (BZ). — Cette rue, la plus ancienne, dans laquelle on peut voir une maison du 14e s. **(maison de la Pomette)**, est bordée de jardins en terrasses ; elle aboutit à la porte de Cabiliert, du 13e s., que flanquait autrefois une tour de défense.

Revenir à la porte du Fort.

La **porte du Fort,** percée sous le mur d'enceinte du palais, permet d'accéder à l'Enceinte Sacrée. Un escalier de 75 marches conduit au parvis entouré des sanctuaires.

⊙ **Le parvis des églises** (BZ). — Également appelé place St-Amadour, c'est un espace assez restreint autour duquel s'élèvent sept sanctuaires : la basilique St-Sauveur en face de l'escalier, la crypte St-Amadour sous la basilique, la chapelle Notre-Dame ou chapelle miraculeuse à gauche, à droite les trois chapelles St-Jean-Baptiste, St-Blaise et Ste-Anne, tandis que la chapelle St-Michel se dresse à gauche sur une terrasse.

Basilique St-Sauveur. — De style romano-ogival (11e-13e s.), elle comprend deux nefs égales de trois travées, séparées par de grosses colonnes. L'un des murs est remplacé par la roche de la falaise sur laquelle viennent prendre appui les arcs de la troisième travée. La balustrade en bois a été rajoutée au siècle dernier pour pallier la petitesse de la basilique lors des grands pèlerinages.
Au-dessus de l'autel se dresse un beau **Christ** en bois polychrome du 16e s. dont la croix représente un arbre écoté. Il possède la particularité fort rare d'avoir la figuration du coup de lance à droite et non à gauche.

Crypte St-Amadour. — C'est une église inférieure qui s'étend sous la basilique St-Sauveur. Elle comporte un chevet plat et deux travées sous voûtes quadripartites.
Elle servait autrefois de lieu de culte : on venait y vénérer le corps de saint Amadour.

Chapelle Notre-Dame (E). — Du parvis, un escalier de 25 marches s'élève jusqu'à la chapelle miraculeuse, considérée comme le « Saint des saints » de Rocamadour. C'est là en effet que l'ermite avait, dit-on, aménagé un oratoire dans le roc. Écrasée en 1476 par la chute d'un rocher, elle fut reconstruite en gothique flamboyant. Cette nouvelle chapelle, saccagée pendant les guerres de Religion et sous la Révolution, a fait l'objet d'autres travaux au siècle dernier.
Sur la façade extérieure à droite de la porte flamboyante subsiste une partie de la fresque du 13e s. illustrant la danse macabre « des trois morts et trois vifs ». Trois squelettes menaçants sont prêts à ensevelir ou à tuer.
Dans la pénombre de la chapelle noircie par la fumée des cierges, on découvre sur l'autel la Vierge miraculeuse appelée aussi **Vierge noire**★ : de petite taille (69 cm) elle est assise, très rigide, portant sur son genou gauche, sans le tenir, l'Enfant Jésus au visage d'adulte. Cette statue reliquaire en bois de facture rustique date du 12e s. Sculptée dans du noyer, elle était recouverte de lames d'argent dont subsistent quelques lambeaux noircis par la fumée des cierges et l'oxydation.
Tout autour ont été accrochés de nombreux témoignages de reconnaissance : ex-voto, fers qu'on mettait jadis aux pèlerins pendant certaines cérémonies de pénitence.
Suspendue à la voûte, une très vieille **cloche,** faite de plaques de fer assemblées et datant sans doute du 9e s., sonnait d'elle-même pour annoncer les miracles, par exemple lorsque les marins perdus en mer invoquaient Notre-Dame de Rocamadour. Dès le 11e s. le pèlerinage de Rocamadour fut très populaire chez les marins bretons et une chapelle N.-D. de Rocamadour a été élevée à Camaret. Cette tradition explique la présence de petits marins parmi les ex-voto.

En sortant de la chapelle Notre-Dame, on peut voir au-dessus de la porte une grossière épée de fer enfoncée dans la paroi rocheuse. La légende l'identifie à **« Durandal »** la célèbre épée de Roland et raconte que : cerné par les Sarrazins et ne pouvant casser son épée, Roland implora l'archange saint Michel et lança son épée qui d'un seul jet vint se planter dans le rocher de Rocamadour, loin des Infidèles.

Chapelle St-Michel (F). — Surélevée de quelques marches, cette chapelle de style roman est complètement abritée par un encorbellement rocheux. Son abside, dans laquelle s'inscrit un petit oratoire, fait saillie du côté du parvis. Elle servait pour les offices des moines du prieuré qui y avaient aussi aménagé leur bibliothèque.
Sur le mur extérieur deux fresques représentent l'Annonciation et la Visitation : l'habileté de la composition, la richesse des tons — ocre, jaune, rouge-brun, fond bleu roi — bien conservés à l'abri de la condensation de l'humidité, l'élégance des mouvements semblent témoigner d'une œuvre réalisée au 12e s. et inspirée à la fois des châsses limousines (saillies rondes qui parsèment le fond) et des mosaïques byzantines (personnages aux visages basanés).
Au-dessous une autre fresque du 14e s. montre un immense saint Christophe, patron des voyageurs et par extension des pèlerins.
A l'intérieur le chœur est orné de peintures, moins bien conservées que celles de l'extérieur : le Christ en majesté est entouré des évangélistes, tandis qu'au-dessous un séraphin et l'archange saint Michel pèsent les âmes.

Redescendre sur le parvis.

★**Musée-trésor Francis-Poulenc** (M²). — Il est dédié au grand musicien qui, après avoir
⊙ reçu le « coup de poignard de la grâce » lors d'une visite à Rocamadour en 1936, composa « les litanies à la Vierge noire de Rocamadour ».
Ce musée présente une importante collection d'art sacré provenant du trésor des sanctuaires, de donations, et de nombreuses églises du Lot.
Dans le hall, des cartes, une statue de saint Jacques en pèlerin (Rocamadour était une étape vers St-Jacques-de-Compostelle), des documents divers évoquent l'histoire de Rocamadour et de son pèlerinage.
Le vestibule présente des objets provenant du sanctuaire comme le vitrail du 13e s. montrant la mort de saint Martin, seul vestige des verrières de St-Sauveur, et le reliquaire de saint Amadour (17e s.) qui contenait les reliques du corps du saint détruit pendant les guerres de Religion.

La première galerie rassemble des ex-voto, toiles et bois sculptés, la plupart du 17e s. Un panneau naïf daté de 1648 montre saint Amadour saluant la Vierge par l'Ave Maria, à côté une statue baroque d'origine flamande représente le prophète Jonas sous l'aspect d'un vieillard écrivant.

La salle du trésor rassemble quelques très belles pièces provenant du Trésor jadis fabuleux du sanctuaire. Les **châsses limousines** de Lunegarde (12e s.), de Laverhne (12e s.) et de Soulomès (13e s.) décorées d'émaux montrent la virtuosité des artistes limousins. Parmi les autres œuvres présentées, citons le chef reliquaire en argent doré de saint Agapit (14e s.), la monstrance reliquaire en argent surmontée du Christ en croix entre la Vierge et saint Jean, une croix processionnelle en argent du 15e s. et une Vierge assise en bois mutilée du 12e s. La galerie suivante est consacrée aux peintures religieuses des 17e, 18e et 19e s.

En sortant du musée, emprunter la galerie dite « le tunnel » qui passe sous la basilique St-Sauveur et conduit à une terrasse dominant le canyon de l'Alzou.

Calvaire et remparts *visite : 3/4 h*

Calvaire (BZ). — Un chemin de croix ombragé, en lacet, monte vers les remparts. Après les grottes de la Nativité et du Sépulcre, on aperçoit la grande croix de Jérusalem, apportée des Lieux saints par les pèlerins de la Pénitence.

⊘**Remparts** (BZ). — Ce sont les vestiges d'un fort du 14e s. destiné à barrer l'éperon rocheux et à protéger le sanctuaire. Adossée à ce fort, la demeure des chapelains de Roc-Amadour a été construite au 19e s.

De ces remparts en surplomb se révèle un **panorama**★★★ remarquable sur le causse, les gorges de l'Alzou, le site de Rocamadour et le cirque de rochers qui l'entoure.

⊘**Rocher des Aigles** (AZ). — Tout près des remparts se trouve un centre d'élevage et de reproduction de rapaces qui présente d'étonnantes démonstrations de rapaces dressés, en vol.

Pour redescendre au bourg, revenir à une esplanade au niveau de l'enceinte sacrée et emprunter l'ascenseur qui permet de gagner la rue principale près de la porte Salmon.

L'HOSPITALET

Le nom de ce village, sur le rebord de la falaise de Rocamadour, lui vient d'un petit hôpital fondé au 11e s. par Hélène de Castelnau, pour soigner les pèlerins sur la route du Puy à Compostelle.

Il reste peu de vestiges de cet hôpital. La **chapelle** romane (BY D), qui se trouve au milieu du cimetière, a été remaniée au 15e s.

L'Hospitalet, où se trouve un important syndicat d'initiative, est très fréquenté pour son point de vue sur le site de Rocamadour *(p. 121).*

⊘**Grotte des Merveilles** (BY). — Découverte en 1920, cette petite grotte, à 8 m seulement de profondeur, présente quelques belles formations : stalagtites, stalagmites, gours où se reflètent la voûte et ses concrétions etc. Sur ses parois quelques peintures rupestres datant d'il y a 25 000 ans représentent des chevaux, des cervidés, une hyène, une main.

⊘**Forêt des singes.** — *Prendre le D 36 (BY) et tourner à droite.*

Sur 10 ha boisés, 150 singes vivent en liberté dans ce cadre qui rappelle les hauts plateaux d'Afrique du Nord, dont ils sont originaires. Ce sont des magots ou macaques de Barbarie (c'est-à-dire de Berbèrie) dont l'espèce est en voie de disparition.

★★ La ROQUE-GAGEAC

404 h. (les Laroquois)

Carte Michelin nº 🔟🔢 pli 17 — Schéma p. 77 — Lieu de séjour.

Adossé à une falaise qui surplombe la vallée de la Dordogne, le village de la Roque-Gageac occupe un **site**★★ admirable, l'un des plus beaux de cette fraction de vallée qui, en quelques kilomètres, voit s'échelonner Domme, Castelnaud, Beynac-et-Cazenac.

★★**Le coup d'œil.** — C'est en abordant la Roque-Gageac par l'Ouest qu'on en a la meilleure vue d'ensemble. En fin d'après-midi, le soleil éclaire la haute falaise grise couverte de chênes verts tandis que les maisons aux toits de lauzes ou de tuiles se reflètent dans la rivière. Au premier plan se détache la silhouette du château de la Malartrie et à l'autre extrémité du village, apparaît, sous le surplomb de roche, le charmant manoir de Tarde.

CURIOSITÉS

Le village a été restauré. Des ruelles pittoresques, où les habitations de paysans et d'artisans côtoient de nobles demeures, mènent à l'église bâtie sur le roc.

De là, la vue se porte sur la Dordogne, qui enserre champs et prairies coupés de rideaux de peupliers.

Manoir de Tarde. — Deux logis à pignons aigus, percés de fenêtres à meneaux, sont flanqués d'une tour cylindrique. A ce manoir est attaché le nom de la famille Tarde, dont les membres les plus célèbres ont été le chanoine Jean Tarde, humoriste sarladais du 16e s. qui fut historien, cartographe, astronome, mathématicien etc. et, au siècle dernier, le sociologue Gabriel Tarde.

⊘**Château de la Malartrie.** — Cet édifice, n'a été construit qu'au début du 20e siècle en s'inspirant très fortement du style du 15e s.

Des dégustations de foie gras et de produits régionaux y sont organisées.

ROUFFIGNAC

1 429 h. (les Rouffignacois)

Carte Michelin n° 75 Sud-Est du pli 6.

L'église seule a échappé à la destruction systématique de la localité par les Nazis qui la brûlèrent, en mars 1944, en représailles contre le harcèlement de leurs troupes par les hommes de la Résistance. Le bourg a été reconstruit.

Église. — Elle s'ouvre par un intéressant clocher-porche dont le portail est du style de la première Renaissance. Exécuté vers 1530, il est orné de chapiteaux corinthiens et surmonté d'un linteau finement sculpté ; la décoration profane — sirènes, bustes de femmes — surprend un peu en pareil lieu.
Le vaisseau se compose d'une nef de deux travées à collatéraux de style flamboyant d'égale hauteur, dont les voûtes d'ogives sont supportées par des piliers cylindriques renforcés par de remarquables colonnes engagées moulurées en hélice.

EXCURSIONS

★Grotte de Rouffignac. — *5 km au Sud. Quitter Rouffignac par le D 32. A 3 km, prendre à gauche une allée bordée de sapins. Au-delà d'une ferme isolée, une route conduit à la grotte.*
Cette grotte sèche, appelée aussi Cro de Granville, était déjà connue au 15e s. Ses galeries ont plus de 8 km de longueur. La visite, en chemin de fer électrique, fait parcourir 4 km dans les galeries principales. En 1956 le professeur L.R. Nougier y découvrit un ensemble de **peintures et gravures★** au trait, exécutées de la fin de la période aurignacienne à la fin de la période magdalénienne *(voir p. 20 et 21)*. Ces gravures représentent des chevaux, des bouquetins, des rhinocéros, des bisons et surtout des mammouths parmi lesquels on remarquera le « Patriarche » et une étonnante frise de deux hardes s'affrontant.
Le plafond de la dernière salle (malheureusement couvert de graffiti) présente un ensemble exceptionnel de dessins.

Château de l'Herm. — *6 km au Nord-Ouest. Description p. 92.*

La Douze. — *700 h. 14 km à l'Ouest par les D 6 et D 45.* La petite **église** de la Douze a été bâtie aux 14e et 15e s., dans le style gothique. Un massif clocher-porche donne accès à la nef très basse, voûtée d'ogives.
L'**autel,** fait d'une grande dalle de pierre sculptée, est orné de nombreux personnages parmi lesquels on distingue Pierre d'Abzac, baron de Ladouze, et sa femme Jeanne de Bourdeille, à genoux ; derrière eux se tiennent leurs saints patrons ; le panneau central offre à l'arrière-plan un décor touffu d'arbres et de châteaux.
La **chaire,** exécutée vraisemblablement par le même artiste que l'autel, est ornée de trois panneaux sculptés représentant, celui du centre saint Pierre, patron de l'église, les deux autres un écusson portant les armes de Pierre d'Abzac et de Jeanne de Bourdeille.
A gauche dans la nef, les fonts baptismaux sont installés dans le fût d'une colonne gallo-romaine décorée de rosaces et de personnages de facture archaïque.

*Sachez tirer parti de votre **guide Michelin**. Consultez la légende p. 36.*

★ ST-AMAND-DE-COLY

301 h. (les St-Amandois)

Carte Michelin n° 75 Sud du pli 7 — Schéma p. 112.

Caché dans le repli d'un vallon à l'écart de la vallée de la Vézère, St-Amand-de-Coly rassemble ses vieilles maisons couvertes de lauzes au pied de son imposante église abbatiale.

St-Amand-de-Coly. — Le village et l'église.

★★Église. — Bâtie en belle pierre calcaire jaune, c'est l'une des plus étonnantes églises fortifiées du Périgord. Un important système de fortifications, aujourd'hui presque entièrement dégagé, protégeait l'ensemble de l'abbaye de chanoines augustiniens établie là au 12ᵉ s.

Extérieur. — Une impression de puissance se dégage du **donjon-porche,** soutenu par un immense arc brisé. Il était autrefois percé d'archères ; à sa partie supérieure, des corbeaux, encore visibles, supportaient des échauguettes. Un portail, encadré de motifs sculptés de style archaïque et surmonté d'une haute fenêtre en plein cintre, s'ouvre sous le porche.

Contourner l'église par la gauche pour admirer le chevet dont les absidioles, protégées par un dispositif de défense, contrastent par leur harmonie avec la sévérité des hauts murs de la nef et du transept, coiffés de toits de lauzes.

Intérieur. — La pureté des lignes et la simplicité de la décoration concourent à la beauté du haut vaisseau. Le carré du transept est surmonté d'une archaïque coupole sur pendentifs et le chœur, surélevé de huit marches, se termine par un chevet plat, couvert d'une croisée d'ogives. Un passage, aménagé pour la défense de l'église, faisait le tour de l'édifice à la base des voûtes. Il en reste : une corniche sur consoles courant autour du chœur et d'une partie des croisillons, l'évidement des piliers du carré du transept et la porte conduisant à la salle haute du donjon.

En face de l'église, dans l'ancien presbytère, l'association « Les Amis de St-Amand-de-Coly » présente un spectacle audiovisuel sur l'église et son historique.

ST-ANTONIN-NOBLE-VAL
1 869 h. (les St-Antoninois)

Carte Michelin n° 79 pli 19.

Face aux rochers d'Anglars qui se dressent comme une barrière au-dessus de la vallée de l'Aveyron, St-Antonin, vieille cité bâtie à la limite du Quercy et du Rouergue, étage ses maisons aux toits presque plats, coiffés de tuiles rondes décolorées par le soleil, sur la rive droite de la rivière.

Son site agréable a valu à la station gallo-romaine, ancêtre de la ville actuelle, le nom de Noble-Val. Un oratoire, fondé par saint Antonin, apôtre de la région, est remplacé au 8ᵉ s. par une abbaye. Au Moyen Âge, la bourgade se développe, comme en témoignent les demeures des 13ᵉ, 14ᵉ et 15ᵉ s., qui appartenaient à de riches marchands.

CURIOSITÉS

★Ancien hôtel de ville. — Bâti en 1125 à l'intention d'un seigneur nommé Archambault, c'est l'un des plus anciens spécimens d'architecture civile en France. Au 14ᵉ s., il fut utilisé comme maison des Consuls ; restauré par Viollet-le-Duc au siècle dernier, il est occupé par un musée.

La façade se compose de deux étages. La galerie de colonnettes du 1ᵉʳ étage est ornée de deux piliers portant les statues du roi Salomon et d'Adam et Ève ; trois baies géminées s'ouvrent au second étage. La haute tour carrée qui surmonte l'édifice est couronnée de mâchicoulis.

Musée. — Il abrite des collections de préhistoire, parmi lesquelles la période magdalénienne est particulièrement bien représentée. Une salle est réservée au folklore.

Halle. — Devant la halle aux robustes piliers carrés supportant la charpente, se dresse une curieuse croix du 14ᵉ s. figurant un calvaire.

Mairie. — Elle est installée dans un ancien couvent élevé au 18ᵉ s. par un architecte parisien.

Maisons anciennes. — Autour de l'hôtel de ville, dans les rues Droite et Guilhem-Peyre, de nombreuses maisons médiévales ont conservé leurs ogives et leurs fenêtres à meneaux.

EXCURSIONS

★1 Gorges de l'Aveyron. — *49 km — environ 3 h — schéma p. 127. Quitter St-Antonin vers le Sud. Franchir l'Aveyron et prendre à droite la route construite à l'emplacement d'une ancienne voie ferrée tracée au pied de hautes falaises calcaires. A 2,5 km, prendre à gauche la D 115ᴮ.*

Cette belle **route de corniche★★** s'élève rapidement. On traverse le hameau de Vieilfour, aux toits coiffés de tuiles rondes. Peu après un passage en tunnel, un belvédère situé à hauteur d'un surplomb rocheux offre un beau point de vue sur l'Aveyron encadré de hautes parois rocheuses. Au cours de la descente vers la rivière, le hameau de Brousses apparaît.

A hauteur de Cazals, reprendre la rive droite.

La route s'élève au milieu des vignes et ménage de belles vues sur les méandres de l'Aveyron et le fond de la vallée où se succèdent des plantations de pêchers et de pommiers, des prairies coupées de peupliers.

Franchir l'Aveyron pour atteindre le vieux village de Penne dont on apprécie bien le site.

Penne. — *Page 111.*

Quitter Penne au Sud par le D 9 qui offre des **vues★** magnifiques sur le village. La route escalade le rebord du plateau sur lequel elle court ensuite au milieu d'une maigre végétation d'arbustes rabougris mêlés de quelques vignes ; puis elle redescend dans la vallée dans un paysage de hautes collines boisées où le rocher apparaît souvent.

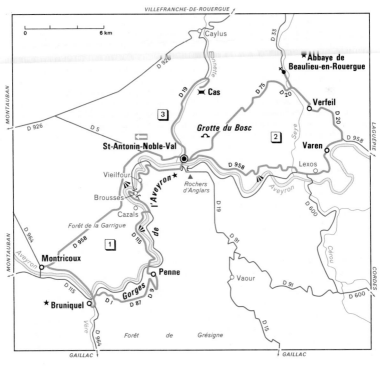

★ **Bruniquel.** — *Page 56.*

    De Bruniquel à Montricoux suivre la route longeant la rive droite de l'Aveyron.

Montricoux. — *Page 56.*

    Rentrer à St-Antonin par le D 958.

De cette route toute droite traversant la forêt de la Guarrigue des échappées permettent d'admirer les gorges de l'Aveyron en contrebas sur la droite. Puis la route en corniche longe l'Aveyron.

[2] Vallée amont de l'Aveyron. — *Circuit de 42 km — environ 2 h — schéma ci-dessus. Quitter St-Antonin par le D 75 au Nord-Est.*

○ **Grotte du Bosc.** — Ancien lit asséché d'une rivière souterraine, un boyau long de 200 m s'étend sous le plateau entre les vallées de l'Aveyron et de la Bonnette. Très nombreuses stalactites et excentriques.

Un musée minéralogique et préhistorique a été aménagé dans le hall de réception.

    Continuer le D 75 et prendre à droite le D 20, puis à gauche le D 33.

★ **Abbaye de Beaulieu-en-Rouergue.** — *Page 41.*

    Faire demi-tour et suivre le D 33.

Verfeil. — 425 h. Ce petit bastion de la vallée de la Seye offre le charme de ses vieilles demeures aux façades fleuries, entourant une halle *(voir p. 32)* refaite en pierre.

Dans l'église, on peut voir un maître-autel en bois doré historié et un Christ en bois du 17e s. provenant de l'ancienne abbaye de Beaulieu.

    Prendre le D 20 et à droite le D 958.

La route longe l'Aveyron dont la vallée, large, se couvre de prairies et de cultures.

Varen. — *Page 141.*

    A l'entrée de Lexos, la route passe près d'une grande cimenterie. 2 km après Lexos, prendre à droite le D 33, puis à gauche la route signalée : « St-Antonin par le coteau » (D 958).

La route s'élève alors rapidement, à flanc de colline, multipliant les échappées sur la vallée de l'Aveyron qu'elle rejoint après une descente sinueuse. La rivière, bordée d'une haie de peupliers, coule au pied de falaises auxquelles s'accroche une maigre végétation. Peu avant St-Antonin, la route et la rivière sont resserrées entre deux escarpements rocheux.

[3] Château de Cas. — *6 km — schéma ci-dessus. Prendre le D 19 vers le Nord puis tourner à droite.*

○ Élevé au 12e s., ce château fut remanié au 14e et au 16e s. Il abrita une commanderie de Templiers au 13e s. avant de devenir la propriété de la puissante famille des Cardaillac puis celle des Lastic Saint-Jal.

Restaurée récemment, cette solide construction de calcaire blanc comporte de nombreuses pièces meublées.

Les guides Rouges, les guides Verts et les cartes Michelin
composent un tout.
Ils vont bien ensemble, ne les séparez pas.

ST-AVIT-SÉNIEUR

Carte Michelin n° 75 pli 16.

Ce petit village est dominé par une église massive et quelques bâtiments monastiques, vestiges d'une ancienne abbaye bénédictine élevée au 11e s. en souvenir de saint Avit, soldat devenu ermite.

Ⓥ **Église.** — L'extérieur donne une impression de sévérité et de rudesse : elle fut fortifiée au 14e s., comme en témoignent les créneaux qui apparaissent au-dessus du porche, les hautes murailles presque aveugles de la nef et du chevet, et les tours encadrant la façade reliées par un chemin de ronde.

La nef, très vaste, couverte d'une belle voûte angevine ornée de nervures ou « liernes » et de clefs finement sculptées, se termine par un chœur à chevet plat. La puissance des arcs doubleaux laisse penser que des coupoles avaient dû être prévues comme mode de couverture. Un chemin de ronde court sous les retombées des voûtes.

Bâtiments monastiques. — Quelques arcades de l'ancien cloître et la salle capitulaire sont les seuls vestiges de l'abbaye. Dans l'ancien dortoir des moines au-dessus Ⓥ de la salle capitulaire a été aménagé un **musée de géologie** traitant plus particulièrement du bassin de la Dordogne.

Des fouilles ont dégagé les soubassements des bâtiments conventuels et d'une église romane primitive.

De la cour intérieure : belle vue d'ensemble sur la haute nef de l'église.

★ ST-CÉRÉ

Carte Michelin n° 75 plis 19, 20 — Schéma p. 130 — Lieu de séjour.

Dans la riante vallée de la Bave, St-Céré groupe ses pittoresques maisons anciennes au pied des hautes tours de St-Laurent. Située au carrefour des routes du Limousin, de l'Auvergne et du Quercy, St-Céré est à la fois un lieu de séjour recherché pour l'agrément de son site★ et un excellent point de départ pour de nombreuses promenades et excursions dans le Haut-Quercy.

Une ville prospère. — Au 13e s., les vicomtes de Turenne, suzerains de St-Céré, accordent aux habitants franchises et libertés. D'autres chartes libérales permettent à la ville de s'enrichir par l'établissement de foires et le développement d'échanges commerciaux. Des consuls et des syndics administrent la cité dont la protection est assurée par le château de St-Laurent et par une puissante ligne de remparts. La guerre de Cent Ans ne cause pas de graves préjudices à la ville qui connaît à partir du 16e s. une nouvelle période de prospérité.

Un académicien de la première heure. — Si St-Céré s'honore d'avoir vu naître le maréchal **Canrobert** qui, glorieux soldat des campagnes d'Algérie, commanda en chef en Crimée et s'illustra à St-Privat, en 1870, elle compte aussi parmi ses enfants les plus célèbres le poète **François Maynard.** Bien que né à Toulouse, en 1582, ce fils d'un conseiller au Parlement passa à St-Céré de nombreuses années de sa vie. Attiré dès sa jeunesse par la vie brillante de la cour, il était parvenu à devenir secrétaire de Marguerite de Valois, épouse répudiée de Henri IV.

Une vocation de poète-courtisan pousse le jeune François à donner libre cours à son talent. Malherbe le remarque ainsi que le cardinal de Richelieu qui le nomme membre de la toute neuve Académie. Maynard, aimant les honneurs mais ne dédaignant pas l'argent, aurait sollicité de Son Éminence une preuve tangible de sa confiance. Aux vers non déguisés :

> « Mais s'il demande à quel emploi
> Tu m'as occupé dans le monde
> Et quels biens j'ai reçu de toi,
> Que veux-tu que je lui réponde ? »

« Rien » aurait sèchement répondu le Cardinal.

Écarté de la vie parisienne, le poète séjourne à St-Céré où il s'adonne à la versification, fréquentant la société littéraire et mondaine, assistant aux fastueuses réceptions données dans le château de Castelnau-Bretenoux. A sa mort, en 1646, il est inhumé dans le chœur de l'église Ste-Spérie.

Jean Lurçat à St-Céré. — Né en 1892 dans les Vosges, Jean Lurçat, destiné d'abord à la médecine, s'orienta vers la peinture, le décor de théâtre, la mosaïque, la céramique. Mais très vite il s'intéressa à la tapisserie et c'est comme peintre-cartonnier qu'il a accédé à la notoriété mondiale.

Après un séjour à Aubusson, puis dans le maquis comme résistant, il se fixe à partir de 1945 à St-Céré, dans les tours de St-Laurent où il a installé son atelier et dont il fera sa résidence jusqu'à sa mort en 1966. L'artiste faisait exécuter par les ateliers d'Aubusson la plupart des tapisseries dont il avait créé les cartons.

LA VILLE ANCIENNE

Nombreuses sont les demeures des 15e, 16e et 17e s. qui donnent à St-Céré son cachet pittoresque. Certaines ont conservé leurs façades à pans de bois en encorbellement et leurs beaux toits de petites tuiles brunes.

Partir de la place de la République par la rue de l'Église.

Place de l'Église. — L'église Ste-Spérie, centre d'un culte local très ancien, a été reconstruite aux 17e et 18e s. en style gothique. Sur la place, près du chevet, l'**hôtel de Puymule** (15e s.) est un édifice à tourelle dont les portes et les fenêtres sont décorées d'arcs en accolades.

Traverser la rue de la République, artère commerçante, passer dans la rue du Mazel et la prendre à gauche.

ST-CÉRÉ

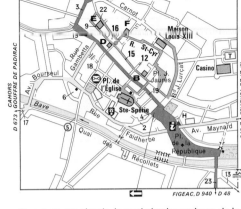

Les plans de villes sont toujours orientés le Nord en haut.

Rue du Mazel (15). — Elle constitue, avec ses abords, la partie la plus curieuse de la vieille ville et offre plusieurs maisons anciennes et de beaux portails. A l'angle de la rue St-Cyr, remarquer l'**hôtel Ambert (B)** (15ᵉ s.) avec ses deux tourelles terminées en cul-de-lampe et sa porte Renaissance.

Plus loin s'ouvre, à droite, l'**impasse Lagarouste (12)** à ruisseau central, pavée de galets, dont l'étroitesse fait ressortir les maisons à encorbellement.

Place du Mercadial (16). — C'était la place du marché. Les pêcheurs venaient y déposer leurs prises sur le « taoulié », banc de pierre qui flanque la **maison de Jean de Séguier (D)** (15ᵉ s.) à l'angle de la rue Pasteur ; de cet endroit on a un joli coup d'œil sur la place et ses maisons à colombage se détachant sur les tours de St-Laurent toutes proches.

La **maison des Consuls (E)** offre surtout l'intérêt de sa façade Renaissance qui donne sur la rue de l'Hôtel-de-Ville.

Rue St-Cyr. — Elle est bordée à son entrée par une belle maison du Moyen Âge, à encorbellement sur ses trois façades. Quelques mètres plus loin à droite se dresse, flanqué d'une tourelle d'angle, l'**hôtel de Miramon (F)**, du 15ᵉ s. La rue se développe en arc de cercle, bordée de maisons anciennes, pour rejoindre la rue du Mazel.

A la sortie de la rue du Mazel, prendre à gauche le boulevard Jean-Lurçat.

Maison Louis XIII. — Aujourd'hui occupé par une banque, ce bel hôtel présente une élégante façade ornée d'une loggia.

AUTRES CURIOSITÉS

Galerie du Casino. — Outre des expositions temporaires, on y trouve en permanence une abondante collection de **tapisseries de Jean Lurçat**★. Sur les murs, matière, formes, couleurs se déploient chaleureusement à travers un bestiaire fabuleux ou des visions cosmiques. « Feu du ciel, feu des laines, feu du cœur, c'est toujours la même chaleur qui rayonne des murailles tissées qu'invente Jean Lurçat. »

Tours de St-Laurent. — *2 km au Nord par le D 940 puis le D 48.* Perchées sur la colline abrupte qui domine la ville, les deux hautes tours médiévales et leur enceinte sont inséparables du site de St-Céré. La partie habitée est plus récente.

La circulation sur la route privée qui s'embranche à droite est tolérée. On accède *(1 h à pied AR)* à un chemin qui fait le tour des remparts, offrant des **vues**★ très agréables sur la ville, les vallées de la Bave et de la Dordogne, et tous les plateaux environnants.

EXCURSIONS

★① **Vallée de la Bave : de St-Céré à Castelnau-Bretenoux.** — *25 km — environ 3 h — schéma p. 130.* Quitter St-Céré par le D 673 à l'Ouest du plan.

Les tours du château de Montal apparaissent à gauche, dans un cadre de riches cultures et de prairies plantées de peupliers.

★★**Château de Montal.** — *Page 104.*

Rejoindre le D 673 que l'on prend à gauche dans la direction de Gramat.

La route s'élève au-dessus de la vallée de la Bave : vues sur les tours de St-Laurent.

★**Grotte de Presque.** — Une suite de salles et de galeries se développent sur une longueur de 350 m. Des concrétions et particulièrement des piliers stalagmitiques aux formes curieuses, des coulées murales aux mille facettes s'accumulent dans la salle des Draperies, la salle Haute, la salle de la Grande Cuve, la salle de Marbre Rouge. A l'entrée de la salle des Merveilles, s'élèvent des colonnes très fines et d'une éclatante blancheur.

Au Boutel tourner à droite vers Autoire.

★**Cirque d'Autoire.** — *Laisser la voiture sur un garage aménagé.* Prendre à gauche de la route un sentier dominant l'Autoire qui retombe en cascades (belvédère). Après le petit pont, un sentier rocailleux, en forte montée, court à flanc de rocher. Très rapidement, se développe une **vue**★★ magnifique sur le cirque, le vallon et le village d'Autoire.

★**Autoire.** — 233 h. Le village, qui a conservé intact son caractère quercynois, occupe un **site**★ pittoresque. Au hasard de ses rues, on découvre des tableaux pleins de grâce : fontaine entourée de maisons à colombage, vieilles demeures à encorbellement coiffées de tuiles brunes, élégants manoirs et gentilhommières flanqués de tourelles.

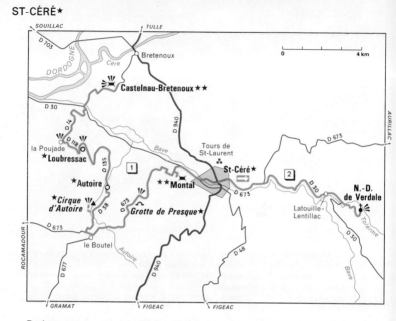

De la terrasse proche de l'église au beau chevet roman, on a une jolie vue sur le moulin de Limargue et le cirque rocheux qui se dessine au Sud-Ouest.

En sortant d'Autoire, prendre à gauche le D 135 vers Loubressac.

Cette jolie route à travers champs procure de belles vues sur Loubressac et son site.

★**Loubressac.** — 405 h. Le vieux bourg fortifié de Loubressac se dresse au sommet d'un piton rocheux dominant la rive gauche de la Bave.

Près de l'église on a une bonne **vue** sur la vallée et sur St-Céré qu'on reconnaît à ses tours. En empruntant de charmantes ruelles aux maisons coiffées de tuiles brunes on gagne la poterne du château.

Ce manoir du 15ᵉ s., remanié au 17ᵉ s., occupe un **site**★ remarquable à l'extrémité de l'éperon qui porte le village. Plusieurs bâtiments aux toits en pointe couverts de tuiles brunes bordent la grande cour.

Le D 118 puis le D 14 que l'on prend au hameau de la Poujade descendent vers la vallée de la Bave en offrant des **vues**★ remarquables sur la vallée de la Dordogne, dominée par l'imposante silhouette du château de Castelnau-Bretenoux.

Traverser la Bave et poursuivre le D 14.

★★**Château de Castelnau-Bretenoux.** — *Page 64.*

2 **Chapelle N.-D. de Verdale.** — *10 km, puis 1 h à pied AR — schéma ci-dessus. Quitter St-Céré par le D 673, à l'Est du plan.*

La route remonte la vallée de la Bave, dans un décor de prairies et de collines boisées.

Du D 30, au-delà de Latouille-Lentillac, part à gauche une petite route menant à un hameau où laisser la voiture.

Un sentier borde le cours torrentueux du Tolerme, qui coule en cascades au milieu des rochers. Franchir à deux reprises le ruisseau par de rudimentaires ponts de bois ; le sentier s'élève alors rapidement, dans un cadre vallonné. De la chapelle de pèlerinage N.-D. de Verdale, accrochée à un piton rocheux, on découvre une **vue**★ étendue sur les gorges du Tolerme et sur les collines rocheuses couvertes de châtaigniers.

★★ ST-CIRQ-LAPOPIE 179 h. (les St-Cirquois)

Carte Michelin nº 79 pli 9 — Schéma p. 97 — Lieu de séjour.

Perchée sur un escarpement rocheux surplombant de 80 m la rive gauche du Lot, face à un cirque de hautes falaises blanches, St-Cirq-Lapopie (prononcer St-Cyr) occupe un **site**★★ remarquable.

UN PEU D'HISTOIRE

Un site défensif recherché. — Il est vraisemblable que l'occupation de cet escarpement commandant la vallée a tenté les hommes dès l'époque gallo-romaine. Le nom actuel de la localité rappelle le martyre du jeune saint Cyr, tué avec sa mère en Asie Mineure sous le règne de Dioclétien et dont les reliques auraient été, croit-on, rapportées par saint Amadour *(voir p. 121).* Les La Popie, seigneurs du lieu au Moyen Âge, donnèrent leur nom au château établi au plus haut de la falaise et par extension au bourg qui se développa à ses pieds. L'histoire de la forteresse est une longue suite de sièges. Dans sa lutte contre Pépin le Bref, au 8ᵉ s., le duc d'Aquitaine Waïfre place dans ce bastion ses derniers espoirs. En 1198, Richard Cœur de Lion tente en vain de s'en emparer.

Lors de la guerre de Cent Ans, les Anglais disputent St-Cirq à la garnison du seigneur de Cardaillac, resté fidèle au roi de France. Démoli en 1471 sur ordre de Louis XI, le château en ruines présente encore un intérêt stratégique suffisant pour que les huguenots tiennent à s'en rendre maîtres pendant les guerres de Religion. En 1580, Henri de Navarre, futur Henri IV, fait abattre les derniers pans de murs de la vaillante forteresse.

La fin d'un artisanat. — Depuis le Moyen Âge était établie à St-Cirq-Lapopie une puissante corporation de tourneurs sur bois. Ces artisans, encore nombreux au siècle dernier, utilisaient un tour primitif et leur activité jetait une note pittoresque dans le cadre ancien que forment les ruelles du petit bourg. Aujourd'hui de nombreux artisans (potiers, travail du cuir, peinture sur soie…) les ont remplacés, occupant les maisons s'ouvrant par une ogive devant laquelle autrefois le tourneur installait son établi.

CURIOSITÉS

Il faut flâner au hasard des rues étroites et en forte pente, bordées de maisons coiffées de beaux toits de tuiles brunes, dont certaines, aux façades en encorbellement et à poutres apparentes, ont des fenêtres gothiques ou des baies à meneaux de style Renaissance. La plupart de ces demeures ont été restaurées par des artistes, notamment des peintres et des artisans, séduits par St-Cirq et la vallée du Lot. Parmi les plus célèbres, citons André Breton et le peintre Pierre Daura.

Église. — Bâti sur une terrasse rocheuse dominant le Lot, cet édifice du 15ᵉ s. est précédé d'un clocher-tour trapu flanqué d'une tourelle ronde. Le vaisseau, voûté d'ogives, abrite quelques statues de l'époque baroque.
De la terrasse à droite de l'église, belle vue.

Château de la Gardette. — Siège du syndicat d'initiative. Les deux corps de logis flanqués d'une échauguette à un angle abritent un **musée** contenant les collections de M. Rignault, peintre et collectionneur qui fit don de ses biens au département du Lot.

(Photo M. Chataigner/Vloo)
St-Cirq-Lapopie. — Le village.

Des meubles anciens (cabinet et buffet Renaissance, coffre de mariage du 14ᵉ s…), des statues des 14ᵉ et 15ᵉ s. voisinent avec des laques de Chine et des fresques de l'époque Ming.

La Popie. — Un sentier, à droite de la mairie, conduit aux vestiges de l'ancien château et au point le plus élevé de la falaise. De ce rocher *(longue-vue)*, où se dressait autrefois le donjon de la forteresse des La Popie, on embrasse une **vue**★★ remarquable sur le village de St-Cirq et son église accrochée au flanc de la falaise, sur un méandre du Lot enserrant un damier de cultures et de prairies et souligné d'une rangée de peupliers, sur les reliefs boisés de la bordure du causse de Gramat au Nord.

Le Bancourel. — Pour atteindre ce promontoire rocheux dominant le Lot, suivre pendant 300 m le D 40 en direction de Bouziès. A l'embranchement du D 8 à gauche, au départ de la route touristique tracée en corniche dans la falaise *(voir p. 97)*, a été aménagée une esplanade *(parc de stationnement)*. Du Bancourel se développe une très belle **vue**★ sur la vallée du Lot et St-Cirq d'où surgit le rocher de La Popie.

ST-CYPRIEN
1 730 h. (les Cypriotes)

Carte Michelin nº **75** pli 16 — Schéma p. 77 — Lieu de séjour.

Accrochée au flanc d'un coteau proche de la rive droite de la Dordogne, dans le décor de collines et de forêts caractéristique du Périgord Noir, St-Cyprien est dominée par la silhouette massive de son église autour de laquelle se groupent, dans des ruelles, des maisons anciennes.

Église. — Bâtie au 12ᵉ s. et remaniée à l'époque gothique, elle appartenait à une abbaye de chanoines augustiniens. De dimensions imposantes, elle a conservé un clocher-donjon de style roman. Le vaisseau, de vastes proportions, est voûté d'ogives. Un riche mobilier du 17ᵉ s. comprend des retables, une chaire, des stalles, un buffet d'orgue, une balustrade en fer forgé.

EXCURSION

Berbiguières. — 185 h. *5 km au Sud par le D 48 et le D 50 à gauche.* Le bourg est dominé par un important château du 17ᵉ s., dont les remparts sont flanqués d'échauguettes.

★ ST-JEAN-DE-CÔLE

343 h. (les Jean-Côlois)

Carte Michelin n° 🔲 Nord du pli 6.

Une curieuse église et un château forment avec le village, auquel vieilles maisons et pont gothique confèrent un cachet ancien, un cadre charmant où l'ocre des pierres patinées se marie avec le brun des petites tuiles. Un vieux pont très étroit et en dos d'âne, à avant-becs, franchit la Côle, petit affluent de la Dronne.

ⓥ **Église.** — Commencée au 11ᵉ s., cette chapelle de l'ancien prieuré est remarquable par la forme curieuse de son clocher percé de baies, par sa nef, très haute par rapport à sa longueur, par les chapiteaux qui cantonnent sa chapelle droite et le chœur, par ses sculptures à la base des toitures et par les vieilles halles accolées au chevet.
A l'intérieur remarquer dans le chœur les boiseries du 17ᵉ s., en chêne. La nef est couverte par un plafond de bois remplaçant une coupole effondrée dont subsistent les pendentifs ; sur le côté droit, une chapelle contient un enfeu à gisant.

ⓥ **Château de la Marthonie.** — Le château édifié au 12ᵉ s. fut en grande partie détruit. Seules en restent la souche du bâtiment donnant sur la place, et une tour. Il fut reconstruit aux 15ᵉ et 16ᵉ s. ; quelques fenêtres à meneaux subsistent de cette époque. Du 17ᵉ s. datent la galerie aux arcades surbaissées et l'escalier intérieur à rampes droites et aux arcs excentrés ou en anse de panier que l'on voit en visitant une exposition de papiers artisanaux et une collection d'affiches publicitaires anciennes.

EXCURSIONS

★ **Circuit de 24 km.** — *Quitter St-Jean-de-Côle par le D 98, à l'Ouest. Dans Villars, prendre la route conduisant au château de Puyguilhem.*

★ **Château de Puyguilhem.** — *Page 120.*

Revenir à Villars, tourner à gauche dans le D 82. A 3 km, prendre à droite.

★ **Grotte de Villars.** — Un couloir sinueux donne accès à des salles ornées de belles concrétions
ⓥ parmi lesquelles on remarque des draperies ocre-jaune, deux petits gours et surtout de très fines stalactites blanches pendant des plafonds. Dans les premières salles parcourues, on est frappé par l'étonnante blancheur des concrétions formées de calcite presque pure et très brillante. Des peintures préhistoriques exécutées à l'oxyde de manganèse remontant à la période aurignacienne *(p. 18 à 21)* décorent les parois de certaines salles. Les coulées de calcite qui les recouvrent par endroits en authentifient l'ancienneté.

Prendre le D 82 à droite puis le D 707 qui ramène à St-Jean-de-Côle.

Thiviers. — 4 215 h. *7,5 km à l'Est par le D 707.* Petite ville active dont les marchés et les foires (foies gras, volailles grasses et truffes) sont célèbres dans toute la région. Le château de Vaucocour, de style gothico-Renaissance, maintes fois restauré, dresse ses tours et ses tourelles au-dessus de la vallée de l'Isle.

★ ST-LÉON-SUR-VÉZÈRE

391 h.

Carte Michelin n° 🔲 Nord-Ouest du pli 17 — Schéma p. 83.

Bâti dans une boucle pittoresque de la Vézère, ce charmant village noyé dans la verdure possède une des plus belles églises romanes du Périgord et deux châteaux.

CURIOSITÉS

★ **Église.** — Elle faisait partie d'un prieuré conventuel bénédictin fondé au 12ᵉ s. qui dépendait de l'abbaye de Sarlat. L'édifice a été élevé sur les restes d'une villa gallo-romaine dont on aperçoit les vestiges d'un mur du côté de la Vézère.
De la place, l'abside, les absidioles parfaitement lisses et le beau clocher carré à deux étages d'arcatures forment un ensemble parfaitement équilibré. Le tout est coiffé de lourdes lauzes calcaires du Périgord Noir.
A l'intérieur la croisée du transept est voûtée d'une coupole tandis que les croisillons communiquent avec la nef par d'étroits passages. L'abside et l'absidiole Sud sont décorées de quelques éléments de fresques romanes à dominante rouge.

(Photo D. Cauchoix/Pix)
St-Léon-sur-Vézère. — L'église.

Château de la Salle. — Situé sur la place, ce petit château en pierres sèches présente un beau donjon carré du 14ᵉ s. couronné de mâchicoulis.

Château de Clérans. — Cette élégante construction des 15ᵉ et 16ᵉ s., flanquée de tours et de tourelles à mâchicoulis, se dresse au bord de la Vézère.

Chapelle du cimetière. — Également couverte de lauzes, cette petite chapelle du 14ᵉ s. servait de lanterne des morts.

ST-MARTIN-DE-GURÇON

526 h.

Carte Michelin n° 75 Nord du pli 13.

Situé à la limite du Périgord et de la Guyenne dans le pays de Gurçon, St-Martin possède une église intéressante.

Église — Sa belle façade de style saintongeais date du 12ᵉ s. Le portail sans tympan s'ouvre sous cinq voussures lisses retombant sur dix colonnes aux chapiteaux sculptés d'oiseaux et de monstres. Au-dessus une arcature, composée de sept arcs en plein cintre reposant sur des colonnettes, est bordée d'une moulure décorée de têtes surmontée d'une belle corniche à modillons sculptés.

A l'intérieur, la troisième travée est recouverte d'une coupole ovoïde.

EXCURSION

Montpeyroux. — *10 km.* — *1/2 h. Quitter St-Martin par le D 33.*
Cette excursion traverse le pays de Gurçon, région plate, où pousse la vigne, dominée par des buttes couronnées de tables calcaires.

Carsac-de-Gurson. — Entouré de vignobles, ce village possède une église dont la façade romane présente toutes les caractéristiques du style saintongeais *(voir p. 56)*.

Poursuivre vers Villefranche-de-Lonchat, puis tourner à gauche dans le D 32 et de nouveau à gauche dans une petite route qui passe au pied du château de Gurson.

Château de Gurson. — Campé sur une butte, le château dresse quelques vestiges de ses fortifications. Ce château avait été donné par Henri III d'Angleterre, duc d'Aquitaine à son sénéchal Jean de Grailly. Il fut reconstruit au 14ᵉ s.
Au pied de la butte un plan d'eau a été aménagé.

Après le château, tourner à droite puis à gauche dans le D 10.

Montpeyroux. — 318 h. La butte de Montpeyroux est couronnée par un ensemble de bâtiments comprenant une église et un château. De son extrémité une belle vue s'offre sur la région, les maisons basses se dispersant au milieu du vignoble.
L'**église** romane, entourée du cimetière, présente une façade saintongeaise rappelant celle de St-Martin-de-Gurçon. Remarquer la très belle corniche à modillons sculptés courant le long de l'abside revêtue de neuf arcs d'appliques.
A côté un élégant château des 17ᵉ et 18ᵉ s. se compose d'un logis flanqué de deux pavillons en équerre cantonnés de tours rondes. Chaque ouverture est surmontée d'un œil-de-bœuf.

ST-PRIVAT

702 h.

Carte Michelin n° 75 Ouest du pli 4 — Schéma p. 78.

Appelé aussi St-Privat-des-Prés, ce village, situé aux confins du Périgord et des Charentes, possède une belle église romane qui appartenait autrefois à un prieuré bénédictin du 12ᵉ s. dépendant de l'abbaye d'Aurillac.

★**Église.** — Sa façade occidentale est très influencée par l'art roman saintongeais. Elle présente un élégant portail comprenant neuf voussures en plein cintre et une archivolte sculptée de dessins géométriques, le tout surmonté d'une arcature aveugle. Sur les façades latérales, des arcs encadrent chacun une étroite fenêtre. Sur le haut des murs des vestiges de créneaux subsistent.
En pénétrant dans l'église, remarquer l'épaisseur du mur de la façade dans lequel a pu être aménagé un couloir de défense.
La nef de trois travées et ses deux collatéraux très étroits sont voûtés en berceau brisé sur doubleaux.
La croisée du transept est couverte d'une coupole postérieure à la construction de l'église. L'abside en hémicycle voûtée en cul de four est encadrée de petites chapelles. A l'entrée, beau baptistère roman.

◉**Centre d'art et traditions populaires du pays de Dronne et de Double.** — Situé à côté de l'église, ce musée réunit de nombreux objets évoquant la vie traditionnelle dans cette région. Une épicerie ancienne a été reconstituée ainsi que des ateliers d'artisans, les éléments d'une école du début du siècle, l'installation d'un coiffeur-parfumeur, des vêtements, des outils...

ST-ROBERT

371 h. (les St-Robertois)

Carte Michelin n° 75 Est du pli 7 (5 km au Nord-Ouest d'Ayen).

Face à un paysage caractéristique des pays de la Dordogne avec ses peupliers et ses noyers, c'est une jolie bourgade qui occupe dans cette région de collines une situation agréable. Sa grand-place, ses robustes maisons de pierre blanche couvertes d'ardoises et son église servirent de cadre au feuilleton télévisé « Des grives aux loups » tiré du roman de Claude Michelet qui lui-même vit dans cette région.
De la terrasse de la mairie : **vue** sur le chevet de l'église et les environs.

★**Église.** — De l'édifice construit au 12ᵉ s. ne subsistent que le transept, dont la croisée supporte un clocher octogonal, et le chœur, de belles proportions. La tourelle et la tour carrée qui flanquent le chevet sont les témoins du système de défense ajouté au 14ᵉ s.
Le chœur, éclairé par des fenêtres hautes, est séparé du déambulatoire par six colonnes surmontées d'intéressants chapiteaux historiés ; ceux qui sont accolés au mur du déambulatoire sont de facture plus archaïque ; remarquer les deux vieillards se tirant la barbe.
A gauche, est placé un **Christ** en bois de l'école espagnole du 13ᵉ s.

STE-FOY-LA-GRANDE

Carte Michelin nº 75 plis 13, 14.

Alphonse de Poitiers, frère de Saint-Louis, fonda cette bastide *(voir p. 32)* en 1255 sur la rive Sud de la Dordogne.

C'est aujourd'hui un marché régional de fruits, de fleurs, de tabac et un centre vinicole où règne l'animation des villes commerçantes.

Ste-Foy est la patrie des chirurgiens **Paul Brocq** (1824-1880), fondateur de l'école d'anthropologie, et **Jean-Louis Faure** (1863-1944), initiateur de techniques nouvelles, ainsi que celle des frères Reclus.

Les frères Reclus. — Le plus célèbre **Élisée** (1830-1905) a rédigé une Géographie universelle, œuvre monumentale. Il dut quitter la France en 1851 pour ses idées républicaines tout comme son frère aîné **Élie** (1827-1904), écrivain qui vécut surtout en Belgique. **Onésime** (1837-1914) et **Armand** (1843-1927) parcoururent l'un l'Afrique, l'autre l'Amérique latine et publièrent plusieurs ouvrages. Enfin le dernier **Paul** (1847-1914), chirurgien renommé, donna son nom à la maladie de Reclus.

La ville. — La place de la Mairie (place Gambetta) entourée de couverts et les nombreuses maisons anciennes médiévales, Renaissance, 17ᵉ s., qui bordent les rues alentour, donnent un cachet ancien à la ville dominée par la haute flèche (62 m) de l'église néo-gothique.

Signalons dans la rue de la République au nº 53 une maison flanquée d'une jolie tourelle d'angle, au nº 94 une demeure du 15ᵉ s. à pans de bois sculptés et, au nº 102, une autre tourelle d'angle.

Les quais paisibles de la Dordogne, au pied de ce qui subsiste des remparts, invitent à la flânerie.

SALIGNAC-EYVIGNES

Carte Michelin nº 75 plis 17, 18 — Schéma p. 112.

Au flanc d'une colline sur laquelle s'accroche le village, non loin de la vallée de la Dordogne, se dresse, bâti sur le roc, l'imposant château de Salignac.

Château. — Du D 60, à l'Est du bourg, on a une belle vue d'ensemble de cette forteresse médiévale qui appartient toujours à la famille dont est issu l'archevêque de Cambrai, François de Salignac de la Mothe-Fénelon *(voir p. 63)*. Bâti du 12ᵉ au 17ᵉ s., le château est encore flanqué de sa ceinture de remparts. Le corps de logis, égayé de fenêtres à meneaux, est encadré de tours rondes et carrées. Les tons chauds de la pierre, les beaux toits de lauzes mettent cet ensemble en valeur.

Par un escalier à vis Renaissance on visite plusieurs pièces dotées d'un mobilier intéressant, surtout d'époque Renaissance et Louis XIII.

★★ SARLAT

Carte Michelin nº 75 pli 17 — Schémas p. 75, 77 et 112 — Lieu de séjour.

Au cœur du Périgord Noir, Sarlat-la-Canéda est bâtie dans une dépression ceinturée de collines boisées. Elle offre la physionomie d'une petite ville de marchands et de clercs, sous l'Ancien Régime, avec ses rues étroites qui ont conservé leur allure médiévale, ses hôtels gothiques et Renaissance restaurés, son célèbre marché du samedi où se négocient toujours les volailles, les grains, les noix, les foies gras et les truffes.

UN PEU D'HISTOIRE

De l'abbaye à l'évêché. — Sarlat s'est développée autour d'une abbaye bénédictine fondée au 9ᵉ s. qui avait reçu sous Charlemagne les reliques de saint Sacerdos, évêque de Limoges, et de sa mère sainte Mondane.

Les abbés étaient tout puissants jusqu'au 13ᵉ s. qui vit la décadence de l'abbaye plongée dans des luttes intestines aux épisodes parfois sanglants : ainsi en 1273, lors d'un office, l'abbé fut soudain terrassé par une flèche décochée par un moine.

En 1299, un acte d'affranchissement « le livre de la Paix » signé par la commune, l'abbaye et le roi préservait le rôle de seigneur de l'abbé mais donnait aux consuls tous les pouvoirs concernant l'administration de la ville.

En 1317, le pape Jean XXII, partageant l'évêché de Périgueux, proclame Sarlat siège épiscopal d'un territoire dont les limites s'étendent bien au-delà du Sarladais. L'abbatiale devient cathédrale et les moines constituent le chapitre.

L'âge d'or de Sarlat. — Le 13ᵉ s. et le début du 14ᵉ s. avaient été une période prospère pour cette ville de foires et de marchés, mais la guerre de Cent Ans l'avait ruinée, la laissant exsangue et dépeuplée. Le roi Charles VII pour la remercier de sa fidélité, de son âpre défense contre les Anglais (auxquels elle avait été cependant cédée par le traité de Brétigny en 1360), lui accorda de nombreux privilèges dont l'attribution de nouveaux revenus et l'exemption de certaines taxes. Les Sarladais se mirent aussitôt à reconstruire leur ville et entre 1450 et 1500 édifièrent la plupart des hôtels, qui font aujourd'hui la fierté de Sarlat. Les magistrats, les clercs, l'évêque et les dignitaires du chapitre, les marchands formaient une bourgeoisie aisée importante à laquelle s'ajoutaient des hommes de lettres comme Étienne de La Boétie.

Un ami si fidèle. — Né à Sarlat en 1530, **Étienne de La Boétie**, dont la maison natale nous a été conservée, devait s'illustrer par plus d'un trait : magistrat brillant au Parlement de Bordeaux, écrivain passionné (il n'avait que 18 ans lorsqu'il composa son « Discours sur la servitude volontaire » ou « Contr'un », vibrant appel à la liberté, dont J.-J. Rousseau s'inspira dans le « Contrat Social »), il était aussi traducteur des auteurs grecs et poète délicat. La Boétie se lia avec **Michel de Montaigne** d'une amitié qui ne se démentit jamais. Quand il mourut prématurément en 1563, Montaigne était au chevet de son ami, qui lui inspira le fameux chapitre sur l'Amitié, dans lequel il donne cette formule admirable : « Si on me presse de dire pourquoi je l'aimais, je sens que cela ne se peut exprimer qu'en répondant : parce que c'était lui, parce que c'était moi… »

Architecture sarladaise. — Le vieux Sarlat a été coupé en deux par la Traverse (ou rue de la République) artère percée au 19e s. qui sépare le quartier Ouest plus populaire et le quartier Est plus raffiné.

Les maisons frappent par leur architecture : leurs cours intérieures, l'appareillage et la qualité de leurs pierres de taille choisies dans un beau calcaire ocre blond. Leurs couvertures traditionnelles de lauzes calcaires maçonnées et lourdes exigent une charpente pentue pour que le poids énorme (500 kg/m²) repose sur les murs très épais. La plupart des maisons ont été exhaussées au cours des siècles et présentent un rez-de-chaussée médiéval, un étage gothique rayonnant ou Renaissance, des faîtages et des lanternons classiques.

Restauration. — Cet ensemble préservé des adjonctions du modernisme des 19e et 20e s. grâce à son isolement par rapport aux grandes voies de communication, fut choisi en 1962 comme l'une des opérations pilotes pour la sauvegarde des vieux quartiers (avec Rouen, le Marais à Paris, Colmar et Uzès). La grande restauration engagée en 1964 a permis de raviver le charme de cette petite ville.

★★ LE VIEUX SARLAT
visite : 1 h 1/2

Partir de la place du Peyrou.

★ **Maison de La Boétie** (Z). — Construite en 1525 par Antoine de La Boétie, lieutenant criminel de la sénéchaussée de Sarlat, elle a vu naître Étienne de La Boétie. Au rez-de-chaussée un large arc abritait autrefois une échoppe.

Au-dessus, deux étages de style Renaissance italienne sont percés de larges baies à meneaux encadrées de pilastres à médaillons et à losanges. Les rampants du pignon très aigu sont ornés de choux frisés. Dans la partie gauche de la maison, la toiture de lauzes est percée d'une lucarne à la décoration luxuriante.

A gauche de la maison s'ouvre le passage Henri-de-Ségogne *(voir p. 137).*

Ancien évêché (Z T). — A droite de la cathédrale St-Sacerdos, la façade de l'ancien évêché montre de grandes fenêtres à meneaux gothiques au premier étage et au-dessus une galerie supérieure Renaissance italienne qui fut ajoutée par l'évêque italien Nicolo Goddi, ami de la reine Catherine de Médicis.

L'intérieur a été transformé en théâtre.

Cathédrale St-Sacerdos (Z). — Une église St-Sacerdos avait été construite à cet emplacement au 12e s. En 1504 l'évêque Armand de Gontaut-Biron entreprend la démolition de l'édifice pour reconstruire une cathédrale plus importante. Mais il part de

(Photo Meauxsoone/Pix)

Sarlat. — Maison de La Boétie.

Sarlat en 1519 et les travaux sont abandonnés pendant plus d'un siècle.

L'église actuelle élevée aux 16e et 17e s. a conservé la souche romane de la tour de façade qui présente un premier étage à arcatures aveugles et un deuxième étage à baies ouvertes. Le troisième étage est une adjonction du 17e s.

L'intérieur frappe surtout par ses heureuses proportions et son élévation. Parmi le mobilier on remarquera une tribune du 18e s. supportant des orgues de Clicquot (célèbre famille de facteurs d'orgues des 17e et 18e s., d'origine rémoise).

Sortir par le portail latéral droit.

D'une première cour, sur laquelle s'ouvre la **chapelle des Pénitents bleus** (12e s.), vestige de l'abbaye bénédictine *(voir p. 134)* d'une architecture romane très pure, on découvre le flanc de la cathédrale avec ses arcs-boutants, ses chapelles entre les contreforts, le bulbe à lanternon du clocher.

Passer dans la **cour des Fontaines,** puis, à gauche, dans la **cour des Chanoines** (3) fermée au Nord par la chapelle des Pénitents. Contourner la chapelle par la droite pour atteindre le chevet de la cathédrale, appuyé à des bâtiments à toitures de lauzes.

Ancien cimetière (Z). — Les travaux pratiqués au pourtour du chevet ont permis de remettre en valeur les enfeus funéraires creusés dans le mur de soutènement et d'aménager un cimetière-jardin en terrasses en utilisant les pierres tombales du 12e au 15e s. retrouvées dans les déblais.

Lanterne des morts (Z). — Construite à la fin du 12e s., cette énigmatique tour cylindrique, surmontée d'un cône terminal décoré de quatre bandeaux, compte deux salles. L'une au rez-de-chaussée, couverte d'une voûte bombée supportée par six arcs d'ogive et l'autre dans la partie conique qui était inaccessible à un homme.

De nombreuses hypothèses ont été émises à son sujet : tour élevée pour commémorer le passage de saint Bernard en 1147 — celui-ci avait béni des pains qui guérirent miraculeusement les malades —, lanterne des morts — mais l'on ne comprend pas comment la lanterne pouvait être éclairée puisque la salle du haut était inaccessible — ou peut-être chapelle funéraire.

Du jardin aménagé à côté de la lanterne des morts, belle **vue** sur le chevet de la cathédrale et les différentes cours.

(Photo J. D. Sudres/Scope)

Sarlat. — La lanterne des Morts.

> *Prendre la petite rue en face du jardin.*

Au coin de l'impasse où se trouve l'ancien relais de poste et de la rue d'Albusse, se dresse l'**hôtel de Génis** (B), édifice sobre et massif du 15e s., dont l'étage en encorbellement est supporté par sept corbeaux de pierre.

> *Prendre la rue d'Albusse et tourner à droite dans la rue du Présidial.*

Présidial (Y). — C'était l'ancien siège de la justice royale créé par Henri II en 1552. Le bâtiment que l'on aperçoit à travers la grille montre une façade du 16e s. couverte d'un lourd toit de lauzes. Au centre deux baies superposées sont surmontées d'un lanternon octogonal, à toit en cloche contrebuté par des béquilles, ajouté au 17e s.

> *Revenir sur ses pas et poursuivre par la rue de la Salamandre.*

Hôtel de Grézel (Y). — Édifié à la fin du 15e s., il présente une façade à colombage à laquelle est accolée une tour noble à la belle porte en accolade de style gothique flamboyant.

Plus bas, une perspective s'offre sur des toits de lauzes dont les pans gauchis témoignent de la maîtrise des charpentiers et des couvreurs.

Place de la Liberté (Y). — Place centrale de Sarlat où les terrasses de café sont très animées, elle est bordée à l'Est par l'**hôtel de ville (H)** du 17e s., et au Nord par l'**ancienne église Ste-Marie (D)** mutilée et désaffectée dont le chœur a été démoli créant l'espace occupé aujourd'hui en été par la scène du festival de théâtre de Sarlat. Derrière cet espace s'élève « en toile de fond » l'**hôtel de Gisson** (16e s.) se composant de deux corps de bâtiments soudés par une tour d'escalier hexagonale au remarquable toit pointu couvert de lauzes.

★**Place des Oies** (Y). — Lors du marché du samedi, cette place est réservée aux négociations concernant les oies.
Elle offre un beau décor architectural de tourelles, clochetons et escaliers d'encoignure.

★**Rue des Consuls** (Y 4). — Les hôtels de cette rue forment un ensemble extrêmement intéressant d'architecture sarladaise du 14e au 17e s.

Hôtel de Vassal (Y). — Situé à l'angle de la place des Oies, cet hôtel du 15e s. présente deux bâtiments en équerre flanqués d'une double échauguette.

★**Hôtel Plamon** (Y). — Appartenant à une famille de drapiers, les Selves de Plamon, dont le nom apparaît encore sur l'écu du fronton triangulaire du premier portail, ce groupe de bâtiments construits à différentes époques présente le grand intérêt de montrer les styles qui se sont succédé à Sarlat.
Ainsi le rez-de-chaussée du 14e s. s'ouvre par deux grandes arcades ogivales. Au premier étage les trois baies gothiques sont ornées d'un remplage gothique rayonnant. Les fenêtres à meneaux du deuxième étage sont postérieures (15e s.).
A gauche de ce bâtiment la tour de Plamon fort étroite a été percée de fenêtres de plus en plus petites vers le haut de façon à donner une ligne de fuite.
Au tournant de la rue répond un balcon arrondi, en avancée, monté sur une trompe.
Pénétrer dans la cour intérieure de l'hôtel et admirer un très bel **escalier★** en bois, à balustres, du 17e s.

> *Faire demi-tour.*

Fontaine Ste-Marie (Y). — Située face à l'hôtel de Plamon, elle s'épanche sous la voûte fraîche d'une grotte.

Prendre la rue Albéric-Cahuet. Sur une petite place, emprunter à gauche le passage voûté traversant l'hôtel de Maleville.

★**Hôtel de Maleville** (Y). — Il est aussi connu sous le nom d'hôtel de Vienne car il appartint d'abord à Jean de Vienne, Sarladais né dans une famille pauvre en 1557, qui après une ascension sociale remarquable devint surintendant des finances de Henri IV. Plus tard cet hôtel fut racheté par la famille de Maleville dont est issu le juriste Jacques de Maleville *(voir p. 71).*
Cet hôtel fut agencé au milieu du 16ᵉ s. en résidence noble à partir de trois maisons plus anciennes. Le pavillon central, très haut et étroit, qui fait office de tour noble, est précédé d'une terrasse sous laquelle s'ouvre l'arc de la porte d'entrée surmonté de médaillons représentant Henri IV et Marie de Médicis. Il se soude à l'aile gauche par un pan coupé flanqué d'une tourelle en encorbellement. L'aile droite sur la place de la Liberté se termine par un pignon dont l'élévation rappelle celle de la maison de La Boétie mais dans un style Renaissance plus évolué avec ses baies inscrites entre les colonnettes sous entablement ou fronton. *(Le syndicat d'initiative y est installé).*

Prendre la ruelle à droite de l'hôtel de Maleville puis à gauche le passage Henri-de-Ségogne.

Passage Henri-de-Ségogne (Z 21). — Aménagé entre l'hôtel de Maleville et la maison de La Boétie, ce passage permet de « trabouler » à la lyonnaise en passant successivement sous un arc, dans un couloir, puis sous une voûte.
De pittoresques constructions à colombage ont été restaurées. En été de nombreux artisans y vendent leur production.

AUTRES CURIOSITÉS

Quartier Ouest. — Le quartier situé à l'Ouest de la Traverse est sillonné de ruelles tortueuses et déclives où certaines maisons font l'objet de restaurations tandis que d'autres doivent être démolies pour des raisons de salubrité.

Rue des Trois-Conils (« des Trois Lapins ») (Z 22). — Elle se coude au pied d'une maison flanquée d'une tour ayant appartenu à des consuls apparentés à la famille La Boétie.

Tour du Bourreau (Z). — Cette tour qui faisait partie des remparts de la ville date de 1580.

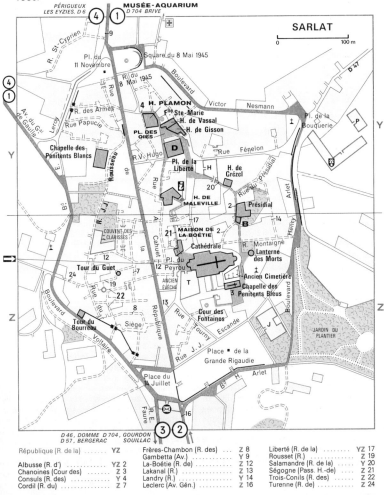

Tour du Guet (Z). — Imbriquée dans des immeubles, elle est couronnée par des mâchicoulis du 15ᵉ s. et flanquée d'une tourelle en encorbellement.

Rue Jean-Jacques-Rousseau (Y). — Elle traverse un quartier secret d'anciens couvents et de jardins clos. A l'angle de la rue de La Boétie une échauguette signale le **couvent Ste-Claire,** vaste bâtiment du 17ᵉ s. en retour d'équerre.

Chapelle des Pénitents Blancs (Y). — 17ᵉ s. Elle s'ouvre par un portail classique à quatre colonnes. Le local, ancienne chapelle du couvent des Récollets, est occupé par un **musée d'Art sacré.** La majorité des objets exposés datent des 16ᵉ et 18ᵉ s. On remarque plusieurs Pietà (dont une du 17ᵉ s. dans un coffret vitré), un tabernacle du 16ᵉ s. en bois polychrome, de magnifiques éléments de retables baroques en bois et surtout une belle statue représentant un ange adorateur.

★**Musée-aquarium.** — *Accès par l'avenue Gambetta puis suivre la signalisation.*

Cette réalisation originale a pour but de présenter le bassin hydrographique de la Dordogne et tout ce qui s'y rattache : pêche, navigation, aménagement des barrages, etc. Une trentaine d'espèces de poissons d'eau douce de la région évoluent dans de vastes aquariums. Les espèces migratrices : saumons de l'Atlantique, lamproies marines, aloses... voisinent avec les sédentaires : brochets, perches, ablettes, barbeaux, etc.

Les techniques de pêche sont expliquées sur des panneaux et illustrées par la présentation d'une gabare (barque de pêche), de filets, de nasses... La technique la plus originale était la pêche à la senne, immense filet qui barrait la rivière sur toute sa largeur et permettait des pêches miraculeuses au moment des grandes migrations. Celle-ci a pratiquement disparu avec la diminution des poissons migrateurs gênés dans leur remontée de la Dordogne par l'aménagement des barrages.

Un film montre les expériences, en cours, de captage, d'échelles à poissons sur les barrages, pour essayer de réhabiliter les espèces migratrices. D'autres films et montages audio-visuels complètent cette présentation de la vie fluviale.

EXCURSIONS

Temniac. — *3 km au Nord. Suivre la route vers l'hôpital puis tourner à gauche. Description p. 113.*

Château de Puymartin. — *9 km au Nord-Ouest. Quitter Sarlat par ④ du plan D 47, puis une petite route à droite signalée. Description p. 120.*

*Dans le **guide Michelin Camping Caravaning France** de l'année*
vous trouverez les commodités et les distractions offertes par de nombreux terrains :
magasins, bars, restaurants, laverie, salle de jeux, tennis,
golf miniature, jeux pour enfants, piscines... etc.

SORGES

911 h. (les Sorgeais)

Carte Michelin n° 75 pli 6 — Lieu de séjour.

Sur la route de Périgueux à Limoges, non loin de la vallée de l'Isle, sur la pente douce des plateaux qui montent du Périgord Blanc vers le Nontronnais, Sorges est un bourg agréable, connu au début du siècle pour sa production de truffes.

Église. — C'est un édifice roman à coupole avec un puissant clocher carré à baies jumelées ; elle possède un beau portail Renaissance.

Maison de la Truffe. — La récolte des truffes est une ressource importante du Périgord *(voir p. 15).* Un musée didactique fort bien installé dans les locaux du syndicat d'initiative illustre cette activité au moyen de tableaux, de cartes, de photos, de films et même de textes littéraires. Il apprend au visiteur l'histoire de la truffe, ses différentes espèces, ses terrains d'élection et ses arbres-hôtes, les méthodes de recherche, et donne un aperçu de la place de ce champignon dans l'économie et la gastronomie. Un parcours pédestre « À la découverte des truffières » a été aménagé à 2 km de Sorges.

★ SOUILLAC

4 062 h. (les Souillagais)

Carte Michelin n° 75 pli 18 — Schémas p. 74, 75 et 90 — Lieu de séjour.

Au confluent de la Corrèze et de la Dordogne, au centre d'une région fertile qui contraste par sa richesse avec la pauvreté des causses de Martel et de Gramat, Souillac, traversée par la N 20, est une petite ville commerçante et touristique qui, au 13ᵉ s., grandit autour d'une abbaye dépendant du monastère bénédictin d'Aurillac.

Quand les Bénédictins s'installent dans la plaine de Souillès — ainsi nommée d'un mot local « souilh » signifiant lieu marécageux où se vautraient les sangliers — ils remplacent une communauté fondée là par saint Éloi. Les moines assèchent sans relâche et transforment le marécage en un riche domaine. Plusieurs fois ruinée et saccagée par les Anglais au cours de la guerre de Cent Ans, l'abbaye se relève grâce à la ténacité des abbés, mais les guerres de Religion lui causent encore de plus grands dommages : en 1562, des bandes protestantes pillent le monastère ; dix ans plus tard, les bâtiments conventuels sont la proie des flammes, seule l'église, bien protégée par ses coupoles, échappe à l'incendie. Reconstruite au 17ᵉ s. et rattachée alors à la Congrégation de St-Maur, l'abbaye cesse d'exister à la Révolution.

ANCIENNE ÉGLISE ABBATIALE *visite : 1/2 h*

Partir de la place de l'Abbaye d'où l'on peut admirer d'abord le joli chevet roman, orné d'arcatures et de baies en plein cintre.

Placée sous le vocable de sainte Marie, l'abbatiale remplace l'ancienne église paroissiale détruite lors des guerres de Religion et dont ne subsiste qu'un important clocher mutilé : le Beffroi. Construite à la fin du 12e s., elle s'apparente aux cathédrales romanes byzantines de Périgueux, Angoulême et Cahors, mais elle est plus évoluée dans la légèreté de ses piles et l'élévation de ses grandes arcades que celle de Cahors qui lui servit d'exemple.

Elle comprend un large vaisseau surmonté de trois hautes coupoles sur pendentifs. A gauche dans la première travée se trouve un polyptyque du 16e s. peint sur bois : les Mystères du Rosaire, et dans la deuxième une grande toile de Chassériau : le Christ au jardin des Oliviers.

★ **Revers du portail.** — Cette magistrale composition est constituée par les restes de l'ancien portail qui, endommagé par les protestants, a été placé à l'intérieur de la nef au 17e s.

Au-dessus de la porte, on voit, entouré des statues de saint Pierre, à droite, et de saint Benoît, à gauche, un bas-relief relatant les épisodes de la vie du moine Théophile, diacre d'Adana en Cilicie. Un nouvel abbé, trompé par des rapports mensongers, enlève à Théophile sa charge d'économe du monastère ; celui-ci, de dépit, signe un pacte avec le diable pour retrouver ses fonctions (à gauche). Revenu de ses erreurs, Théophile fait pénitence et implore la Sainte Vierge (à droite) qui lui apparaît, accompagnée de saint Michel et de deux anges qui lui font cortège, pendant son sommeil et lui rapporte le pacte où elle montre qu'elle a fait annuler sa signature et obtenu son pardon. Le pilastre de droite, qui primitivement constituait le trumeau du portail, est d'une très grande richesse de décoration : son côté droit dépeint la concupiscence aux divers âges de la vie. Sur sa face principale s'enlacent et s'entredévorent des animaux monstrueux. Son côté gauche annonce la rémission du péché par le sacrifice d'Isaac. La main d'Abraham est retenue par l'envoyé de Dieu.

Souillac.
Le prophète Isaïe.

De chaque côté de la porte, se détachent dans des poses audacieusement décoratives, les admirables bas-reliefs représentant le prophète **Isaïe**★★ (à droite) saisissant d'expression et le patriarche Joseph (à gauche).

Sous le narthex s'étend une crypte abritant des sarcophages rustiques.

★ THOT (Centre d'initiation à la préhistoire du)

Carte Michelin nº 75 Sud du pli 7 (7 km au Sud de Montignac) — Schéma p. 142.

Ⓥ Créé en 1972, ce centre d'initiation à la préhistoire est situé sur la colline du Thot dominant la vallée de la Vézère.

Dans un bâtiment moderne, aux vastes salles d'exposition, un film présente, dans leur cadre naturel, les animaux qui vivaient au paléolithique ; un montage audio-visuel décrit l'art préhistorique à travers les grottes de Niaux dans l'Ariège, d'Altamira en Espagne, du Pech-Merle dans le Lot et de Lascaux *(p. 105)* ; des photographies géantes et des moulages évoquent divers aspects de l'art pariétal ; une maquette situe la période préhistorique dans l'histoire des civilisations.

Des panneaux expliquent la réalisation du fac-similé de Lascaux *(p. 106)* et un moulage reproduit la curieuse scène de la salle du puits à Lascaux, montrant un bison chargeant un homme représenté schématiquement tandis qu'un rhinocéros s'éloigne.

De la terrasse qui prolonge le bâtiment, une belle **vue** s'offre sur les paysages cultivés de la vallée de la Vézère et la colline boisée de Lascaux.

Dans le **parc** vivent les animaux le plus souvent représentés par l'homme de la préhistoire : des cerfs, des mouflons, des chevaux tarpan, des bisons d'Europe, des chevaux de Prejwalski.

TOURTOIRAC   756 h. (les Tourtoiracois)

Carte Michelin nº 75 pli 7.

Ce bourg, niché dans la verdure sur les bords de l'Auvézère, fut au 12e s. le siège d'une abbaye royale. Le cimetière abrite le tombeau d'un personnage extraordinaire.

Antoine Orélie de Tounens, roi d'Araucanie et de Patagonie. — Né en Périgord en 1825, Antoine Orélie de Tounens n'est en 1858 qu'un obscur avoué de Périgueux quand brusquement le désir d'un destin hors mesure s'empare de lui. Persuadé qu'un homme audacieux s'imposerait aux tribus peu évoluées d'Amérique du Sud et parviendrait à créer un royaume puissant, en marge du Chili et de l'Argentine, il emprunte une somme importante et s'embarque pour le Chili. Accueilli par les Indiens comme un libérateur, il est proclamé roi d'Araucanie, en 1860, sous le nom d'Orélie-Antoine Ier, lève une armée, promulgue une constitution. Le Chili s'inquiète, envoie une force de police, fait arrêter et emprisonner le « Libertador ». Rapatrié en France, notre monarque ne perd pas courage, rassemble les fonds nécessaires pour une seconde expédition et en 1869 débarque secrètement en Patagonie. Après une extraordinaire équipée, il est de nouveau rapatrié. Deux autres tentatives sont également vouées à l'échec et en 1878 il meurt à Tourtoirac, où il s'est retiré.

Abbaye. — Les vestiges de cette ancienne abbaye bénédictine, fondée au 11e s., se dressent dans le jardin du presbytère. A droite, une petite chapelle prieurale voûtée en berceau et munie d'échéas (sorte d'amphores encastrées dans la maçonnerie et servant à améliorer l'acoustique), juxtapose le four à pain des moines et le chemin de ronde.

De l'ancienne abbatiale de plan tréflé, seul subsiste le transept surmonté d'un puissant clocher carré, l'abside ayant été détruite à la Révolution. Remarquer les beaux chapiteaux sculptés du début du 12e s. et la coupole sur pendentifs. La nef, très remaniée, est rendue au culte. Sous le presbytère a été mise au jour la salle capitulaire ornée de remarquables chapiteaux romans, jumelés, et donnant sur les restes du cloître.

★ TURENNE
718 h. (les Turennois)

Carte Michelin nº 75 Sud-Est du pli 8 — Schéma p. 55.

« Pompadour pompe, Ventadour vente, Turenne règne », ce vieux dicton caractérise bien la fière capitale de l'ancienne « vicomté », dressant aujourd'hui autour des ruines de son château le pittoresque amphithéâtre de ses maisons.

UN PEU D'HISTOIRE

Petite ville, grand passé. — Dès le 11e s. une forteresse couronne la butte témoin, détachée du causse de Martel. Au 15e s., Turenne a sous sa dépendance le tiers du Bas-Limousin, le Haut-Quercy et le Sarladais, soit 1 200 villages et bon nombre d'abbayes. La vicomté jouit alors d'enviables privilèges : tout comme le roi de France, les vicomtes agissent en véritables souverains, anoblissant à leur guise, créant offices et consulats, battant monnaie, levant les impôts.

Les La Tour d'Auvergne. — C'est la famille de La Tour d'Auvergne qui a rendu célèbre le nom de Turenne. Au 16e s., Henri de La Tour d'Auvergne est le chef des huguenots du Limousin et le plus vaillant soutien de la Réforme. Pour récompenser son zélé lieutenant, Henri IV lui fait épouser l'héritière du duché de Bouillon, Charlotte de La Marck ; les Turenne émigrent alors à Sedan, administrant de loin leur vicomté, toujours indépendante. Charlotte meurt trois ans après ce mariage laissant à son mari les titres de duc de Bouillon et de prince de Sedan. Celui-ci se remarie avec Élizabeth de Nassau dont il aura huit enfants. Son fils cadet, qui se nomme aussi Henri, deviendra le Grand Turenne. Mais c'est l'aîné Frédéric-Maurice qui hérite de la vicomté. Il y reçoit en 1650 la princesse de Condé et son fils le duc d'Enghien. La rencontre entre ces deux partisans de la Fronde fut l'objet de telles magnificences qu'elle resta célèbre sous le nom de « semaine folle de Turenne » et qu'il fallut prélever deux années d'impôts pour rembourser les dépenses occasionnées.

« Heureux comme les vicomtins ». — Ce dicton illustre la vie paisible et aisée des habitants de la vicomté qui coulaient des jours heureux dans leur petit État. Ils étaient dispensés des tailles qui pesaient lourdement sur les roturiers français, ce qui rendait leur situation fort enviable.

Cet âge d'or eut une fin : en 1738, le dernier des neuf vicomtes de la dynastie des La Tour d'Auvergne vendit la vicomté à Louis XV pour 4 200 000 livres mettant fin à l'indépendance quasi-totale de ce dernier fief français. Les impôts des vicomtins furent soudain multipliés par dix.

VISITE 1 h 1/2

Il est recommandé de laisser la voiture au pied de la butte sur la place du Foirail afin de découvrir, sur le chemin d'accès au château, les places et les rues bordées de demeures anciennes.

La ville basse. — C'est le quartier du Barry-bas, ancien faubourg de la ville qui s'est développé au pied de la butte.

Sur la **place du Foirail**, l'hôtel Sclafer (**B**) et sa terrasse à l'italienne était la demeure de notaires au 17e s., en face une échoppe du 15e s. ouvre sa grande arcade. La rue du Commandant-Charolles mène à la **place de la Halle**. Les logis tout autour témoignent de la ri-

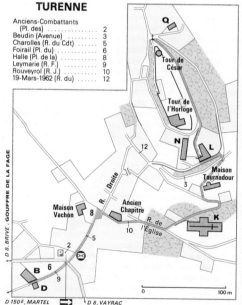

TURENNE

Anciens-Combattants (Pl. des) 2
Beudin (Avenue) 3
Charolles (R. du Cdt) 5
Foirail (Pl. du) 6
Halle (Pl. de la) 8
Leymarie (R. F.) 9
Rouveyrol (R. J.) 10
19-Mars-1962 (R. du) 12

chesse des habitants surtout l'élégante **maison Vachon,** demeure des consuls de Turenne aux 16e et 17e s. Entre deux hôtels l'étroite **rue Droite** s'élève vers le château, bordée de maisons anciennes en encorbellement et d'échoppes. On prend à droite la rue Joseph-Rouveyrol et l'on admire la **maison de l'Ancien Chapitre** dont la tour est décorée d'une belle porte de style gothique flamboyant.

Église (K). — Sa construction fut décidée par Charlotte de La Marck *(voir p. 140)* en 1593, année de la conversion au catholicisme de Henri IV. Celle-ci mourut peu après et c'est la seconde femme de Henri de La Tour d'Auvergne, Élizabeth de Nassau, qui s'occupa de la faire terminer. Elle ne fut consacrée qu'en 1668.

L'édifice, en forme de croix grecque, est curieusement voûté d'une belle mosaïque de pierres jaunes et blanches dessinant des chevrons. Le mobilier des 17e et 18e s. comprend des stalles et surtout un maître-autel surmonté d'un retable en bois sculpté et doré figurant la Passion du Christ. Un décor en trompe-l'œil plus tardif occupe de part et d'autre l'espace entre les colonnes torses.

Juste au-dessus de l'église, un vaste bâtiment, la **maison Tournadour,** était l'ancien grenier à sel de la ville.

La ville haute. — On y pénètre par la **porte fortifiée** de la deuxième des trois enceintes qui protégeaient le château. A droite la maison du Sénéchal **(L)** s'orne d'une élégante tour. À gauche la **chapelle des Capucins (N)** (1644) sert de cadre à des expositions.

En contournant le château par la droite, on peut voir une série de manoirs recouverts de toits d'ardoises et flanqués de tours trapues, solides constructions qui ont des noms parfois évocateurs comme l'ancienne fonderie d'or **(Q).**

Le château. — Il fut démantelé par le roi juste après la réunion de la vicomté à la Couronne. Seules les tours de l'Horloge et de César furent épargnées, occupant chacune une extrémité du promontoire, **site★** remarquable qui était autrefois entièrement couvert par le château et ses vastes corps de logis. Une chapelle s'élevait derrière la tour de l'Horloge.

Tour de l'Horloge. — De cet ancien donjon du 13e s., on ne visite que la salle des gardes voûtée en berceau brisé. Quelques objets évocant le passé de Turenne y ont été rassemblés. Au-dessus se trouve la salle de la monnaie ou salle du trésor.

Tour de César. — Cette tour circulaire à l'appareillage irrégulier semble dater du 11e s. Un escalier permet d'accéder au sommet d'où l'on découvre un vaste **panorama★★** sur la région : au premier plan la vue plonge sur les toits d'ardoises du bourg, au-delà apparaît, par-delà un paysage verdoyant et vallonné, les Monts du Cantal vers l'Est et en plein Sud la vallée de la Dordogne *(Table d'orientation).*

On peut rejoindre la place du Foirail en repassant par la porte fortifiée et en descendant la rue Droite.

EXCURSION

★Gouffre de la Fage. — *7 km au Nord-Ouest par le D 8 et la petite route à gauche vers la Gleyjolle — schéma p. 55.*

Les galeries aménagées se divisent en deux ensembles que l'on parcourt successivement ; l'escalier d'accès emprunte le grand aven qui résulte d'un effondrement de la voûte.

La première partie, à gauche, contient de très belles draperies en forme de méduses, d'une grande richesse de coloris. Dans la salle des orgues, les concrétions sont utilisées comme xylophones. La seconde partie, riche en stalactites et stalagmites, présente une forêt d'aiguilles pendant du plafond.

Dans la dernière salle visitée, des fouilles sont en cours afin de dégager des ossements préhistoriques.

VAREN

909 h. (les Varennois)

Carte Michelin n° 🔲 pli 19 (16 km à l'Est de St-Antonin-Noble-Val) — Schéma p. 127.

Blotti autour de son église romane que protège un important système défensif, le vieux bourg de Varen est installé sur la rive droite de l'Aveyron.

CURIOSITÉS

Pénétrer dans la partie ancienne de la localité par le Sud.

La porte El-Faoure, ancienne porte fortifiée, donne accès à des rues étroites bordées de maisons aux pans de bois garnis de torchis ; leurs étages en encorbellement, leurs toits plats coiffés de tuiles rondes composent un tableau charmant et pittoresque.

Château. — C'est un puissant donjon rectangulaire surmonté d'un chemin de ronde à mâchicoulis et flanqué d'une tourelle en encorbellement. C'est dans ce château que le « seigneur-prieur » de Varen s'enfermait pour braver les décisions de l'évêque de Rodez et faire preuve de la plus complète indépendance. Cette situation prit fin lorsqu'en 1553 le concile de Trente remplaça les moines du prieuré bénédictin par un collège de douze chanoines, plus docile.

★Église St-Pierre. — Construite à la fin du 11e s., elle faisait partie du système défensif de la ville, sa façade servant de mur d'enceinte. La porte latérale a été ouverte en 1758 ; la porte principale fut percée en 1802, après la disparition des fossés. L'ancien portail communiquait avec le bourg par le chevet de l'église, il fut muré au 16e s. ; il en reste deux chapiteaux de facture archaïque représentant saint Michel terrassant le dragon (à gauche) et Samson ouvrant la gueule du lion (à droite).

Un sobre clocher sur plan carré surmonte le chœur plat entre deux absidioles semi-circulaires.

Le bas-côté droit, épaulé par d'énormes arcs-boutants, comporte de nombreuses baies.

Le vaisseau, de style roman très pur, comprend une longue nef aveugle, à neuf travées séparées des bas-côtés par des piles carrées ; le chœur et les absidioles sont ornés d'intéressants chapiteaux à motifs végétaux, entrelacs, animaux affrontés, chérubins encadrant l'arbre de vie, et de stalles du 17e s.

Cette vallée constitue une remarquable voie touristique par la beauté des paysages qu'elle traverse et l'intérêt des témoignages laissés aux environs de Montignac et des Eyzies par les générations d'hommes qui se sont succédé là depuis environ 100 000 ans (voir p. 18 à 21).

LA VÉZÈRE PÉRIGOURDINE
De Brive à Limeuil

108 km — compter 1 journée — schéma ci-dessous

Grossie par la Corrèze, la Vézère qui venait du Nord change brusquement de direction et se dirige vers l'Ouest ; elle coule dans un paysage typiquement périgourdin où les saules, les peupliers et les falaises étrangement sculptées forment un ensemble harmonieux.

Brive-la-Gaillarde. — *Page 53.*

Quitter Brive par ⑥ du plan.

La N 89 traverse le bassin de Brive, domaine des cultures maraîchères et fruitières, et rejoint la Vézère à proximité de St-Pantaléon.
Entre **Larche** et Terrasson, on quitte la vallée par le D 60 qui escalade le plateau.

Chavagnac. — A la limite du causse corrézien et du Périgord, ce village est dominé par un puissant donjon surmonté de corbeaux, vestige du château du 13e s.
L'église du 12e s. a conservé sa coupole.

Le D 63, pittoresque et sinueux, traverse des champs plantés de noyers. Au cours de la descente sur Terrasson, la vigne apparaît sur le flanc des coteaux.

Terrasson-la-Villedieu. — 6 309 h. (les Terrassonnais). Terrasson étage ses quartiers anciens au flanc d'une colline dominant la rive gauche de la rivière, face à la Villedieu. C'est une petite ville active, centre important du marché des truffes et des noix.
L'**église**, bâtie au 15e s. dans la partie haute de la ville ancienne de Terrasson, a subi de nombreuses restaurations. La nef unique, le transept et le chœur sont voûtés d'ogives.
De la terrasse bordant l'église, au Nord, on embrasse du regard le site de Terrasson : à gauche, les toits d'ardoises de la ville haute dégringolent jusqu'à la Vézère qu'enjambent deux ponts ; au loin, au-delà des quartiers de la rive droite, les traditionnelles haies de peupliers bordant la rivière et les plantations de noyers qui alternent avec les cultures font place peu à peu aux habitations. Le Pont Vieux est un ouvrage du 12e s. à avant-becs.

De Terrasson à Condat, où l'on gagne la rive droite, la route suit le creux de la vallée. 3 km après Condat, la rivière se taille un passage entre des versants boisés.

Montignac. — *Page 105.*

De Montignac une petite route mène à Lascaux II et au gisement de Régourdou.

★★**Lascaux II ; Régourdou.** — *Pages 106 et 107.*

De Montignac aux Eyzies, la route longe de près la rivière que bordent de magnifiques peupliers. C'est la section la plus attachante de la vallée. Peu après Montignac, du D 65 on aperçoit, entre les arbres, dominant la Vézère sur la rive opposée, la silhouette du château de Losse.

Ⓥ **Château de Losse.** — Accroché à un rocher surplombant la rive droite de la Vézère, cet élégant édifice du 16e s. émerge d'un séduisant cadre de verdure. Le corps de logis, flanqué d'une tour d'angle ronde, est précédé d'une terrasse ornée d'une balustrade que supporte un bel arc en anse de panier. L'intérieur vaut surtout par la qualité de son mobilier (armoires et coffres italiens du 16e s., meubles Louis XIII) et surtout par ses **tapisseries ;** remarquer la vivacité de couleurs conservée par la tapisserie flamande de la chambre de la tour et par le Retour de la courtisane, tapisserie florentine de la grande chambre (toutes deux du 17e s.).

Sergeac. — 138 h. Ce village est agréablement situé sur la rive de la Vézère, bordée à cet endroit de hautes falaises au pied desquelles ont été découverts de nombreux gisements préhistoriques. Sergeac, à l'entrée duquel se dresse une intéressante croix du 15ᵉ s. finement sculptée, conserve quelques maisons anciennes couvertes de lauzes et un manoir à tourelle, vestige d'une commanderie de l'ordre de St. Jean de Jérusalem. L'**église** romane, restaurée, au porche creusé de voussures en belles pierres ocre, offre un aspect défensif avec ses chambres à meurtrières et les mâchicoulis de son clocher-mur. Un arc triomphal plein cintre retombant sur des colonnes jumelées donne accès au chœur à chevet plat orné de chapiteaux à sculptures archaïques.

Castel-Merle. — Ce site préhistorique bien connu des spécialistes est resté longtemps fermé au public. Une partie des ossements, silex, parures... qui y furent découverts, est exposée aux Eyzies et à Périgueux. Mais à proximité du site, un petit **musée** possède nombre de pièces intéressantes allant du moustérien à l'époque gallo-romaine dont de beaux colliers composés de dents, de coquillages et d'os.

On visite plusieurs **abris** dont certaines parois présentent des sculptures magdaléniennes (bisons, cheval). Dans l'abri de la Souquette on peut observer une coupe stratigraphique qui fait apparaître les niveaux superposés depuis l'aurignacien jusqu'à l'époque moderne.

Le **fort des Anglais,** énorme abri sous roche, auquel on accède par un escalier creusé dans le roc, est un exemple spectaculaire d'habitat troglodytique comprenant pièces d'habitation, grenier, étables... Sa position permettait aux Anglais qui l'occupèrent pendant la guerre de Cent Ans de surveiller la Vézère.

Faire demi-tour pour traverser la Vézère au pont de Thonac.

★ Centre d'initiation à la préhistoire du Thot. — *Prendre la D 45 vers l'Ouest. Page 139.*

Tour de la Vermondie. — Sur un coteau dominant la Vézère, près d'un manoir du 15ᵉ s., se dresse une curieuse tour penchée qui fut, dit-on, démantelée par les Sarrasins en 732. Une légende rapporte qu'il y a bien longtemps, cette tour était habitée par un jeune prince que l'on y tenait enfermé ; chaque jour, passait en bas sa fiancée ; émue par leur infortune, la tour s'inclina un jour si bas qu'ils purent échanger un baiser.

Plazac. — 502 h. Perchée sur une butte dominant le village, l'église romane est entourée d'un pittoresque cimetière planté de cyprès. Le clocher-donjon du 12ᵉ s., couvert de lauzes, est orné d'arcatures aveugles retombant sur des bandes lombardes.

Revenir à Thonac. Pour la partie de cet itinéraire entre Thonac et Les Eyzies-de-Tayac voir p. 83 et 84 le schéma et le texte.

Après Thonac, la route permet de découvrir à tout moment les perspectives les plus agréables sur un paysage typiquement périgourdin : fond de prairies, rideaux de peupliers ou de saules se reflétant dans l'eau calme, hautes falaises blanches et grises semées de broussailles et de chênes verts, façonnées par l'érosion, dont certaines sont en surplomb au-dessus de la route et ont été utilisées comme abris au cours de la préhistoire. Ce tableau se retrouve à maintes reprises au Sud de St-Léon-sur-Vézère, ainsi qu'à la Roque-St-Christophe, à Tursac et près des Eyzies-de-Tayac, tandis que châteaux et castels ajoutent une note élégante à cet ensemble.

★ St-Léon-sur-Vézère. — *Page 132.*

★ La Roque-St-Christophe. — *Page 84.*

Le Moustier. — *Page 84.*

Tursac. — *Page 84.*

★★ Les Eyzies-de-Tayac. — *Page 82.*

Au-delà des Eyzies, la vallée s'élargit, les versants s'abaissent, les cultures où se mêlent les plantations de noyers se multiplient.

Campagne. — 220 h. Lieu de séjour. Au débouché d'un vallon, on découvre la petite église romane précédée d'un mur-clocher.

Le **château** des seigneurs de Campagne édifié au 15ᵉ s. a été très restauré au 19ᵉ s. Les tours avec créneaux et mâchicoulis qui flanquent le logis ainsi que les éléments néo-gothiques lui confèrent une allure de manoir anglais. Le dernier marquis de Campagne fit don du château à l'État en 1970. Dans le vaste parc qui entoure le château on peut admirer des cèdres et des séquoias plusieurs fois centenaires et parcourir le « chemin des Dames » long escalier qui s'élève à travers la forêt.

Le Bugue. — 2 784 h. (les Buguois). Lieu de séjour. Localité agréablement située sur la rive concave d'un méandre de la Vézère, près de son confluent avec la Dordogne.

Du Bugue, prendre la D 31ᴱ vers le Sud.

★ Gouffre de Proumeyssac. — Un tunnel percé dans une colline donne accès à la plate-forme aménagée à mi-hauteur du gouffre. De là, on découvre l'ensemble de cette coupole souterraine, de forme régulière, décorée, à la base des parois surtout, de belles concrétions ocre ou blanches. Un important ruissellement continue à alimenter des stalactites très denses par endroits et formant des draperies, des stalagmites d'une grande pureté, des formations originales comme des excentriques ou des cristallisations triangulaires au sol. On peut voir également différents objets soumis à cette action pétrifiante.

Revenir au Bugue et à l'Ouest parcourir 1 km.

Grotte de Bara-Bahau. — Cette grotte, longue d'une centaine de mètres, se termine par une salle bouchée par un effondrement de rochers. A la voûte de cette salle se distinguent, parmi les boursouflures sombres de la roche, des gravures faites de traits et de hachures ; exécutées pour la plupart avec une pointe de silex, elles représentent des ours, des bisons, des aurochs, des bouquetins, certains de grandes dimensions. Découverts en 1951, ces dessins remonteraient à l'époque aurignacienne *(voir p. 20).*

Le D 703, direction Bergerac, puis le D 31, direction Trémolat, conduisent à la **chapelle St-Martin,** édifice rural de la fin du 12ᵉ s. entouré de cyprès.

Limeuil. — *Page 76.*

YSSANDON (Puy d')

Carte Michelin n° 75 Ouest du pli 8.

Au centre d'une région vallonnée où de riches cultures — maïs, tabac, arbres fruitiers, champs plantés de noyers — alternent avec les prairies coupées de haies vives et de rideaux de peupliers, le puy d'Yssandon commande un vaste panorama.

Accès. — Du D 151, au hameau de la Prodelie, le D 151^E, en forte montée, mène au sommet de la colline (altitude 355 m) où ont été retrouvés de nombreux vestiges de l'époque gallo-romaine.

A 2 km, on atteint une première table d'orientation. Remarquable **panorama**★ ; au-delà d'un paysage déjà caractéristique des pays de la Dordogne, on aperçoit au Nord les monts du Limousin, à l'Ouest les collines du Périgord, au Sud la plaine de Brignac et au premier plan la tour d'Yssandon, à l'Est la ligne des monts d'Auvergne.

Dépassant la haute tour ruinée d'Yssandon qui appartenait à un puissant château, élevé au 14e s. et dépendant de la vicomté de Limoges, on arrive au sommet de la butte.

Laisser la voiture devant l'église.

Un chemin contourne le cimetière voisin et conduit à une deuxième table d'orientation donnant les détails d'une vue semi-circulaire, notamment sur Brive et sa région.

Participez à notre effort permanent de mise à jour.
Adressez-nous vos remarques et vos suggestions.

Cartes et Guides Michelin
46 avenue de Breteuil
75341 Paris Cedex 07

Index

GUIDES MICHELIN

Les guides Rouges (hôtels, restaurants)

France
Benelux
Deutschland
España Portugal
main cities EUROPE
Great Britain and Ireland
Italia

Le guide Camping Caravaning
France

Les guides Verts
(paysages, monuments, routes touristiques)

Allemagne
Autriche
Belgique
Espagne
Hollande
Italie
Portugal
Suisse

Maroc
Grèce

Londres
Rome

New York
Nouvelle Angleterre
Canada

...et la collection des guides régionaux
sur la France

Renseignements pratiques

Pour la plupart des renseignements concernant les loisirs sportifs, la location de gîtes ruraux, la découverte des régions, les stages chez les artisans ou à la ferme etc..., il est possible de s'adresser aux services de réservation de loisirs-accueil qui éditent des brochures détaillant leurs activités, ou aux offices et comités de tourisme départementaux.

Dordogne : Loisirs-accueil Dordogne-Périgord
16, rue Wilson, 24009 Périgueux Cedex. Tél. 53.53.44.35
Office départemental de Tourisme, même adresse

Lot : Loisirs-accueil Lot
430, avenue Jean-Jaurès, 46004 Cahors Cedex. Tél. 65.22.55.30
Comité départemental du Tourisme
Chambre de Commerce, quai Cavaignac
46000 Cahors. Tél. 65.35.07.09

Corrèze : Loisirs-accueil Corrèze
Maison du Tourisme
Quai Baluze, 19000 Tulle. Tél. 55.26.46.88
Comité départemental du Tourisme : même adresse

LOISIRS

Randonnées pédestres. — Les topo-guides des sentiers de Grande Randonnée sont édités par la Fédération française de la Randonnée pédestre — Comité national des sentiers de Grande Randonnée. Pour les acheter, s'adresser au Centre d'information, 64, rue de Gergovie, 75014 Paris, tél. 45.45.31.02. Pour les circuits de petites randonnées, une brochure a été éditée par l'Association « Dordogne Département Propre ». Pour se procurer cette brochure ou d'autres, s'adresser au Syndicat d'initiative.

Sports nautiques

Canoë-kayak. — Des canoës et des kayaks peuvent être loués le long des rivières dans les campings ou les clubs sportifs. Quelques organismes plus importants sont à signaler. Ceux-ci organisent des randonnées de plusieurs jours, des circuits importants.
SAFARAID, place du Rampeau, 46700 Puy L'Évêque, tél. : 65.21.30.39 et en saison 55.28.80.70 (organisation de randonnées sur la Dordogne et le Lot). Descente sur la Vézère — Tél. 53.50.72.64.

Tourisme équestre

Centres équestres. — Pour avoir des adresses, s'adresser à l'Association départementale du Tourisme équestre du Lot, BP 103, 46002 Cahors. Tél. 65.35.07.09.
Cette association vend aussi une carte départementale au 1/200 000e reprenant le tracé des sentiers de Grande Randonnée et des pistes équestres.
Association de tourisme équestre de la Dordogne : Chambre d'Agriculture, 4-6, place Francheville, 24000 Périgueux. Tél. 53.09.26.26.

En roulotte. — S'adresser à l'Office départemental de la Dordogne, 16, rue Wilson, 24000 Périgueux.Tél. 53.53.44.35.
Les bases de départ se trouvent à Faux (au Sud-Est de Bergerac) et à Quinsac (au Nord de Périgueux).
Dans le Lot, les Attelages de la vallée du Lot, domaine de la Taillade, Duravel, 46700 Puy l'Évêque. Tél. 65.36.53.53.

Promenades en calèches. — S'adresser aux Attelages du Périgord, Mazeyrolles, 24550 Villefranche du Périgord, tél. 53.29.98.99 ou aux Attelages de la vallée du Lot (voir ci-dessus).

Cyclotourisme. — Des bicyclettes peuvent être louées dans la plupart des villes auprès des gares S.N.C.F. (Souillac, Bergerac) ou des organismes de location dont Safaraid (voir ci-dessus).

Spéléologie. — Dans le Lot, s'adresser au Comité départemental de spéléologie chez M. Jean Lafaurie, 46150 Catus, Tél. 65.22.70.49.

Pêche. — Dans le Lot : Fédération départementale des associations agréées de pêche et de pisciculture, 40, boulevard Gambetta, 46000 Cahors. Tél. 65.35.50.22. En Dordogne : Fédération départementale de pêche, 7, rue du Lys, 24000 Périgueux. Tél. 53.53.44.21.

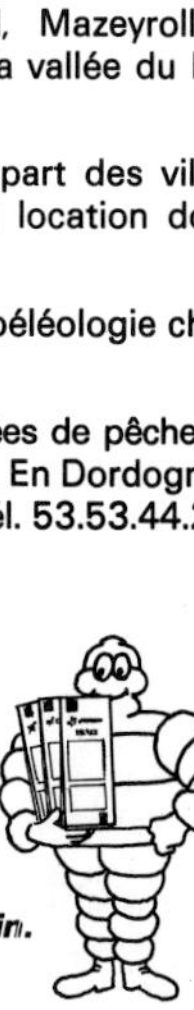

QUELQUES LIVRES

Le Quercy, par P. Grimal (Arthaud, Paris)

Périgord, par M. Blancpain (Nathan, Paris)

Périgord, Terre de mémoire, par J.-P. Bouchard (Fanlac, Périgueux)

À travers le Lot, par J. Fourgous (Tardy, Cahors)

Périgord Quercy (Guides Bleus, Hachette, Paris)

Atlas et géographie de la France moderne : **Le Midi atlantique,** par L. Papy et **Le Midi toulousain** par F. Taillefer (Flammarion, Paris)

Histoire du Périgord, par G. Fayolle, tomes I et II (Fanlac, Périgueux)

Histoire du Périgord (Privat, Toulouse)

L'art en Périgord, par J. Secret (Fanlac, Périgueux)

Périgord roman, Quercy roman (Coll. Zodiaque, exclusivité Weber, Paris)

Le guide des châteaux de France : **Dordogne, Lot** (Hermé, Paris)

La truffe du Périgord, par J. Rebière (Fanlac, Périgueux)

Vieilles coutumes dévotieuses et magiques du Périgord, par G. Rocal (Fanlac, Périgueux)

Jacquou le croquant, par E. Le Roy (Coll. Le Livre de Poche, Paris)

Des grives aux loups, par C. Michelet (Presses-Pocket)

Gîtes et refuges en France par Annick et Serge Mouraret (Créer)

PRINCIPALES MANIFESTATIONS

Début janvier
Brive-la-Gaillarde . . . .   Foire des Rois (foire des Truffes)

Juillet
Cahors . . . .   Festival de Blues
Souillac . . . .   Festival de Jazz
Une des villes en Dordogne .   Félibrée du Périgord

Juillet/août
Aubazine . . . .   Concerts de musique classique à l'abbatiale
Bonaguil . . . .   Festival de musique
Brantôme . . . .   Concerts de musique classique
Collonges-la-Rouge . . . .   Illumination du village
Gourdon . . . .   Rencontres estivales (concerts, théâtres)
St-Amand-de-Coly . . . .   Les rendez-vous de St-Amand-de-Coly (concerts)
St-Léon-sur-Vézère . . . .   Festival musical du Périgord Noir
Turenne . . . .   Concerts de musique classique

Juillet à septembre
Rocamadour . . . .   Spectacle son et lumière

Mi-juillet/mi-août
Beaulieu-en-Rouergue . . . . . .   Festival de musique contemporaine
Le Bugue . . . .   Les Féeries des Seigneurs de Campagne
St-Céré . . . .   Festival de musique et d'art lyrique

3e semaine de juillet
Montignac . . . .   Festival du Périgord (rencontres internationales de folklore et d'amitié)

Week-end après le 14 juillet
Brive-la-Gaillarde . . . .   Festival de la bourrée limousine

Fin juillet
Rouffignac . . . .   Salon de l'oie (années impaires)

Fin juillet/début août
St-Robert . . . .   Concerts de musique classique
Sarlat . . . .   Festival des Jeux du théâtre de Sarlat

Août
Périgueux . . . .   Festival du Mime
Dans le Quercy . . . .   Festival du Quercy Blanc

1er week-end d'août
Gourdon . . . .   Fête de la moisson

Semaine du 8 septembre
Rocamadour . . . .   Pèlerinage

Début novembre
Brive-la-Gaillarde . . . .   Foire du livre

Hiver
**Partout dans le Lot
et le Périgord** . . . .   Marché de foies gras

*Avec ce guide, utilisez les **cartes Michelin** à 1/200 000 indiquées sur le schéma p. 3.
Les références communes faciliteront votre voyage.*

Conditions de visite

En raison des variations du coût de la vie et de l'évolution incessante des horaires d'ouverture de la plupart des curiosités, nous ne pouvons donner les informations ci-dessous qu'à titre indicatif.

Ces renseignements s'appliquent à des touristes voyageant isolément et ne bénéficiant pas de réduction. Pour les groupes constitués, il est généralement possible d'obtenir des conditions particulières concernant les horaires ou les tarifs, avec un accord préalable.

Les églises ne se visitent pas pendant les offices ; elles sont ordinairement fermées de 12 h à 14 h. Les conditions de visite en sont données si l'intérieur présente un intérêt particulier. La visite de la plupart des chapelles ne peut se faire qu'accompagnée par la personne qui détient la clé. Une rétribution ou une offrande est toujours à prévoir.

Des visites-conférences sont organisées de façon régulière, en saison touristique, à Cahors, Périgueux, Rocamadour, St-Jean-de-Côle, Sarlat. S'adresser à l'office de tourisme ou au syndicat d'initiative.

Dans la partie descriptive du guide, p. 37 à 144, les curiosités soumises à des conditions de visite sont signalées au visiteur par le signe ⊙

a

AGONAC

Église St-Martin. — Voir la pancarte sur la petite porte de côté.

Les ARQUES

Église St-Laurent. — Ouverte toute la journée sans interruption de mai à septembre, l'après-midi seulement d'octobre à avril.

Église St-André-des-Arques. — Ouverte l'après-midi en été. S'adresser à Mme Adrienne Valade, voisine de la chapelle.

ASSIER

Château. — Visite accompagnée (1/2 h) le matin et l'après-midi. Fermé le mardi. ✆ 65 40 57 31.

AUBAZINE

Ancienne Abbaye. — Visite accompagnée à 16 h 30. S'adresser au monastère d'Aubazine. Fermée le lundi. 12 F.

b

BARA-BAHAU

Grotte. — Visite accompagnée (35 mn) des vacances de printemps à fin septembre le matin et l'après-midi (toute la journée sans interruption de mi-juillet à mi-août). 15 F. ✆ 53 07 27 47.

BEAULIEU-EN-ROUERGUE

Abbaye. — Visite accompagnée (1/2 h) de début avril à fin septembre le matin et l'après-midi. Fermée le mardi. 16 F. ✆ 63 67 06 84.

BELCASTEL

Château. — Visite accompagnée (1/4 h) de début juillet à début septembre le matin et l'après-midi. S'adresser au propriétaire.

Conditions de visite

BERGERAC

Musée du Tabac. — Visite toute l'année le matin et l'après-midi. Fermé le dimanche matin, le lundi et les jours fériés. 7,50 F. ℘ 53 57 60 22 poste 1410.

Musée d'Histoire urbaine. — Mêmes conditions de visite que pour le musée du Tabac.

Cloître des Récollets. — Visite accompagnée (1/2 h) en juillet et août le matin et l'après-midi ; le reste de l'année à 10 h 30 et 15 h 30. Fermé les samedis, dimanches, et jours fériés sauf en juillet et août. 8 F. ℘ 53 57 12 57.

Musée du Vin, de la Batellerie et de la Tonnellerie. — Visite toute l'année le matin et l'après-midi. Fermé le samedi après-midi, les lundis, dimanches et jours fériés. 7,50 F. ℘ 53 57 80 92.

Musée d'Art sacré. — Visite l'après-midi pendant les vacances de printemps, de juillet à fin septembre et le dimanche toute l'année. Fermé le lundi. 6 F.

Église Notre-Dame. — Fermée le dimanche après-midi.

BEYNAC-ET-CAZENAC

Château. — Visite accompagnée (50 mn) de début mars à mi-novembre le matin et l'après-midi. 12 F.

BIRON

Château. — Visite accompagnée (3/4 h) de début février à mi-décembre le matin et l'après-midi. Fermé le mardi sauf de juillet à début septembre. 9,50 F (20 F en été lors des expositions). ℘ 53 53 85 50.

BONAGUIL

Château. — Visite accompagnée (1 h 1/2) de juin à fin août à 10 h, 11 h, 15 h, 16 h, 17 h et 18 h ; des Rameaux à fin mai et en septembre à 10 h 30, 14 h 30, 15 h 30 et 16 h 30 ; de mars aux Rameaux à 14 h 45 seulement en semaine, à 14 h 45 et 16 h les dimanches et jours fériés ; en février, octobre et novembre, l'après-midi des dimanches et jours fériés. 12,30 F. ℘ 53 71 39 75.

BORIES

Château. — Visite accompagnée (3/4 h) de début juillet à fin septembre le matin et l'après-midi ; le reste de l'année sur rendez-vous en téléphonant au 53 06 00 01.

BOSC

Grotte. — Visite accompagnée (40 mn) en juillet et août tous les jours le matin et l'après-midi, de Pâques à fin juin et en septembre l'après-midi des dimanches et jours fériés. 16 F. ℘ 63 56 03 12.

BOURDEILLES

Château. — Visite accompagnée (3/4 h) de début février à mi-décembre le matin et l'après-midi. Fermé le mardi sauf de début juillet à début septembre. 9,50 F. ℘ 53 53 85 50.

BRANTÔME

Clocher. — Visite accompagnée (3/4 h) de mi-juin à mi-septembre l'après-midi seulement. 10 F. ℘ 53 05 81 65.

Bâtiments conventuels et grottes. — Visite accompagnée (3/4 h) de Pâques à fin septembre le matin et l'après-midi. Fermé le mardi. 5 F. ℘ 53 05 80 63.

Musée Fernand-Desmoulin. — Visite de mi-juin à mi-septembre le matin et l'après-midi. Fermé le mardi. 2 F.

BRIVE-LA-GAILLARDE

Hôtel de Labenche. — Fermé provisoirement. Travaux en cours. Ouverture prévue début 1988.

Musée Ernest-Rupin. — Fermé provisoirement. Travaux en cours. Ouverture prévue début 1988.

Musée Edmond-Michelet. — Visite toute l'année le matin et l'après-midi. Fermé le dimanche et les jours fériés. ℘ 55 74 06 08.

BRUNIQUEL

Château. — Visite accompagnée de Pâques à mi-septembre l'après-midi à heures fixes. Visite supplémentaire à 11 h tous les jours en juillet et août, les dimanches et jours fériés de Pâques à fin juin. Fermé le mardi. 6 F.

Cet ouvrage tient compte
des conditions du tourisme connues au moment de sa rédaction.
Mais certains renseignements perdent de leur actualité
en raison de l'évolution incessante des aménagements et des variations du coût de la vie.
Nos lecteurs sauront le comprendre.

CADOUIN

Cloître et musée du pèlerinage. — Visite accompagnée (1/2 h) de début février à mi-décembre le matin et l'après-midi. Fermé le mardi hors saison. 9,50 F. 📞 53 22 06 53.

CAHORS

Pont Valentré. — Visite en juillet et août le matin et l'après-midi. 6 F. Montage audiovisuel.

Cathédrale St-Étienne. — Fermée à partir de 12 h les dimanches et jours fériés de la Toussaint à Pâques.

Chapelle St-Gausbert. — Ouverte en juillet et août le matin et l'après-midi. 6 F.

Maison de Roaldès. — Visite suspendue.

Église St-Barthélemy. — Ouverte le dimanche. En semaine, s'adresser au presbytère. 📞 65 35 06 80.

Musée Henri-Martin. — Ce musée est en cours de réaménagement et seulement une petite partie du musée est ouverte — jusqu'à la fin des travaux, visite en juillet et août le matin et l'après-midi tous les jours sauf le lundi. 7 F.

CAMPAGNE

Château. — Visite du parc uniquement. S'adresser à la conciergerie. 📞 53 07 44 74.

CAPDENAC

Musée du Donjon. — Visite de début juin à fin septembre le matin et l'après-midi. 5 F. 📞 65 34 17 23.

Fontaine romaine. — Mêmes conditions de visite que pour le musée du donjon.

CARENNAC

Cloître. — Visite de début juillet à mi-septembre toute la journée sans interruption. 5 F.

CAS

Château. — Visite accompagnée (3/4 h) de Pâques à fin octobre le matin et l'après-midi. Fermé le lundi. 10 F. 📞 63 67 07 40.

CASTEL-MERLE

Musée. — Mêmes horaires que pour le site. 4 F.

Site préhistorique. — Visite de début avril à fin septembre le matin et l'après-midi. Fermé le samedi sauf en juillet et août. 12 F. 📞 53 50 79 70.

CASTELNAU-BRETENOUX

Château. — Visite accompagnée (3/4 h) toute l'année le matin et l'après-midi. Fermé le mardi, le 1er janvier, le 1er mai, les 1er et 11 novembre et le 25 décembre. 16 F.

CASTELNAUD

Château. — Visite toute la journée sans interruption de début mai à fin septembre plus une semaine à Pâques et à l'occasion de la Toussaint. Fermé le lundi et le samedi en mai, juin et septembre. 16 F. 📞 53 29 57 08.

CATUS

Salle capitulaire. — Visite toute l'année toute la journée sans interruption.

CENAC

Église. — Ouverte en été seulement.

CÉNEVIÈRES

Château. — Visite accompagnée (1 h) de Pâques à la Toussaint le matin et l'après-midi. 12 F. 📞 65 31 27 33.

CHANCELADE (Abbaye)

Musée d'Art sacré. — Visite accompagnée en juillet et août l'après-midi seulement. 10 F.

Bâtiments conventuels. — Visite en juillet et août l'après-midi. 10 F.

COUGNAC

Grottes. — Visite accompagnée (1 h) des Rameaux à la Toussaint le matin et l'après-midi (toute la journée sans interruption en juillet et août). 17 F. 📞 65 41 18 02.

COUGNAGUET

Moulin. — Visite accompagnée (1/4 h) de début avril à fin septembre le matin et l'après-midi. 9 F.

COUZE-ET-ST-FRONT

Moulin de Larroque. — Visite des ateliers de début janvier à fin décembre du lundi au vendredi le matin et l'après-midi. ✆ 53 61 01 75.

CUZALS

Musée de plein air du Quercy. — Visite toute la journée sans interruption de juin à fin septembre, à Pâques et la semaine qui suit, les week-ends fériés en mai et le dimanche en octobre. Fermé le samedi. 32 F. ✆ 65 22 58 63.

DOMME

Porte des Tours. — Visite accompagnée (1/2 h) de début avril à fin octobre à 17 h 30. ✆ 53 28 30 18.

Grottes. — Visite accompagnée (25 mn) de début avril à fin octobre le matin et l'après-midi. 15 F.

Musée Paul-Reclus. — Visite d'avril à fin octobre le matin et l'après-midi. 8 F. ✆ 53 28 20 67. Le reste de l'année, visite sur demande à la mairie. ✆ 53 28 31 08.

La DOUZE

Église. — S'adresser à l'épicerie Claude.

ESPAGNAC-STE-EULALIE

Église. — Pour visiter, s'adresser à Mme Salah, à la mairie, ✆ 65 40 00 03.

EXCIDEUIL

Église. — Pour visiter, s'adresser à Mme de Genouillac, 2, rue Jean Chanoix.

EYMET

Musée du donjon. — Visite accompagnée (3/4 h) de mi-juin à mi-septembre le matin et l'après-midi. Fermé le dimanche matin. 8 F. ✆ 53 23 92 33.

Les EYZIES-DE-TAYAC

Musée national de la Préhistoire. — Visite toute l'année le matin et l'après-midi. Fermé le mardi. 10 F, 5 F le dimanche. ✆ 53 06 97 03.

Grotte de Font-de-Gaume. — Visite accompagnée (3/4 h) toute l'année le matin et l'après-midi. Fermé le mardi, le 1er janvier, le 1er mai, les 1er et 11 novembre et le 25 décembre. 21 F. ✆ 53 08 00 94. En saison, la vente des tickets d'entrée a lieu uniquement à 9 h ; limitation du nombre de visiteurs.

Église de Tayac. — Pour visiter, s'adresser au presbytère, sauf le dimanche.

Musée de la Spéléologie. — Visite de mi-juin à début septembre le matin et l'après-midi. Fermé le lundi. 6 F. ✆ 53 06 93 44.

Gisement de Laugerie Basse. — Visite accompagnée (1 h) de début juin à fin septembre le matin et l'après-midi. 18 F. ✆ 53 06 97 12.

Gisement de Laugerie Haute. — Visite accompagnée (3/4 h) de début avril à fin septembre le matin et l'après-midi ; le reste de l'année de 10 h à 11 h et de 14 h à 15 h. Fermé le mardi, le 1er janvier, le 1er mai, les 1er et 11 novembre, le 25 décembre. 11 F, hors saison 6 F. ✆ 53 06 92 90.

Grotte du Grand Roc. — Visite accompagnée (25 mn) de début avril à la Toussaint le matin et l'après-midi (toute la journée sans interruption de juillet à mi-septembre). 18 F. ✆ 53 06 96 76.

Grotte de Carpe-Diem. — Visite accompagnée (25 mn) de fin mars à fin octobre le matin et l'après-midi (jusqu'à 22 h 30 de fin juin à fin août) ; de début février à fin mars l'après-midi seulement. 14 F. ✆ 53 06 93 63.

Grotte de St-Cirq. — Visite accompagnée (20 mn) de début mai à fin septembre toute la journée sans interruption, le reste de l'année l'après-midi seulement. 12 F.

Abri préhistorique du Moustier. — Visite accompagnée (20 mn) sur rendez-vous en adressant la demande à la Conservation régionale des Monuments Historiques, B.P. 59, 24000 Périgueux.

La Roque-St-Christophe. — Visite (accompagnée en haute saison — 3/4 h) de fin mars à mi-novembre le matin et l'après-midi. 13 F. ✆ 53 50 70 45.

Gisement de la Madeleine. — On ne visite pas.

Grotte des Combarelles. — Visite accompagnée (1 h) toute l'année le matin et l'après-midi. Fermé le mardi, le 1er janvier, le 1er mai, les 1er et 11 novembre et le 25 décembre. 21 F. ✆ 53 08 00 94. En saison, limitation du nombre de visiteurs, la vente des tickets d'entrée a lieu uniquement à 9 h et 14 h.

Abri du Cap-Blanc. — Visite accompagnée (1/2 h) des Rameaux à la Toussaint le matin et l'après-midi. 14,50 F. ✆ 53 59 21 74.

Le Gîte à fossiles. — Visite de début avril à fin septembre toute la journée sans interruption, le reste de l'année l'après-midi seulement. 10 F, avec projection : 14 F, avec démonstration de taille de silex en plus : 28 F. ✆ 53 29 65 16.

La FAGE

Gouffre. — Visite accompagnée (50 mn) de mi-juin à mi-septembre toute la journée sans interruption ; des Rameaux à mi-juin l'après-midi seulement. 17 F. ℰ 55 85 80 35.

FÉNELON

Château. — Visite accompagnée (35 mn) toute l'année le matin et l'après-midi. 13 F. ℰ 53 29 71 55.

FIGEAC

Musée de l'hôtel de la Monnaie. — Visite le matin et l'après-midi de mi-juin à mi-septembre et 3 semaines pendant les vacances de printemps. Fermé les dimanches et jours fériés sauf en juillet et août. 5 F. ℰ 65 34 06 25.

Musée Champollion. — Visite de début juin à fin septembre. 20 F.

FOISSAC

Grottes. — Visite accompagnée (1 h) le matin et l'après-midi, de début juin à mi-septembre ; l'après-midi seulement des dimanches et jours fériés de Pâques à fin mai et de mi-septembre à fin octobre. 17,50 F. ℰ 65 64 77 04.

GAVAUDUN

Donjon. — Visite accompagnée (1 h) l'après-midi pendant les vacances de printemps et de juillet à fin septembre ; l'après-midi des dimanches et jours fériés de mars à fin juin et d'octobre à fin décembre. 8 F. Visite libre le reste du temps. 2 F. S'adresser à la gardienne. Fermé en janvier et février. ℰ 53 71 48 79.

GOURDON

Église St-Pierre. — S'adresser au presbytère.

Église des Cordeliers. — Pour visiter, s'adresser au Syndicat d'Initiative. ℰ 65 41 06 40.

Chapelle de N.-D. des Neiges. — En cas de fermeture, s'adresser au Syndicat d'Initiative. ℰ 65 41 06 40.

GRAMAT

Parc de vision de Gramat. — Visite de Pâques à la Toussaint le matin et l'après-midi (toute la journée sans interruption les dimanches et jours fériés et tous les jours de juin à fin septembre) ; le reste de l'année l'après-midi seulement. 21 F. ℰ 65 38 81 22.

Centre de Formation des maîtres de chien de la Gendarmerie. — Visite accompagnée (1 h 30) de mi-juin à mi-septembre le jeudi après-midi (sauf jour férié) à partir de 15 h 30. ℰ 65 38 71 59.

GRAND-BRASSAC

Église. — Pour visiter, s'adresser à Mme Camille Lacour, en face de l'église.

GRÉZELS

Musée Terroir et Vin du château de La Coste. — Visite en juillet et août le matin et l'après-midi. 10 F.

GRIGNOLS

Château. — Visite accompagnée (1 h) de début juin à fin septembre l'après-midi, sauf le mercredi. 15 F. ℰ 53 54 25 40.

HAUTEFORT

Château. — Visite accompagnée (40 mn) des Rameaux à la Toussaint le matin et l'après-midi ; le reste de l'année, l'après-midi seulement des dimanches et jours fériés. Visite libre des jardins et du parc. Fermé de mi-décembre à mi-janvier. 15 F. ℰ 53 50 40 04.

L'HERM

Château. — Visite accompagnée (1 h) en juillet et août le matin et l'après-midi. Fermé le mercredi. 8 F. ℰ 53 05 41 71.

L'HOSPITALET

Grotte des Merveilles. — Visite accompagnée (1/2 h) des Rameaux à la Toussaint toute la journée sans interruption. 12 F. ℰ 65 33 67 92.

Forêt des singes. — Visite des Rameaux à mi-octobre le matin et l'après-midi (toute la journée sans interruption de mi-juin à fin août). 15 F. ℰ 65 33 62 72.

l

LABASTIDE-MURAT

Musée Murat. — Visite accompagnée de début juillet à fin septembre le matin et l'après-midi. Fermé le mardi. 10 F.

LACAVE

Grottes. — Visite accompagnée (1 h) de début avril à mi-octobre le matin et l'après-midi (toute la journée sans interruption en août). 22 F. ℰ 65 37 87 03.

LANQUAIS

Château. — Visite accompagnée (40 mn) de début avril à fin octobre le matin et l'après-midi. Fermé le jeudi. 15 F. ℰ 53 61 24 24.

LARAMIÈRE

Prieuré. — Visite accompagnée (1/2 h) toute l'année le matin et l'après-midi. Fermé le mardi matin. 7 F. ℰ 65 31 50 46.

LARROQUE-TOIRAC

Château. — Visite accompagnée (1/2 h) de début juillet à début septembre à 11 h, 12 h, 14 h, 15 h, 16 h, 17 h et 18 h. 11,50 F.

LOC DIEU

Abbaye. — Visite accompagnée (1/2 h) de début juillet à début septembre le matin et l'après-midi. Fermé le mardi. 12 F. ℰ 65 45 00 32.

LOSSE

Château. — Visite accompagnée (35 mn) de fin juin à mi-septembre le matin et l'après-midi. 15 F. ℰ 53 50 70 38.

m

MARCILHAC-SUR-CÉLÉ

Grotte de Bellevue. — Visite accompagnée (1/2 h) le matin et l'après-midi tous les jours de début juillet à début septembre ; les samedis, dimanches et jours fériés des Rameaux à fin juin et de début septembre à fin octobre. 16 F. ℰ 65 40 65 57.

MAREUIL

Château. — Visite accompagnée (3/4 h) l'après-midi tous les jours de Pâques à la Toussaint, les dimanches et jours fériés seulement de mi-novembre à fin mars. Fermé le mercredi. 10 F. ℰ 53 60 91 35.

MARTEL

Musée de l'hôtel de la Raymondie. — Visite accompagnée (1/2 h) de mi-juin à mi-septembre le matin et l'après-midi. Fermé le week-end après le 15 août. 3,40 F. ℰ 65 37 30 03.

Les MILANDES

Château. — Visite accompagnée (1/2 h) des Rameaux à mi-octobre le matin et l'après-midi. 12 F. ℰ 53 29 50 73.

MONBAZILLAC

Château. — Visite accompagnée (25 mn) toute l'année le matin et l'après-midi. 12 F. ℰ 53 57 06 38.

MONTAL

Château. — Visite accompagnée des Rameaux à fin octobre tous les jours sauf le samedi le matin et l'après-midi. Ouvert le samedi en juillet et le samedi après-midi en août. 15 F.

MONTIGNAC

Musée Eugène-Le-Roy. — Visite en juillet et août le matin et l'après-midi ; le reste de l'année, du mardi au samedi le matin et l'après-midi sur réservation écrite ou téléphonique. ℰ 53 51 82 60. 9 F.

Lascaux II. — Visite accompagnée (40 mn) de début février à fin décembre le matin et l'après-midi (toute la journée sans interruption en juillet et août). Fermé le lundi sauf férié. 24 F (billet valable pour la visite du Centre d'Initiation à la préhistoire du Thot). ℰ 53 51.95.03. En juillet et août, il est conseillé d'arriver sous les arcades du Syndicat d'Initiative à Montignac dès 9 h pour obtenir un billet dans la journée (entrées limitées à 2 000 par jour). Le reste de l'année les billets sont vendus sur le site même.

Régourdou. — Visite accompagnée (1/4 h) toute l'année le matin et l'après-midi. 10 F.

MONT-REAL

Château. — Visite accompagnée (40 mn) de fin juin à fin septembre le matin et l'après-midi ; le reste de l'année sur rendez-vous par téléphone au 53 81 20 94. Fermé le mardi. 15 F.

MUSSIDAN

Musée des Arts et Traditions populaires du Périgord André-Voulgre. — Visite accompagnée (1 h 1/2) le matin et l'après-midi tous les jours de mi-juin à mi-septembre ; le samedi après-midi, le dimanche et les jours fériés le reste de l'année. Fermé le mardi. 10 F. ✆ 53 81 23 55.

NOAILLES

Église. — Ouverte de début juillet à fin septembre en semaine l'après-midi, toute l'année le dimanche matin.

PADIRAC

Gouffre. — Visite accompagnée (1 h 30) de début avril à mi-octobre le matin et l'après-midi (toute la journée sans interruption en août). 23,50 F. ✆ 65 33 64 56.

Zoo le Tropicorama. — Visite de mi-mai à fin septembre toute la journée sans interruption. 21 F. ✆ 65 33 64 91.

PARCOUL

Parc de loisirs du Paradou. — Visite de début mai à fin septembre toute la journée sans interruption jusqu'à 23 h. ✆ 53 91 42 78.

PECH-MERLE

Grotte. — Visite accompagnée (1 h) de début avril à la Toussaint le matin et l'après-midi 28 F, y compris le musée. ✆ 65 31 27 05. Nombre d'entrées limité à 700 par jour.

Musée Amédée-Lemozi. — Visite de début avril à fin octobre le matin et l'après-midi. 15 F. ✆ 65 31 23 33.

PÉRIGUEUX

Église St-Étienne-de-la-Cité. — Fermée le dimanche après-midi.

Cloître de la cathédrale. — Pour visiter, s'adresser au sacristain de la cathédrale.

Tour Mataguerre. — Visite accompagnée en juillet et août du mardi au vendredi à 14 h 30 dans le cadre du circuit médiéval-Renaissance. 14 F. Renseignements au Syndicat d'Initiative. ✆ 53 53 10 63.

Maison Lajoubertie. — Mêmes conditions de visite que pour la Tour Mataguerre.

Hôtel de Gamançon. — Mêmes conditions de visite que pour la Tour Mataguerre.

Villa de Pompéïus. — Visite accompagnée en juillet et août du mardi au vendredi à 17 h, dans le cadre du circuit gallo-romain. 14 F. Renseignements au Syndicat d'Initiative. ✆ 53 53 10 63.

Tour de Vésone. — Visite libre ou visite accompagnée dans le cadre du circuit gallo-romain. Voir Villa de Pompéïus.

Musée du Périgord. — Visite toute l'année le matin et l'après-midi. Fermé le mardi et les jours fériés. 5 F. ✆ 53 53 16 42.

Musée militaire du Périgord. — Visite de début mai à fin septembre le matin et l'après-midi ; le reste de l'année l'après-midi seulement. Fermé le dimanche et les jours fériés. 10 F. ✆ 53 53 47 36.

PRESQUE

Grotte. — Visite accompagnée (1/2 h) des vacances de printemps à début octobre le matin et l'après-midi. 17 F. ✆ 65 38 07 44.

PROUMEYSSAC

Gouffre. — Visite accompagnée (35 mn) des vacances de printemps à fin septembre le matin et l'après-midi (toute la journée sans interruption de mi-juillet à mi-août) ; d'octobre aux vacances de la Toussaint le dimanche seulement le matin et l'après-midi. 21 F. ✆ 53 07 27 47.

PUYGUILHEM

Château. — Visite accompagnée (3/4 h) de début février à mi-décembre le matin et l'après-midi. Fermé le mardi sauf de juillet à début septembre. 20 F. ℘ 53 53 85 50.

PUY-L'ÉVÊQUE

Église. — Ouverte le dimanche en juillet et août.

PUYMARTIN

Château. — Visite accompagnée (1/2 h) de début juin à fin septembre le matin et l'après-midi. 15 F. ℘ 53 59 29 97.

r

RICHEMONT

Château. — Visite accompagnée (1/2 h) de mi-juillet à fin août le matin et l'après-midi. Fermé le vendredi, le dimanche matin et le 15 août. 5 F.

ROCAMADOUR

Musée Roland-le-Preux. — Visite accompagnée (1/2 h) de début juin à fin septembre le matin et l'après-midi et de 21 h à 22 h ainsi que pendant les vacances de printemps, le week-end de la Pentecôte, et le 1er mai. 13 F. ℘ 65 33 66 83.

Hôtel de Ville. — Visite de début mai à fin septembre le matin et l'après-midi. Fermé le mercredi. 3 F.

Le Parvis des églises. — Visite accompagnée (1 h) de début juin à fin septembre toute la journée sans interruption sauf le dimanche.

Musée-Trésor Francis-Poulenc. — Visite de Pâques à la Toussaint le matin et l'après-midi. 6 F.

Remparts. — Visite de Pâques à la Toussaint le matin et l'après-midi (toute la journée sans interruption en juillet et août). 4,50 F.

Rocher des Aigles. — Visite accompagnée (1 h) de Pâques à mi-novembre le matin et l'après-midi. 15 F. ℘ 65 33 65 45.

La ROCHEBEAUCOURT-ET-ARGENTINE

Parc du château. — Visite possible en s'adressant à la pisciculture.

La ROQUE-GAGEAC

Château de la Malartrie. — Visite accompagnée (1 h 1/4) de début juillet à mi-septembre à 11 h, 15 h, 18 h et 21 h. 20 F. ℘ 53 29 54 40.

ROUFFIGNAC

Grotte. — Visite accompagnée (1 h) des Rameaux à fin octobre le matin et l'après-midi ; le reste de l'année le dimanche seulement à 11 h et 15 h. Nombre d'entrées limité. 17 F. ℘ 53 05 41 71.

ROUSSILLON

Château. — Visite après entente préalable. 10 F. ℘ 65 36 87 05.

RUDELLE

Église. — Ouverte toute la journée en été, l'après-midi seulement en hiver.

s

ST-AMAND-DE-COLY

Église. — Projection d'un diaporama en juillet et août le matin et l'après-midi. Durée : 35 mn. 10 F.

ST-ANTONIN-NOBLE-VAL

Musée. — Visite en juillet et août l'après-midi sauf le mardi ; en avril, mai, juin, septembre et octobre, les samedis, dimanches et jours fériés de 15 h à 16 h ; le reste de l'année, le samedi de 15 h à 16 h. Fermé le 1er mai. 6,25 F. Renseignements au Syndicat d'Initiative. ℘ 63 30 63 47.

ST-AVIT-SÉNIEUR

Église. — Fermée pour restauration.

Musée de Géologie. — Visite accompagnée (1/2 h) en juillet et août l'après-midi. Fermé le lundi. 9,50 F.

ST-CÉRÉ

Galerie du Casino. — Visite le matin (à partir de 11 h le dimanche) et l'après-midi. Fermé le mardi hors saison et le 1er janvier. ℘ 65 38 19 60.

ST-CIRCQ-LAPOPIE

Musée du château de la Gardette. — Visite de début avril à la Toussaint le matin et l'après-midi. Fermé le mardi sauf en juillet et août. 5 F. ℘ 65 31 23 22.

ST-GENIÈS

Chapelle du Cheylard. — S'adresser au quincailler sauf le dimanche et le lundi.

ST-JEAN-DE-CÔLE

Église. — En cas de fermeture, s'adresser à la mairie ou à la boulangerie.

Château de la Marthonie. — Visite accompagnée (1/2 h) en juillet et août le matin et l'après-midi. 8 F.

ST-PIERRE-TOIRAC

Église. — Ouverte de Pâques à la Toussaint.

ST-PRIVAT

Centre d'art et traditions populaires du pays de Dronne et de Double. — Visite de début juin à fin septembre l'après-midi ; le reste de l'année, s'adresser à la mairie : ℘ 53 91 22 87. 6 F.

ST-SARDOS-DE-LAURENQUE

Église. — Pour visiter, s'adresser à Mme Vierge à Gavaudun, à côté de l'église.

SALIGNAC-EYVIGNES

Château. — Visite accompagnée (1/2 h) en juillet et août le matin et l'après-midi ; visite libre de Pâques à fin juin et en septembre l'après-midi seulement. 15 F. ℘ 53 28 81 70.

SARLAT

Musée d'Art sacré. — Visite de Pâques à mi-octobre le matin et l'après-midi. Fermé le dimanche matin et la matinée du 15 août. 7 F.

Musée-aquarium. — Visite de début juin à fin septembre toute la journée sans interruption ; en avril, mai, octobre, et les vacances scolaires l'après-midi seulement ; de novembre à fin mars l'après-midi des samedis et dimanches. 15 F. ℘ 53 59 44 58.

SAUX

Église. — S'adresser au presbytère ou à la mairie de Montpezat-de-Quercy.

SORGES

Maison de la Truffe. — Visite de mi-juillet à fin août tous les jours le matin et l'après-midi ; le reste de l'année, l'après-midi seulement sauf le mardi. Fermé le 1er janvier, le 1er mai, et le 25 décembre. 11 F. ℘ 53 05 90 11.

THOT

Centre d'initiation à la préhistoire. — Visite (accompagnée en partie — 1 h) en juillet et août toute la journée sans interruption ; le reste de l'année tous les jours sauf le lundi, le matin et l'après-midi. Fermé en janvier. 24 F (billet valable pour la visite de Lascaux II). En saison, la vente des billets se fait à Montignac, hors saison sur le site même. ℘ 53 50 70 44.

TOURTOIRAC

Abbaye. — Ouverte toute la journée pendant les vacances d'été.

TRÉMOLAT

Chapelle St-Hilaire. — Ouverte de mai à la Toussaint.

TREYNE

Château. — Visite accompagnée des extérieurs, des jardins, et de la chapelle de mi-juin à mi-septembre le matin et l'après-midi. 10 F.

TURENNE

Château. — Visite (accompagnée en partie — 1 h) de début avril à fin septembre tous les jours le matin et l'après-midi ; le reste de l'année l'après-midi des dimanches et jours fériés. 5 F.

V

VANXAINS

Église. — S'adresser à la mairie ouverte le matin des lundis, mardis, jeudis et vendredis.

Le VIGAN

Église. — Fermée pour restauration.

VILLARS

Grotte. — Visite accompagnée (1/2 h) le matin et l'après-midi tous les jours de mi-juin à mi-septembre ; le dimanche seulement des Rameaux à mi-juin ; le dimanche après-midi de mi à fin septembre. 14 F. ✆ 53 54 82 36.

Aimer la nature,

c'est respecter la pureté des sources,
la propreté des rivières, des forêts, des montagnes...

c'est laisser les emplacements nets de toute trace de passage.